Texte détérioré — reliure défectueuse

NF Z 43-120-11

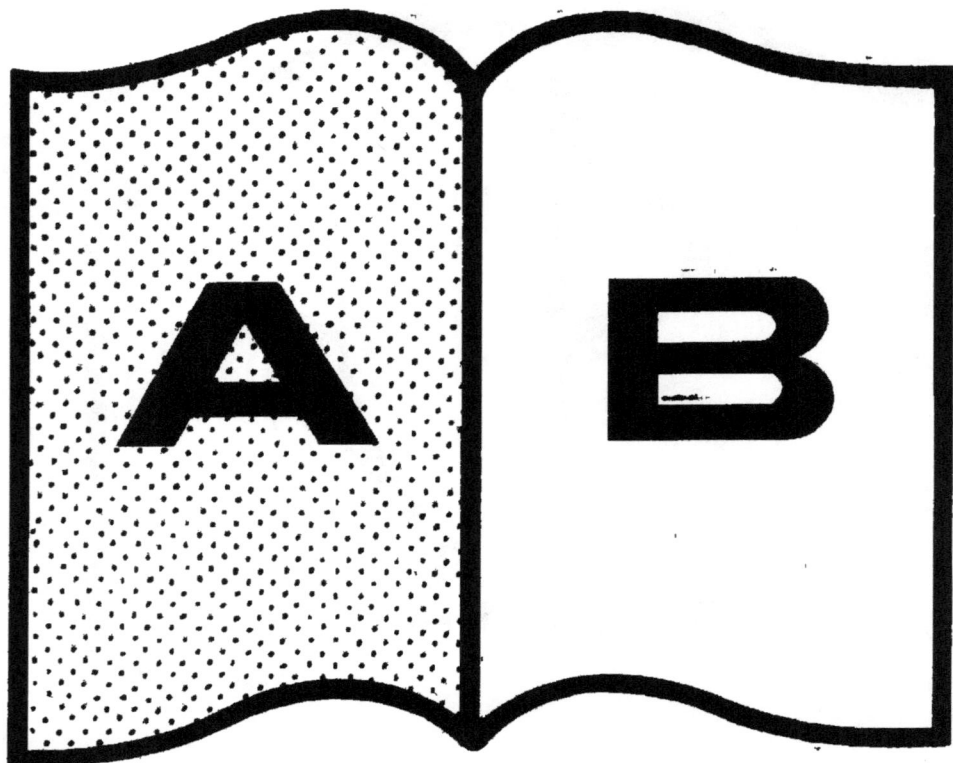

Contraste insuffisant

NF Z 43-120-14

LES DRAMES DE LA JUSTICE

NEUVIÈME ÉPISODE

CONSCIENCE DE MAGISTRAT

CONSCIENCE DE MAGISTRAT

Par RAOUL DE NAVERY

CHAPITRE PREMIER

ENTRE NOTAIRES

Me Yvon Ponsagrif, le doyen des notaires de la ville do R., traversa ce matin-là son étude d'un air plus grave encore que de coutume. La maison qu'il habitait lui appartenait, et ses panonceaux de cuivre se dédoraient au vent comme à la pluie depuis un temps que nul n'aurait pu préciser, attendu que les Ponsagrif possédaient charge de notaire royal, à dater de l'ouverture du premier Parlement de Bretagne. L'étude restait perpétuellement plongée dans un demi-jour attristant. Les petits carreaux, les immenses tables de chêne à pieds chantournés, les casiers débordant de dossiers, les cartonniers remplis de papiers de famille, et montant du sol au plafond décoré de caissons, tout contribuait à rendre cette pièce lugubre. Ceux qui y travaillaient, sous les ordres de Me Ponsagrif, ne servaient pas peu à augmenter la tristesse du lieu. D'habitude les études de notaires sont animées par la présence de clercs, dont le plus jeune, décoré du titre de saute-ruisseau, fait les commissions de ses collègues, supporte les gourmades de l'un, les plaisanteries de l'autre, reçoit sur la joue gauche une taloche amicale, tandis qu'on lui tire l'oreille droite à le faire crier. Sitôt que le « patron » est absent, les plumes passent de la main dans les boucles de la chevelure, les coudes s'appuient sur les tables, les propos joyeux circulent, les rires éveillent des échos dans les casiers; toute cette jeunesse reprend des allures de moineaux francs, on fredonne le couplet à la mode, on raconte des histoires; les clients sont agréablement rail-

lés : celui-ci, sur son air ahuri ; celui-là, sur sa rondité importante ;
la vieille dame, sur ses chapeaux en coup de poing ; une jeune veuve,
sur sa façon d'allier le crêpe anglais aux exigences de la coquetterie.

Mais rien de semblable ne se passait chez M⁰ Yvon Ponsagrif. Tous
les clercs y étaient vieux. Le plus jeune, qui était albinos, avait déjà
des cheveux blancs quand il y entra. Sans doute on le choisit ainsi
pour qu'il ne détonnât pas sur l'ensemble. Oui, tous vieux ! Des faces
terreuses et blanches faute d'avoir respiré l'air et vu le soleil ; des
yeux faibles qui s'effrayaient d'une grande lumière ; des corps voûtés
par suite de l'habitude de rester penchés sur des pupitres ; des lèvres
sans sourire où se lisaient tous les découragements de vies man-
quées. Et ces pauvres hères, ces fantoches lugubres, ces gratte-pa-
pier sinistres étaient moins habillés que couverts par des vêtements
flasques, trop larges pour des corps allant toujours en s'amaigrissant.
Les draps s'élimaient, les coutures blanchissaient ; les coudes seuls,
protégés par les manches de lustrine, gardaient leur noir primitif.

De cette pétrification des choses vieillies, dans une étude gardant
l'aspect de choses préhistoriques, il résultait que dans la ville de R.
M⁰ Yvon Ponsagrif jouissait d'une renommée sans rivale.

On répétait dans sa riche et aristocratique clientèle que Ponsagrif
était un notaire de « la vieille roche », que sa famille tenait à la noblesse de robe, et que ses alliances étaient des meilleures.

Était-il riche ? On le pouvait conjecturer, mais nul n'aurait pu le
dire. Tout ce que l'on savait à R., c'est qu'en dehors de plusieurs
terres patrimoniales, dont il ne se serait défait à aucun titre, le
notaire ne possédait rien dans les banques de la ville. Il ne touchait
jamais de revenus sur des fonds d'État ou des entreprises industriel-
les ; mais une fois chaque année il se rendait à Paris, et on affirmait que c'était pour « ses affaires ».

Ceux qui, par métier et par habitude, se trouvaient en mesure
de calculer les revenus de son étude, affirmaient qu'elle rapportait
cent mille francs. Or, que pouvait-il faire de cette somme ? A peine
en dépensait-il six mille personnellement. Encore n'atteignait-il ce
chiffre qu'en raison des aumônes qu'il répandait dans son quartier.
Un vieux domestique, assez noué pour qu'il fût possible de le considérer comme un nain, suffisait à son service. Cet être disgracié se
fût jeté au feu pour son maître.

On ne lui payait pas de gages. Pourquoi ? Jamet refusait de le dire. Entre le maître et ce bizarre serviteur existait certainement un secret ; quel qu'il fût, il devait être à la louange des deux.

Ils se parlaient peu. Il semblait qu'entre eux cela ne fût point nécessaire. Le service de Jamet était si parfait, le serviteur se montrait si rempli d'attentions pour le maître, que celui-ci n'avait presque jamais d'ordres à lui donner. Un « merci, Jamet » était à peu près le seul mot qu'il lui adressât dans la journée. Merci ! ce mot suffisait au nain qui, en l'entendant, souriait d'une façon silencieuse.

Dans cette étude sombre, la préoccupation semblait plus grande ce matin-là que d'habitude. Le coup d'œil que Me Ponsagrif jeta en entrant sur les clercs parut commander une tenue plus grave, un visage austère. Il traversa l'immense pièce sans parler et passa dans son cabinet.

Il renfermait des richesses dont Ponsagrif n'avait pas conscience. Meubles rares datant de la Renaissance, coffres à ferrures merveilleuses, pendule admirable, appliques qu'on lui eût payées au poids de l'or.

Mais pas une toile jetant une note aimable sur ce luxe sombre, pas une fleur dans un vase, un émail sur la cheminée.

Tout était froid, triste, sévère.

Le notaire consulta le cartel suspendu au-dessus de son bureau, rangea des notes et murmura :

— De mon temps nous étions plus exacts.

Il ne se comptait déjà plus.

Reprenant alors les papiers qu'il venait de compulser, il tira d'un carton des liasses de titres et les étudia, tout en écrivant sur des feuillets détachés les observations suggérées par sa lecture.

Une demi-heure sonna ; Ivon Ponsagrif regarda fixement le cartel, comme s'il le rendait responsable de l'inexactitude de la personne attendue ; puis il poursuivit sa besogne, jusqu'à ce que le timbre de la porte de l'étude résonnât et qu'une voix flûtée, pleine d'enjouement, se fît entendre.

Le clerc albinos ouvrit la porte du cabinet de Me Ponsagrif et annonça :

— Maître Lescalle.

Le vieux notaire se leva courtoisement et fit un cérémonieux salut à son jeune collègue. Celui-ci présentait, avec Yvon Ponsagrif, l'opposition la plus complète. Assez grand, mince, bien pris dans une taille élégante, coiffé au dernier goût, sentant bon, de ses mains très fines rendues plus souples par des pâtes onctueuses, jusqu'à ses cheveux subissant chaque matin des frictions odorantes; la chemise à large plastron, le gilet tenant à peine à l'aide de deux boutons, un veston bien coupé, un ruban de batiste figurant une cravate : il n'avait du notaire ni le costume sévère, ni l'allure grave, ni le visage rigide. Le front était gai, l'œil éveillé, la bouche moqueuse ; sur ses lèvres devaient fleurir le couplet d'opéra-bouffe et la plaisanterie aventurée.

N'ayant que juste l'âge réglementaire, il était arrivé de Paris un matin afin de prendre possession de l'étude de son père. Au fond il s'était trouvé plus dérangé que charmé par ce changement de situation. Il lui avait fallu quitter le boulevard Saint-Michel peuplé de ses amis, l'école de droit, l'étude où il faisait un stage de fantaisie.

Il possédait au suprême degré l'art de recevoir les clientes : porté par toutes aux nues, quel que fût leur âge, il ne riait point des vieilles filles, donnait de sages conseils aux veuves sur le placement de leurs fonds, se montrait timidement respectueux à l'égard des orphelines, et se ménageait dans l'élégante clientèle de Me Josorand, à Paris, une spécialité à laquelle il devait des relations charmantes.

Bon musicien, doué d'une mémoire colossale, possédant un goût parfait, né pour le monde, et nullement pour le notariat, il s'essayait à la vie inutile qu'il embrassait de par la volonté de son père.

Lorsque Jules Lescalle tenta d'insinuer qu'il se sentait pour le notariat une vocation plus que modérée, son père ne s'emporta point, ne lui adressa ni reproches, ni conseils, mais lui dit avec une tranquillité donnant plus à réfléchir que la colère :

— Mon père était notaire, je suis notaire, tu le seras. Entendons-nous. Il n'existe point de nos jours de vocations forcées. Je t'offre une superbe et honorable situation, mais je ne t'oblige point à l'accepter. Si tu ressens une horreur invincible pour le notariat, avoue-le-moi, et cherche mieux. Préfères-tu un autre genre de vie ?

— Tous les genres de vie, excepté celui-là.

— Par exemple !

— Eh bien ! mon père, c'est tout trouvé. Vous possédez dans le département d'Ille-et-Vilaine des fermes superbes, des bois magnifiques... Quels bois !... Et giboyeux ! Au lieu de prêter serment en qualité d'officier public, je me fais donner le titre de lieutenant de louveterie, je débarrasse vos forêts des loups et des sangliers ; je dirige les coupes de bois... Quand l'âge d'un arbre est venu de tomber sous la cognée, il faut qu'on l'abatte, comme il faut que l'homme meure... Je recevrai vos fermages, je surveillerai en un mot une fortune dont vous ne savez peut-être pas exactement le chiffre.

— Mais, fit M. Lescalle, c'est vraiment une idée, j'ai une gentilhommière quelque part...

— Je la ferai restaurer. La saison des chasses la peuplera de joyeux compagnons.

— On dînera longuement, on boira sec; nous devons avoir dans les caves des vins délicieux.

— Certes, mon père! et c'est grand dommage de les oublier ainsi.

— Puis je ne me fais peut-être pas assez honneur de ma fortune, cette fortune dont tu crois que j'ignore le chiffre.

— Il est toujours temps, mon père.

— On ne vit qu'une fois!

— C'est ce que je pense.

Un silence suivit cette déclaration des principes de Jules Lescalle, puis le vieux notaire changeant subitement de ton :

— Ah! çà, monsieur, fit-il, croyez-vous que j'aie amassé des écus pour que vous leur fassiez danser une sarabande infernale? Pendant votre séjour à Paris, j'ai bien voulu payer vos notes et régler le chiffre de vos dettes; mais je l'ai fait par dignité pour moi plus que par condescendance pour vous...

« Vous m'offrez tout simplement de dilapider à votre aise, en compagnie d'aimables viveurs, les économies de la famille. Je connais les exploits des lieutenants de louveterie et les éminents services qu'ils rendent. Ce titre leur sert simplement à leur permettre de chasser pendant toute l'année. J'aurais en vous un bel intendant, et, ma foi! je ne serais pas forcé de demander ce que deviendrait le produit des coupes de bois que vous considérez comme si urgentes; et nos fermiers ne se loueraient guère de vos visites. Non! non! par la mordieu! il n'en sera point ainsi. Vous ne grossirez point le nombre des inutiles. S'ils sont terribles à Paris, en province ils deviennent pires. Puisque vous ne trouvez rien de mieux que la situation de désœuvré, si vous n'acceptez pas d'être notaire, faites-en à votre guise. Mais point de subsides du père. Votre légitime, voilà tout. Quand votre mère m'épousa, elle m'apporta cinquante mille francs, je suis prêt à vous les compter. Mais, cette somme dépensée, ne me demandez rien.

Vous connaissez dans les cas graves l'inflexibilité de mon caractère ; basez-vous sur cette certitude que je tiens toujours ce que je promets.

Jules Lescallé écoutait la tête baissée cette violente apostrophe Il venait de tomber comme un sot dans le piège tendu par son père, Le vieux notaire le laissa quelque temps à sa confusion, puis il reprit :

— Donc, mon fils, vous aurez à choisir entre le notariat et la vie libre. Je ne prétends ni forcer vos goûts ni contrarier votre vocation : notaire riche, considéré, à même de conclure une alliance honorable et de prendre rang parmi les hommes sérieux ; ou gommeux de province, la pire espèce des gommeux.

Jules eut du moins le mérite de réparer rapidement sa sottise.

— Je suis prêt à vous obéir, mon père, répondit-il.

— Demain tu entres à l'étude ?

— Oui.

— Avant trois mois tu seras titulaire de ma charge ?

— Et je tâcherai de remplir correctement mes devoirs d'officier civil. Je vous demanderai seulement de ne pas trop me presser pour mon mariage... Vous comprenez...

— Tu ne veux pas aliéner complètement ta liberté ?

— Justement.

— Rappelle-toi que la clientèle sérieuse préfère les notaires mariés...

— Et maître Yvon Ponsagrif ?

— Il est veuf, répondit gravement Mᵉ Lescalle.

Tout se passa comme l'avait annoncé le notaire. Il se démit de sa charge en faveur de son fils, et celui-ci s'appliqua, autant que le lui permettait la légèreté de son caractère, à mériter les encouragements paternels. Il y réussit à ravir.

Le vieux Lescalle ne pardonnait point à Jules ses victoires, ses airs de hauteur et les raffinements de son élégance demeurée parisienne.

En revanche toute la jeunesse de R. se rendait à l'étude de Jules Lescalle. On se trouvait bien dans ces moelleux fauteuils, le regard s'attachait ravi sur de belles toiles signées de grands noms. Il gardait dans son cabinet des cigares exquis pour les jeunes gens de son âge et des roses superbes pour les femmes. Yvon Ponsagrif et Jules Lescalle possédaient leurs coteries et leurs partisans. Les grosses fortunes sérieuses, les familles riches fixées depuis longtemps dans la province demeuraient fidèles à Mᵉ Ponsagrif ; les jeunes héritiers, les dissipateurs, les futurs croqueurs d'héritages accordaient leur confiance à Jules Lescalle.

Quoiqu'il gardât des habitudes de scrupuleuse politesse, M⁰ Yvon Ponsagrif accueillit froidement son collègue et dirigea un regard expressif du côté du cartel. Celui-ci comprit la leçon indirecte que lui donnait son vieux collègue, et lui dit avec un ton d'aimable humeur :

— Je vous demande pardon de venir en retard à ce rendez-vous. Il m'a été impossible de renvoyer plus tôt une cliente, la vicomtesse du Tertre, dont le mari vient de mourir si malheureusement... Que voulez-vous, on ne traite pas légèrement une veuve... Elle a déjà bien assez de regret, n'est-ce pas ? On doit des égards à sa douleur... Tout en mouillant de larmes un mouchoir en batiste, elle énumérait le nombre de ses fermes et le chiffre de ses revenus... Très correcte en toute chose, Mme du Tertre... C'est incroyable comme le cachemire noir et le crêpe lui vont bien. Il n'est pas jusqu'à ce petit bandeau blanc imperceptible qui donne à sa physionomie un cachet particulier.

« Une Parisienne ne ferait pas mieux... Et des sanglots semblables à un roucoulement de tourterelle... Au milieu de tout cela, tant d'hectares de prés, de bois, tant d'actions de chemins de fer et de fonds d'État, que la séance a été trop longue... Mille pardons, cher maître, me voici à vos ordres. »

Yvon Ponsagrif prit sur son bureau une liasse de papiers, de contrats, et les étala dans un ordre particulier, tandis que Jules Lescalle, fouillant dans les profondeurs d'une élégante serviette, en tirait un nombre environ égal de cahiers au timbre de l'État.

Deux notaires, c'est-à-dire deux ennemis, se trouvaient en présence ; chacun d'eux, ayant à défendre les intérêts de son client, se trouvait forcément en lutte avec son collègue.

Les escarmouches commencèrent, et ce fut M⁰ Ponsagrif qui ouvrit le feu.

— Naturellement, dit-il, nous nous marions sous le régime de la séparation de biens.

Jules Lescalle fit un mouvement.

— La séparation de biens ! fit-il, et pourquoi ? C'est une coutume normande qui, grâce à Dieu, ne se répand guère en Bretagne. Je m'étonne que vous, dont le respect pour les traditions de la famille est connu, vous songiez à rédiger un contrat dans ce sens. La séparation de biens est une des formes de la défiance.

Les clients sont agréablement raillés. (Voir page 2.)

— N'exagérons rien, mon cher collègue ; appelons-la précaution :
ce sera plus juste... J'ai vieilli dans le notariat, et j'ai vu un si grand
nombre de mes clients demander, au bout de quelques années de
mariage, cette division d'intérêts primitivement confondus, que je
la considère comme une mesure... préventive... Mieux vaut ar-
ranger ces choses entre notaires. Les fiancés ne s'en irritent point ;
on leur lit, le jour de la signature, des articles qu'ils n'écoutent
pas toujours, occupés qu'ils sont de pensées plus douces. Mais,
quand l'habitude de la vie à deux a révélé les défauts du mari qu'on

avait jugé le phénix des hommes, il est rare que la femme devenue
mère de famille puisse sauvegarder ses droits et protéger sa fortune contre les prodigalités et les imprudences de son compagnon.

— Oui, fit Jules Lescalle, je comprends cela, et je l'approuve,
quand, la jeune fille apportant une grosse dot, on peut craindre que le
mari, alléché par l'appât, dépensier et viveur, compromette la situation future de sa femme. Vous conviendrez que ce n'est point le cas ici.

M. Ponsagrif eut un léger accès de toux.

— D'où vient Ernest de Blosville ? demanda-t-il.

— De Paris, vous le savez.

— Je sais même qu'il y a lestement dépensé la fortune paternelle.

— J'avoue qu'il a jeté un peu de jeunesse et d'argent aux quatre
vents de la fantaisie ; mais, après avoir vécu dans un monde léger,
il appréciera mieux le bonheur d'avoir pour femme Mlle Blanche
de Gailhac-Toulza... D'ailleurs, vous n'avez point, ce me semble,
mon cher collègue, à vous préoccuper du chiffre de la fortune passée
de mon client ?... Notre dot égale au moins la vôtre.

— C'est juste ; M. de Blosville a hérité de son oncle.

— Je crois même qu'il est plus riche que Mlle de Gailhac.

— Oui, si nous en croyons certains chiffres.

— Je vous apporte les contrats des terres et le total des revenus.

— Parfaitement ; y joignez-vous, mon cher collègue, celui des
dettes de M. de Blosville ?... Ne vous récriez pas, je suis seulement
prudent... La terre de Monchauvir est hypothéquée ; votre client a
des goûts dispendieux, auxquels, je le crains, le mariage ne le fera
pas renoncer. Mlle Blanche de Gailhac-Toulza apporte en dot
quatre cent mille francs, dont trois cents donnés par son père, le
procureur général, et cent par son aïeul, M. Archambaud de
Gailhac-Toulza. Eh bien ! je redoute que, après avoir trop fortement
entamé la succession de son oncle, votre client ne soit tenté d'es-
compter celle de sa femme.

— Cette crainte me blesse pour M. de Blosville.

— Il aurait tort de s'en formaliser.

— Il vous serait difficile de me prouver cela.

— Vous vous trompez, rien ne serait plus simple.

— En ce cas je vous serai obligé...

— Voyez-vous, mon cher collègue, depuis qu'il existe des Archambaud de Gailhac-Toulza conseillers au Parlement de Bretagne,

il y a eu des Ponsagrif notaires royaux. Un lien de solidarité tient nos deux familles. Les Gailhac-Toulza sont montés à un degré plus haut de l'échelle, mais les Ponsagrif n'ont jamais vu s'altérer leur bonne renommée. La Révolution ruina du même coup les deux familles, et, comme les partisans de l'égalité étaient surtout amis du partage, les terres de Gailhac-Toulza devinrent la proie des coquins, tandis que l'étude de mon père se trouvait ruinée. Le travail nous rendit bientôt l'indispensable ; la richesse suivit doucement. Quant aux Gailhac-Toulza, vous le savez mieux que moi, la magistrature n'enrichit guère les représentants de la loi... Mais si les Blosville comptent plus d'argent, sans offenser votre client, j'ose affirmer que les Gailhac-Toulza sont autrement estimés et vénérés. Dans toute la longue succession d'hommes et de femmes de cette famille pas une tache. L'honneur des hommes est comme leur épée ; celui des femmes ne fut jamais discuté... J'ai connu la mère de M. Ernest de Blosville : évaporée, coquette, elle aimait les bals et eût volontiers fait percer de nouvelles fenêtres à son hôtel afin de jeter plus vite son argent dans la rue... Voyez-vous, ni le vieil Archambaud de Gailhac-Toulza, ni son fils, notre procureur général, n'auraient choisi ce mari pour leur fille. Mlle Blanche a cru trop vite à la tendresse de M. de Blosville ; sa mère approuve cette union. Votre client est jeune, élégant ; il s'exprime avec aisance, possède à la fois une grande habitude du monde et des talents variés. Blanche de Gailhac est heureuse de l'épouser, et ni le père ni l'aïeul n'ont le courage de s'opposer à cette inclination. Mais Blanche a dix-neuf ans. Elle ne sait juger ni les hommes ni la vie. M. de Blosville est doué d'un cœur sec, d'un excellent estomac ; il vivra longtemps, mais il opprimera sa femme, et à cela nous ne pouvons rien ; enfin il la ruinera si nous n'y mettons bon ordre.

— Je vous trouve dur pour lui.

— Êtes-vous convaincu que j'aie tort ?

— Absolument.

— Alors, qu'est-ce que cela vous fait que nous nous mariions sous le régime de la séparation de biens ?

— Je ne conteste rien, vénérable maître ; j'ai envie de soutenir la lutte contre vous.

— Je la juge finie, dit avec une grande dignité le vieux notaire. Je vous pose une dernière fois la première des conditions du contrat, l'acceptez-vous ?

— Il le faut bien, répliqua Jules Lescalle. J'ai reçu ordre de M. de Blosville d'adhérer à toutes vos conditions,

— Ceci posé, nous discuterons aisément les autres articles. En cas de mort sans enfant de Blanche de Gailhac-Toulza, la moitié de sa dot restéra à Ernest de Blosville; l'autre portion fera retour aux Archambaud de Gailhac. Nous aurons trois fils à pourvoir.

Article par article furent analysées les conditions du contrat. Jules Lescalle devenait aigre; Me Yvon Ponsagrif restait obstiné. Il fallut deux heures aux notaires pour préparer un contrat de mariage que Blanche de Gailhac s'apprêtait à signer avec une joie confiante, et dont les termes devaient plus d'une fois faire pâlir de colère Ernest de Blosville.

Enfin ce dur labeur s'acheva, et Jules Lescalle se leva.

— Le jour de la signature est fixé? demanda-t-il.

— A jeudi soir.

— Dinez-vous chez vos clients, aujourd'hui?

— Je m'en fais une grande fête, les trois frères de Gailhac arrivent.

— Même Robert, le farouche Robert, Robert le « renégat », comme on dit dans la famille?

— Vous avez tort de parler légèrement de choses si graves, dit en secouant la tête Yvon Ponsagrif. Robert est en dehors des traditions politiques et religieuses des siens...

— Bah! fit Jules Lescalle en refermant sa serviette, c'est ainsi depuis l'origine du monde : après Caïn on eut Cham et, après Cham, Chanaan. J'ai connu Robert à Paris, c'est un avocat de grand avenir et qui parviendra.

— On monte si haut aujourd'hui, en descendant devant sa conscience.

— Cher maître, je vous présente mes respects. A ce soir.

— A ce soir, répondit le vieillard.

Quand Jules Lescalle eut disparu, le vieux notaire appela Albinos.

— Préparez le contrat de mariage de Mlle Blanche de Gailhac-Toulza avec M. Ernest de Blosville.

Puis, plus grave encore que le matin, Yvon Ponsagrif se renferma dans son cabinet.

— Pauvre Blanche, fit-il, j'ai pu sauvegarder ta dot, que ne puis-je également protéger ton bonheur!... Mais pour cela on ne demande pas l'avis des notaires, même quand les notaires sont des amis.

Souvent il s'isolait dans quelque coin du parc. (Voir p. 16.)

CHAPITRE II

LES GAILIIAC-TOULZA

Jamais l'hôtel de Gailbac-Toulza n'avait pris un pareil air de fête. Des maîtres aux domestiques la joie descendait; tous les visages rayonnaient; le jardinier avait garni de fleurs les escaliers; Blanche, alerte et joyeuse, ne laissait à personne le soin de remplir les cor-

beilles. Les chambres longtemps closes s'ouvraient devant les
absents, et chacun d'eux y trouvait le signe d'un souvenir, la marque d'une attention délicate. Mme de Gailhac et sa fille venaient
de déployer les mille ingéniosités du cœur de la femme, afin de
prouver aux fils, aux frères revenant au foyer, le bonheur qu'on
éprouvait à les revoir. Le père, Henri de Gailhac-Toulza, retenu
au Palais par ses fonctions de procureur général, se trouvait absent
au moment de l'arrivée de ses fils. Nul n'avait osé déranger l'aïeul,
le vieil Archambaud, patriarche de la famille, qui, en raison de son
grand âge, se reposait durant les heures chaudes de la journée.

Les trois jeunes gens venaient ensemble de Paris.

Tous furent tendrement embrassés par leur mère : cependant, bien
qu'elle s'efforçât de faire un équitable partage de caresses, l'un
d'eux, Robert, celui que Jules Lescalle avait appelé « le renégat »,
reçut un accueil moins empressé. Il ne semblait pas s'attendre du
reste à de bien vives démonstrations de tendresse, et les premiers
baisers de sa mère, la franchise des caresses de Blanche le sur-
prirent et le remirent en même temps.

Le père et l'aïeul ne devaient pas lui témoigner autant d'indulgence, mais la mère restait mère, en dépit de ses regrets et de ses
angoisses, et, quand elle regardait ce beau jeune homme, dont le
visage portait déjà le reflet des tourments de la pensée, elle oubliait
qu'il faisait bon marché des traditions politiques et religieuses de
la famille pour se rappeler seulement qu'elle l'avait tenu tout petit
dans ses bras, et qu'il n'avait alors d'autre ambition que celle d'un
baiser, d'autres croyances que celles qu'il puisait dans l'âme de sa
mère. Vraiment, tandis que Mme de Gailhac regardait ses fils, elle
pensait qu'elle avait le droit d'être fière. Jamais groupe plus char-
mant n'avait entouré une femme, lui servant, suivant la parole de
l'Écriture, de vivante « couronne ».

Ils différaient tous de type, d'allure et de caractère, mais chacun
d'eux avait une valeur personnelle.

L'aîné, Robert, celui qui déjà avait coûté plus d'une larme à la
famille, était de haute taille, élégant et robuste. Des yeux noirs
trop enfoncés sous les sourcils donnaient parfois une expression de
dureté à sa physionomie; mais quand ces yeux s'éclairaient, ils lançaient de telles flammes qu'il devenait difficile d'en soutenir l'éclat.
Le teint était brun, d'un ton chaud, les lèvres rouges sous une

moustache bien fournie, les dents aiguës, écartées, presque cruelles.
La forme du menton trahissait une obstination devant laquelle
devaient se briser tous les obstacles. On sentait que Robert de Gailhac était déjà quelqu'un. S'il ne touchait pas encore au but de ses
ambitions, c'est qu'il comptait à peine trente ans. Mais il ne se
cachait point de vouloir arriver haut et vite, et il était de ceux
qui franchissent d'un bond les obstacles au lieu de les tourner.

Son père avait désiré qu'il fît ses études de droit. Il comptait le
faire entrer dans la magistrature et continuer ainsi cette lignée de
magistrats partant de Henri II. Robert ne témoigna aucune répugnance à obéir à son père; pour prix de sa soumission il demanda
seulement à faire son droit à Paris. En vain sa mère lui objecta-
t-elle qu'elle ne garderait plus autour d'elle aucun de ses fils. Robert
s'obstina :

— Nous ne nous quitterons pas, dit-il, Francis reste à l'École
normale, Didier à Saint-Cyr, nous nous verrons assez souvent pour
ne point nous perdre de vue. Si je reste ici, dans deux ans mes
frères seront presque des étrangers pour moi. Il me semble d'ailleurs que les professeurs de droit de Paris sont autrement forts que
les nôtres. Je reviendrai quand j'aurai passé ma thèse.

— J'aurai des cheveux blancs, alors! dit Mme de Gailhac-Toulza.

— Est-ce que les mères vieillissent? s'écria Robert.

Le père refusa d'abord, Robert insista et mit son aïeul de son
parti. Celui-ci promit de lui faire trois cents francs de pension par
mois, et Robert partit avec ses frères.

Didier devait être soldat : le drapeau de la patrie peut flotter sur
tous les fronts; c'est toujours le drapeau de la France.

Francis se vouerait à l'enseignement, et Robert deviendrait magistrat.

Il y eut de vives étreintes le jour du départ, des larmes dans les
yeux de Francis et de Didier, qui jamais n'avaient quitté leur mère;
puis tous trois s'éloignèrent, l'esprit rempli de secrètes espérances.

Pendant la première année de leur séjour à Paris, les trois frères
vécurent dans une grande concorde. L'élève de Saint-Cyr ne manquait jamais de profiter de ses congés pour se réunir à Francis et à
Robert.

Ils dînaient alors ensemble, passaient la soirée au Théâtre-Fran-
çais, se racontaient les détails de leur vie, leurs succès et leurs dé-

boires, et puisaient dans leur amitié un redoublement de courage. Leur conduite fut telle que pas un jour, pas une heure, M. de Gailhac-Toulza ne regretta la détermination qu'il avait prise de les envoyer à Paris. On ne pouvait obtenir de meilleures notes que celles de ces jeunes gens, et l'aïeul, quand il s'entretenait de ses petits-fils avec le procureur général, lui répétait d'une voix dans laquelle vibraient les bénédictions du cœur :

— Tu méritais des enfants semblables, Henri, et tu récoltes tout le bien que tu as semé dans leurs âmes.

Alors ces deux hommes, dont chaque heure de la vie avait été employée pour le bien, s'étreignaient les mains avec l'expression d'une virile tendresse.

Quand les vacances les ramenèrent, ce furent des émotions, des surprises, des admirations sans fin. Robert sentait poindre ses moustaches, Didier avait la tournure militaire, Francis parlait avec une telle facilité que son père lui répéta plus d'une fois :

— Je crains de m'être trompé, c'est toi qui aurais dû faire ton droit.

— Non, non! répondit Francis, ne regrettez rien; je bataillerai aussi bien que Didier, croyez-le. Il est d'autres glaives que ceux qu'on tire du fourreau.

Le Saint-Cyrien gardait les crâneries d'enfant, des espiègleries d'écolier. Il rougissait de joie à la pensée de ses épaulettes.

Robert parlait moins, ses progrès étaient rapides, ses notes excellentes.

Quand il put longuement s'entretenir avec lui, le magistrat acquit la certitude que son fils ne se bornait point à l'étude du droit et qu'il se lançait dans l'étude de la politique. Il ne s'en effraya pas. La famille de Gailhac pouvait s'estimer satisfaite de voir Robert faire partie du personnel d'une ambassade. Quand M. de Gailhac pressentit son fils à ce sujet, celui-ci répondit d'une façon évasive:

— Le droit mène à tout, dit-il, et l'on ne peut aujourd'hui affirmer qu'on a fait de brillantes et complètes études si l'on n'a sa licence dans son portefeuille.

L'homme qui est appelé à prendre la parole en public doit posséder une science presque universelle ; je suis à l'âge où la mémoire se meuble aisément, et j'accumule pour l'avenir le plus de richesses possible.

En effet, pendant les vacances, Robert suivit peu ses frères dans leurs excursions. Il s'enfermait dans la bibliothèque de son père et travaillait, tandis que Blanche, Didier et Francis multipliaient les visites et les parties de campagne. Souvent aussi il s'isolait dans quelque coin du parc et restait de longues heures plongé dans de graves réflexions.

Mme de Gailhac questionna son fils aîné sur la façon dont il pratiquait à Paris ses devoirs religieux. Il se borna à lui répondre que, grâce aux leçons qu'il lui devait, il demeurait chrétien autant que les enseignements de la foi se peuvent accommoder des réserves de la raison.

De son côté, le père essaya de traiter divers points de politique, et sur ce terrain, comme sur celui des pratiques religieuses, Robert fit des réserves. Francis questionné fut obligé d'avouer qu'il voyait beaucoup moins Robert. Celui-ci s'était lié avec un groupe d'étudiants, affectant des idées plus que libérales. Dans ce petit cénacle, on rédigeait un journal, où le rationalisme, le réalisme trouvaient de fervents apôtres. Sans doute, Robert n'y collaborait point encore, et c'était de sa part une grande habileté. Sa réserve lui tenait lieu de force. Il se fit présenter chez les parents de plusieurs jeunes gens et connut de la sorte des députés de la gauche et des sénateurs d'une opinion avancée. Résolu à parvenir vite, il se hâtait de mettre le pied sur les échelons. Ses frères lui semblaient plutôt des obstacles que des leviers. Cependant il ne s'en séparait point encore. Cette division lui eût semblé impolitique : avant toutes choses il combinait trop ses plans et il préparait trop bien le résultat de ses actes pour en commettre un qui fût imprudent.

Les conseils de son père et ceux de sa mère ne pouvaient du reste reposer que sur des indices très faibles. Étant donné le caractère résolu de Robert, dont la ténacité s'affirmait de jour en jour, on devait se garder de heurter de front cette obstination aveugle. Il remporta un premier prix de droit, et ses succès d'étudiant rendirent indulgent pour lui.

Ne se pouvait-il point qu'il jetât cette gourme de jeunesse qui passe vite et revînt doucement aux croyances du foyer quand il se retrouverait près de sa mère?

Néanmoins, Robert se sentit suspecté et s'en irrita. Il chercha des prétextes pour accompagner moins souvent sa mère à l'église

et railla plus d'une fois ceux de ses camarades qui restaient doucement pliés au joug de la famille.

Les trois frères repartirent plus résolus que jamais à triompher
des derniers obstacles qui les séparaient de l'heure où il leur serait
permis de choisir une carrière. Didier devenait un admirable jeune
homme, beau d'une beauté parfaite, trop idéale peut-être pour un
soldat, mais qui semblait charmante alors. Ses cheveux blonds, ses
yeux bleus, sa bouche grave en faisaient le vivant portrait de sa
mère. Le soleil avait besoin de bronzer ce teint délicat; la première
bataille mettrait un éclair dans ces prunelles d'azur sombre. Tel
qu'il était, Didier restait l'idole de Mme de Gailhac.

Quant à Francis, bien pris dans une taille moyenne, la figure fine
et réfléchie, il plaisait du premier regard, quoiqu'il fût régulièrement
moins beau que Didier et que son visage manquât de la résolution
un peu farouche de Robert.

Durant la troisième année de son séjour à Paris, Francis envoya plus
d'une fois à son père des articles politiques rédigés avec une verve
capable de faire oublier l'inexpérience de l'écrivain. On sentait cou-
rir dans ces articles une flamme qui les rendait doublement intéres-
sants. « Je t'en prie, écrivit Francis en expédiant ces articles, dis-moi
si mon ami doit continuer à écrire ou s'il faut qu'il brise sa plume...

« Sa famille le destinait à une autre carrière, mais il s'agit,
affirme-t-il, d'une véritable vocation. Résolu à ne jamais contrarier
son père, il serait heureux d'obtenir le suffrage d'un homme de ta
valeur et croirait alors qu'il lui est permis de demander l'autorisation de poursuivre sa voie. »

M. de Gailhac répondit qu'il ne pouvait exister un seul père qui
ne s'estimât heureux de voir se développer chez son fils le rare
talent que trahissaient ces articles. La façon dont il en parla prouva
au jeune homme qu'il les avait lus avec un intérêt véritable. Deux
mois plus tard, M. de Gailhac reçut un volume. Cette fois, il passa
de main en main. Il s'agissait de l'ami de Francis; Mme de Gailhac,
Blanche exprimèrent leur opinion sur cet ouvrage, et cette opinion
put faire tressaillir de fierté celui qui l'avait écrit.

Trois mois après les jeunes gens entrèrent en vacances.

Après les premiers épanchements de la tendresse, Francis se
rendit dans le cabinet de son père, et, lui prenant les deux mains
et le regardant avec l'expression d'un tendre regret :

— Je t'ai trompé, lui dit-il, mais je suis prêt à me soumettre à ta volonté.

— Trompé, toi ! l'honneur, la loyauté même !

— Les articles, le livre que tu as lus sont de moi...

— De toi ! s'écria M. de Gailhac.

— Tu voulais me faire entrer dans l'Université, mais...

— Mon enfant, mon cher enfant ! dit M. de Gailhac en le pressant dans ses bras... Quoi ! tu tiendrais vaillamment une plume pour la défense des intérêts du pays et de la foi ! Tu ajouterais cette illustration à tant d'autres ! Béni soit Dieu, garde seulement ta plume aussi pure que Didier fera de son épée.

— Je vous le jure, mon père, répondit le jeune homme dont de nobles larmes mouillèrent les yeux.

Un moment après le magistrat entraînait son fils dans l'appartement de Mme de Gailhac.

— Aimée, lui dit-il, Dieu vient de me ménager une grande joie, je l'en remercie et tu partageras mon bonheur, j'en suis sûr. Tu te souviens de l'empressement avec lequel l'an dernier nous lisions les articles signés *Jean des Vignes*.

— Oui, mon ami, nous en approuvions à la fois l'esprit et la forme, et c'étaient de belles soirées que celles pendant lesquelles nous les écoutions.

— Eh bien ! l'auteur essayait alors ses forces; peu sûr de lui et craignant de nous déplaire, il cachait sous un pseudonyme son véritable nom; aujourd'hui, moins craintif, rendu confiant par nos suffrages, il avoue la vérité : *Jean des Vignes* est notre fils, c'est Francis !

Durant un instant, un brouillard de larmes obscurcit les yeux de Mme de Gailhac. Elle eut pendant cette minute le rapide enivrement des mères que couronne la gloire de leurs fils, et quand Francis, s'agenouillant à ses pieds sur un coussin, l'embrassa au front, elle lui dit avec une émotion dont il devait se souvenir toute sa vie :

— Je te bénis, mon enfant, je bénis les luttes que tu devras soutenir !

Quand toute la famille se trouva réunie dans le grand salon, le père interrogea son fils pour savoir quand s'était révélée en lui cette vocation.

— Vraiment, je l'ignore, répondit-il, l'avenir que vous m'aviez indiqué tournait naturellement mon esprit vers les lettres. A force d'étudier j'en vins à les aimer passionnément. La lecture des chefs-d'œuvre, après nous avoir inspiré une forte admiration, un noble enthousiasme, semble nous inviter à tenter de les imiter. J'ai en secret tenté tous les genres ; combien de tragédies ai-je brûlées, que d'essais de romans, de critiques d'art ont eu le même sort! Je ne me décidai à subir l'épreuve de la publicité que poussé par un ami résolu à faire brèche pour parvenir. Il porta lui-même mes articles, les fit recevoir, m'encouragea, me donna des conseils, car son inex-périence se sauvait sous des hardiesses heureuses. Vous m'encou-rageâtes sans le savoir, et aujourd'hui j'ai joué ma destinée. Très décidé à ne point embrasser une carrière à demi aventureuse sans votre assentiment, je me demandais si votre gravité de magistrat me permettrait d'embrasser la profession d'homme de lettres. J'al-lais être le premier de la famille, et la province ne juge pas toujours les questions de vocation au même point de vue que Paris.

— Mon ami, répondit le magistrat, ce n'est pas dans la patrie de Chateaubriand, qui le premier éleva la voix pour parler des beautés de la religion après les drames révolutionnaires, qu'on garde le droit de dédaigner la plume de l'écrivain sincère. D'ailleurs, mon fils, si les pères de famille ont le droit de préparer l'avenir de leurs fils, ils doivent cependant à ceux-ci de respecter la vocation qui leur est spéciale, car toute vocation vient de Dieu.

— Merci, mon père, dit Francis.

— Permettez-moi de prendre acte de cette parole, ajouta Robert en se levant.

— Que veux-tu dire? demanda le magistrat, frappé du ton agres-sif avec lequel son fils aîné venait de prononcer ces quelques mots.

— J'espère, reprit Robert, posséder autant de droits que mon frère à votre tendresse et à votre indulgence.

— Grâce à Dieu, j'aime mes enfants d'une affection égale, et je ne crois qu'aucun d'eux ait jamais été troublé ou jaloux.

— Oh! non! non! dirent à la fois Francis, Blanche et Didier.

— Parle, reprit le procureur général, parle sans crainte de me trouver trop austère, je sais allier l'inclination de mon cœur aux raisonnements de ma raison.

Robert respira fortement; en dépit de la résolution qu'il venait de prendre et du commencement d'exécution qui l'avait suivie, il ne pouvait s'empêcher de craindre que la décision de son père fût contraire à son désir.

Assis dans un vaste fauteuil, le corps droit, la tête légèrement renversée en arrière, drapé dans les longs plis d'une robe de chambre de velours noir, sur le col de laquelle tombaient ses cheveux d'un blond argenté, Archambaud de Gailhac-Toulza fixait un regard profond et clair sur son petit-fils.

Ce n'était point ainsi que tout à l'heure ses yeux s'étaient reposés sur Francis. Lui aussi pressentait une lutte, une souffrance : il savait que les paroles qui allaient être dites seraient un manque de respect, le commencement d'une suite de fautes.

— Parlez, Robert, dit l'aïeul du ton d'un juge.

— Mon père, reprit Robert, vous m'avez imposé, comme jadis à Francis, la voie que je dois suivre et le but que je dois atteindre. Il est de tradition dans la famille que les aînés entrent dans la magistrature. Je devrais donc revêtir la robe rouge du magistrat. Mais vous avez reconnu tout à l'heure qu'il arrive un moment où les parents n'ont pas le droit de s'opposer à la vocation de leurs enfants. Au lieu d'entrer dans l'Université, mon frère Francis tiendra une plume de journaliste, soit! Moi je sais que j'étoufferais sous la toge d'un magistrat. Je ne veux point accuser, mais défendre. Jamais je ne demanderai la tête d'un homme si méprisable qu'il soit, car je voterais, si j'étais légiste, l'abolition de la peine de mort. Je ne veux point d'un siège inamovible, il me faut une tribune. En un mot, au lieu d'entrer dans votre carrière, je veux rester avocat.

Le regard d'Henri interrogea le vieil Archambaud.

— Avez-vous réfléchi à la gravité de cette demande? fit l'aïeul.

— Oui, répondit le jeune homme d'une voix presque douce.

— Songez-vous que par vous se trouvera interrompue toute une lignée de magistrats qui furent l'honneur de notre pays?

— Je le sais.

— Que je ne me consolerai point de vous voir abdiquer de la sorte?

— Je le regrette, répondit Robert.

— Et si je refusais? reprit l'aïeul qui se dressa à demi.

— J'en appellerais à mon père.

— Votre père, fit Archambaud d'une voix qui retrouva presque l'éclat de la jeunesse, ne se permettrait pas de me parler avec cette liberté. Il a plus de cinquante ans et ses cheveux blanchissent, mais il se souvient du respect dû au patriarche de la famille.

— Je ne crois avoir mis dans mes paroles ni âpreté ni emportement, repartit Robert d'une voix devenue dure. Je réclame le droit de suivre le penchant qui m'attire vers le barreau, voilà tout.

— Vous m'affligez beaucoup, mon fils, dit le procureur général. Le magistrat sert loyalement son pays; sous certains gouvernements, il n'est permis de choisir qu'entre la toge ou l'épée.

— Cela était bon quand la magistrature était véritablement une carrière !

— Croyez-vous donc qu'elle ait perdu de son prestige?

— Ce n'est point ma pensée. Elle a seulement la sécurité en moins. Je vous l'ai dit, d'ailleurs, j'étoufferais sous la robe rouge. J'ai besoin de garder des allures franches. Il me semble que j'aurais des audaces de paroles qui conviendraient mal à l'éloquence d'un magistrat. Je vous en prie, mon père, laissez-moi libre de choisir ma destinée.

— Soit, dit le vieil Archambaud; j'ai trop peur de vous voir entrer en révolte ouverte pour insister davantage. Je ne veux pas vous laisser la possibilité de me manquer de respect... Vous êtes licencié, votre thèse est passée; vous allez rentrer parmi nous, et vous plaiderez, puisque votre vocation est d'être avocat.

— Quoi! fit le jeune homme, avocat ici?

— Que compreniez-vous donc?

— C'est à Paris que je souhaite vivre, à Paris seulement que la carrière des avocats devient sans limite.

— Vous ne voulez donc être avocat que pour devenir autre chose?

— On prend le premier échelon qui se présente quand on veut monter. Je me sens de force à escalader des sommets. L'habileté de parole est la grande force d'aujourd'hui. Que sont nombre de députés, de sénateurs? Des avocats. Comptez parmi les ministres qui traversent les ministères le nombre des avocats. Il y eut un siècle de philosophes et de pamphlétaires, celui-ci est le siècle des avocats.

— Mon petit-fils, dit le vieil Archambaud, je ne permettrai jamais que vous fassiez de la politique, car cette politique serait mauvaise. Depuis trois ans vous avez bien changé ; qui sait quels progrès vous ferez dans une voie dangereuse? Si véritablement vous eussiez

été entraîné par la vocation du bureau, je vous eusse laissé libre ;
mais je prévois que vous nous causerez à tous de grands chagrins,
et j'insiste pour que vous demeuriez entre votre père et moi ; vous
êtes trop jeune pour user de votre indépendance.

— Je suis l'aîné de Francis à qui vous permettez d'habiter Paris.

— Vous obéirez à votre grand-père, dit Henri de Gailhac d'un
ton de commandement.

— Je vous supplie de ne point m'intimer d'ordre.

— Votre conduite nous y oblige.

— J'ai, moi aussi, âge d'homme.

— Votre aïeul vient de vous l'attester, je me fais un devoir de
me plier à ses volontés.

— Je ne m'en sentirais pas le courage.

— Malgré nous vous vous fixerez à Paris ?

— Et je m'y ferai rapidement une place.

— C'est un défi que vous jetez à l'autorité paternelle ?

— J'ai commencé par prier.

Mme de Gailhac s'approcha de son fils.

— Cède, dit-elle, cède, je t'en supplie ; demeure au milieu de nous
qui t'aimons, le temps apportera des modifications que nous ne
pouvons prévoir. Tu viens d'obtenir de ne point entrer dans la magistrature, c'est bien assez pour ton père et pour ton aïeul d'accomplir un semblable sacrifice.

— Robert ! Robert ! ajouta Blanche d'une voix suppliante, en se
suspendant au bras de son frère.

Le jeune homme mordit ses lèvres jusqu'au sang, et, sans répondre à sa mère et à sa sœur, il alla s'asseoir dans l'angle le plus
reculé du salon. Sa famille crut qu'il obéissait ; chacun s'efforça
d'oublier et de faire oublier aux autres la scène pénible qui venait
de se passer, mais l'impression en resta.

A partir de ce moment le père et l'aïeul observèrent Robert avec
une attention persistante, et il leur fut possible de se convaincre
que, dans cet esprit révolté et ce cœur qui se fermait successivement
aux lumières de la foi et aux tendresses de la famille, germait
l'ivraie des sentiments dangereux éclos depuis plus d'un siècle. Le
jeune homme travailla presque toujours seul dans la bibliothèque
du procureur général ; un jour, quelques feuillets étant restés sur la
table, M. de Gailhac les parcourut avec un intérêt poignant. A me-

sure qu'il avançait dans sa lecture, il devenait plus pâle. Sa femme
étant venue le chercher, elle le trouva si accablé qu'elle lui demanda
avec angoisse ce qui le faisait souffrir?

— Aimée, répondit-il, ma chère Aimée, nous n'avons plus un
fils dans Robert. Toute son âme déborde dans ce mémoire où sont
flétries et bafouées les choses les plus saintes. N'essayons pas de
le retenir parmi nous.

Ils demeurèrent tous deux plongés dans une douleur dont rien
ne saurait donner l'idée. Ils pleuraient l'âme de leur fils.

A la fin des vacances les trois jeunes gens s'éloignèrent : le Saint-
Cyrien avec un regret franc, un regret d'enfant aimant et bon ;
Francis, en promettant de s'occuper d'un travail de longue haleine ;
Robert, sans remercier, sans faiblir, devenu déjà froid comme un
politicien, égoïste comme un ambitieux.

Blanche resta seule pour essuyer les larmes de sa mère. C'était
une belle, une adorable fille, jolie et plus que jolie, car elle possédait un charme étrange fait de pureté et de grâce. Blonde, avec un
teint d'une transparence idéale, des yeux verts changeant de nuance
et d'expression, un cœur tendre, compatissant et fidèle, Blanche
était la consolation et la joie de ceux que commençaient à séparer
les événements de la vie.

Adorée de son aïeul, qu'elle entourait de prévenances, de son
père, de Mme de Gailhac, dont elle possédait les vertus, Blanche
était bien véritablement l'ange de la famille dont le vieux notaire
Yvon Ponsagrif avait fait un si complet éloge.

Aussi, à la pensée de s'en séparer, Mme de Gailhac avait-elle
versé plus d'une larme ; mais Blanche, avec une réserve virginale,
laissa deviner son inclination pour Ernest de Blosville, et la famille
consentit à ce mariage. Nulle raison grave ne pouvait causer d'inquiétude relativement à cette union. Le jeune homme affichait pour
Blanche une admiration enthousiaste ; il était de bonne race et
suffisamment riche. Et pourtant, comme M° Yvon Ponsagrif, Aimée
de Gailhac répéta plus d'une fois en regardant sa fille :

— Pourvu qu'elle soit heureuse !

Unis par une même douleur, nous priâmes longtemps. (Voir page 36.)

CHAPITRE III

L'INTRUS

Quelque mécontent que fût le magistrat de la conduite de Robert, il ne voulut cependant pas creuser entre lui et la famille un abîme infranchissable, et c'est pour cette raison qu'on l'invita aux fêtes du mariage.

Mais, pendant que Didier et Francis s'abandonnaient à la joie de
se retrouver dans la maison paternelle, Robert se tenait à l'écart
avec une tristesse mêlée de dédain. Le père et l'aïeul tenaient trop
à ne point contrister Blanche pour témoigner une sévérité implacable à Robert. Du reste, jusqu'à ce moment, quelles que fussent les
idées du jeune homme, il n'avait point encore fait un de ces pas
décisifs après lesquels il est si difficile de retourner en arrière. Une
sorte d'indulgence pouvait obtenir plus de résultats que la rigueur,
et Blanche, semblable à un ange de paix et d'amour, allait de l'un
à l'autre de ses frères, partageant ses tendresses d'une façon également touchante.

Elle était de celles dont on dit : « Le bonheur lui sied. »

Vêtue de rose, une toute petite fleur nichée dans les cheveux
près de l'oreille, elle interrompait souvent la causerie, comme si
elle écoutait au dedans d'elle-même une voix intime lui répéter de
douces promesses de félicité. C'était la candide jeunesse qui chan-
tait en elle la chanson de l'amour heureux.

Après le dîner, au moment où toute la famille jouait au salon,
Blanche demanda à sa mère :

— Vous étiez bien heureuse, n'est-ce pas, le jour où vous devîn-
tes la fiancée de mon père?

— Oui, ma fille, et le mariage fut plus heureux que les fiançailles.

— Moi aussi, dit-elle, moi aussi, mère, je me sens l'âme inondée
de joie.

Mme de Gailhac embrassa le front de sa fille. Peut-être cette
caresse lui enleva-t-elle l'embarras d'une réponse. Elle ne pouvait
admettre dans sa pensée une comparaison, si lointaine qu'elle fût,
entre Ernest de Blosville et Henri de Gailhac-Toulza.

Peu après un magnifique bouquet blanc fut apporté, il précédait
de peu l'arrivée d'Ernest de Blosville.

Francis et Didier le connaissaient peu; Robert, qui s'égarait
davantage à Paris dans un monde de plaisir, l'y rencontrait souvent. Cependant leur accueil fut mutuellement froid; Blanche le
comprit, et un regret lui traversa l'âme. Pourtant la soirée s'anima
progressivement; des amis, des invités arrivèrent; Blanche chanta;
on improvisa « un bal blanc » entre jeunes filles, et le procureur
général causait avec animation avec quelques amis quand le valet
de chambre vint lui apporter une carte sur un plateau.

— Ce nom m'est absolument inconnu, dit le magistrat après avoir regardé la carte. D'ailleurs, l'heure des affaires est passée; répondez à ce visiteur, Germain, que je ne saurais le recevoir ce soir.

— J'ai déjà dit cela, monsieur, mais rien n'y fait; cet individu, car il me semble en assez piteux équipage, m'a répliqué, j'ose à peine répéter cela à monsieur, que le devoir d'un magistrat était de rendre la justice quelle que fût l'heure de la journée.

— C'est intolérable! Renvoyez-le; j'ai du monde, et vraiment...

— Il le sait, monsieur, et s'est contenté de me répondre : « Ceux qui arrivent au milieu d'une fête sont des intrus. Soit! Je suis un intrus. Mais il faut que je parle à votre maître, et je lui parlerai, quand je devrais pour cela attendre le départ du dernier de ses invités. »

« Alors il s'est assis sur la banquette de l'antichambre.

Le magistrat s'avança vers son père.

— Vous avez entendu? demanda-t-il au vieil Archambaud.

Le vieillard regarda son fils, leva la main avec une sorte de solennité, et lui dit d'une voix grave :

— Le devoir professionnel... mon fils.

— Vous avez raison, mon père; me voici prêt à le remplir.

Et, serrant la main de quelques-uns de ses amis, le procureur général dit :

— Vous avez entendu mon père, messieurs! le devoir professionnel avant tout, même avant les fêtes de fiançailles d'une fille bien-aimée.

Le magistrat quitta le salon et passa dans son cabinet.

Sa physionomie naturellement grave venait de prendre une expression austère. Il regrettait vivement qu'on le dérangeât au milieu d'une fête de famille, et le visiteur qu'on introduisit près de lui ne put s'empêcher de ressentir une impression de crainte.

C'était un homme jeune encore sans doute, mais prématurément vieilli. Des rides fines et nombreuses se croisaient sur son front pâle, le regard trahissait l'habitude de pensées douloureuses. On eût dit que jamais cette bouche pâle n'avait connu le sourire. Son costume trahissait la gêne. Sans doute il avait marché longtemps dans des chemins cailouteux et dans une plaine poussiéreuse, car ses habits semblaient tout blancs et ses souliers grossiers gardaient les traces des flaques d'eau franchies et des marais traversés. Une cravate blanche, mais lâche, tombait sur sa chemise froissée. Ses mains étaient sans gants. Évidemment, cet homme était malheureux ; cependant il était impossible de le prendre pour un aventurier et un misérable.

— Vous avez singulièrement insisté pour obtenir une audience, lui dit le magistrat : mais vous avez fait appel au devoir, et ce mot devient un ordre dans la bouche de quiconque l'invoque.

— Je savais qu'il serait tout puissant sur vous, monsieur.

La voix de l'étranger était douce, basse comme celle des gens timides.

Il gardait un accent légèrement étranger qui n'était pas sans grâce.

— Vous vous nommez Balder ? reprit M. de Gailhac en jetant un regard sur la carte que venait de lui remettre Germain.

— Ce nom est en effet celui que je porte, monsieur.

— Et vous êtes médecin ?

— Oui, monsieur.

— Veuillez m'apprendre ce qui vous amène.

— Je viens de vous dire que je m'appelle Balder, ceci n'est que la moitié de la vérité, monsieur le procureur général. Ma famille, originaire de France, s'exila en Amérique, et j'obtins, en m'y faisant naturaliser, l'autorisation de porter le nom de Balder.

— Ainsi, vous n'êtes plus sujet français ?

— J'ai perdu cette qualité, monsieur.

— Je comprends alors d'autant moins en quoi je puis vous être utile.

— Puisque vous avez bien voulu condescendre à me recevoir, monsieur, vous daignerez me permettre de vous raconter une histoire oubliée sans doute. Je vous demande pardon à l'avance d'abuser de votre temps et de vous arracher aux joies de la famille... Moi qui les ai perdues, je sais quel prix on y doit attacher...

— Je vous écoute, monsieur.

— Vous souvenez-vous, monsieur, d'une des premières affaires dans lesquelles vous portâtes la parole... Il s'agissait d'un meurtre commis aux environs de Vitré sur la personne de Laurent Trémadeuc.

— En effet, je me souviens... M. Laurent Trémadeuc fut assassiné par un de ses voisins qui... après l'avoir tué à coups de couteau de chasse, l'enterra dans un des fossés de sa propriété.

— Et le nom de l'homme qu'on accusa de ce crime, vous le rappelez-vous ?

— Le meurtrier s'appelait Claude Andrezel.

— Vous demandâtes sa mort, monsieur le procureur général ?

— C'était mon devoir.

— C'était un crime! fit l'étranger en se levant. Je m'appelle Guillaume Andrezel... Claude Andrezel était mon père.

— Je vous pardonne la violence de cette réponse, reprit M. de Gailhac-Toulza, car vous avez dû bien souffrir...

— Si nous avons souffert ! Vous le saurez, monsieur, après m'avoir entendu jusqu'au bout... Je parlerai tout à l'heure de mon père... Ma mère, une fois le meurtre juridique consommé, m'emporta à New-York; elle avait hâte de cacher sa honte et la mienne, de m'arracher au mépris qu'on déversait sur nous. Mais en même temps elle ne cessait de me répéter : Je t'élève pour accomplir un grand devoir, et, ce devoir, tu le rempliras au prix de ta vie... J'ai vécu tout enfant sous l'oppression de cette mission fatale. J'en ignorais alors la raison, mais la voix de ma mère était si solennelle; elle portait à mes lèvres, avec un respect si pieux, un mouchoir couvert de taches brunes ressemblant à du sang; elle attachait sur moi des yeux brillant de tant d'espérance, que, quelque ignorant que je fusse de la nature du devoir que j'aurais à remplir, je répondais :

« — Je ferai ce que tu me commanderas, au jour et à l'heure où tu le voudras...

« Elle m'embrassait et pleurait en me serrant dans ses bras.

« Voilà quelles furent, monsieur, les premières impressions de mon enfance... des caresses mêlées de sanglots, et la vue du pâle visage d'une mère en deuil. »

Depuis que le nom de Claude Andrezel avait été prononcé, le magistrat cherchait à retrouver sur le visage de l'homme qui se tenait devant lui, sous le rayonnement de la lampe, le souvenir d'une autre figure, belle, grave.

Oui, ce jeune homme étranger était bien le fils de Claude Andrezel. Le même rayon brillait dans ses yeux; seulement, à l'époque du procès que rappelait Guillaume, l'accusé se trouvait à l'âge de la beauté virile de l'homme, et son bonheur était complet.

Quelque chose d'amer passa dans l'esprit du magistrat. Pourquoi au milieu d'une fête venir lui rappeler ce drame de sang? Et pourtant pas un instant M. de Gailhac n'eut la pensée de se soustraire au devoir accepté. Il en avait trop entendu déjà pour ne point souhaiter connaître le reste des confidences de ce jeune homme.

— Le procès de mon père nous ruina, reprit celui-ci, et, si loin que ma pensée retourne en arrière, je vois ma mère usant ses yeux à confectionner de délicates broderies. Jamais elle ne se plaignait. Quand j'exprimais le regret de ne pouvoir lui venir en aide, elle m'embrassait et se contentait de me répondre :

« — Apprends, Guillaume, apprends vite, apprends beaucoup; c'est de ton savoir que j'attends le résultat qui doit changer ma vie.

« Lorsque j'eus terminé mes études classiques, elle résolut que je devinsse médecin; j'eus beau objecter notre pénurie, la longueur des études, la difficulté de trouver une clientèle, elle me répondit :

« — J'ai songé à tout cela; mais partout où il se trouve des malades, un médecin entre dans les maisons, et interroge sans éveiller de soupçons. On est certain d'entendre sonner l'heure où sa présence sera nécessaire. Tu seras médecin habile.

« Lorsque mes cours furent terminés en Amérique, et vous savez, monsieur, qu'ils n'ont ni la même durée ni la même importance qu'en France, ma mère décida que nous quitterions New-York. Jusqu'à ce moment j'ignorais le secret amer du passé. Je lui obéissais aveuglément. Oh! jamais une mère ne fut plus sainte et plus dévouée! Jamais elle ne porta mieux le deuil de l'époux mort et n'allia davantage avec ses regrets la science maternelle. J'avais trouvé le moyen de lui venir en aide tout en continuant mes études, et la préparation de pièces anatomiques me rapportait chaque mois une somme assez importante. Cependant nous vivions avec la même parcimonie. Sans doute, l'argent était mis de côté et devait servir à l'accomplissement de l'œuvre mystérieuse à laquelle j'étais voué presque depuis ma naissance.

« Je quittai l'Amérique sans regret. Je savais que mon véritable berceau n'était point là, et, quand nous arrivâmes en France, il me sembla au contraire que je respirais l'air natal.

« Ma mère ne me conduisit point directement à Paris. Elle vint dans une petite ville, la même où jadis s'était passé le drame que je viens de vous rappeler; nous descendîmes dans une auberge située à l'extrémité d'un faubourg, et le lendemain, sans questionner personne, ma mère suivit une route, puis un sentier ombreux, et se trouva en face de la grille d'un parc.

« Un jardinier préparait un grand massif de fleurs ; ma mère se dirigea vers lui, s'enquit du nom du propriétaire et apprit qu'on l'attendait le lendemain ; alors elle demanda :

« — Voulez-vous nous permettre de visiter la propriété ?

« Le jardinier ouvrit la grille et nous entrâmes.

« — Oh ! mon Dieu, fit celui-ci, vous pouvez tout voir sans crainte ; ma femme et ma fille préparent les appartements, ils sont remplis de meubles rares, cela vous intéressera peut-être.

« Ma mère remercia d'un signe de tête ; je vis qu'il lui eût été impossible de prononcer une parole.

« Nous montâmes les marches du perron, et nous entrâmes dans le salon du rez-de-chaussée. Elle allait d'un meuble à l'autre, les effleurait comme si elle les connaissait déjà et les retrouvait avec une joie mélancolique. Les servantes travaillaient plus loin, nous gagnâmes l'escalier, ma mère tourna le bouton d'une porte et tomba assise dans un grand fauteuil placé devant un bureau.

« — Ton père s'est assis là ! me dit-elle.

« — Lui, mon père ! ici !

« — Le domaine nous a appartenu... j'ai passé dans cette maison bien des heures heureuses, et tu es né là... ajouta-t-elle, en pénétrant dans une autre pièce et en me désignant un angle où se trouvait un piédouche surmonté d'un buste de faune.

« — Là ! je suis né là ! répétai-je.

« Elle posa un doigt sur ses lèvres.

« — Ne m'interroge pas, je t'en supplie... Mes confidences se suivent comme coulent des larmes des yeux fatigués... Je ne sais maintenant que te montrer des places et te dire : Ici je fus heureuse ! Là, ton père avait coutume de s'asseoir... C'est de cette fenêtre que nous regardions s'abaisser le soleil tout rouge derrière ces grands bois... Comme ceci est peu changé ! Les meubles étaient beaux, on les respecta... Tant mieux, tu retrouveras ce cadre complet ! mais le cher visage, tu ne le verras plus jamais, jamais !

« Elle cacha sa tête dans ses mains et fondit en larmes.

« Je n'osais pas l'interroger ; l'épouvante m'avait envahi l'âme ; quelque chose de ce que les anciens appelaient une « horreur sa- « crée »... J'allais apprendre mot par mot des mystères étranges et rouler dans un abîme où sombrerait ma jeunesse; sans doute je n'avais jamais connu la gaieté, les plaisirs, l'entraînement du bonheur, cette sorte d'ivresse capiteuse de la vingtième année qui monte au cerveau pour y faire éclore des rêves et créer des illusions aussi vite envolées que conçues. Ma vie s'était circonscrite dans une chambre pauvre, et mon unique compagnie avait été une mère adorée qui, de temps en temps, me faisait embrasser un mouchoir sanglant et m'élevait afin de m'apprendre à être digne de remplir un devoir impérieux et fatal.

« Mais, enfin, j'avais pu croire que l'épreuve prendrait fin; que, le devoir rempli, je ressemblerais aux autres hommes : qu'une jeune fille me laisserait ramasser une fleur tombée de son bouquet de lilas... J'éprouvais des aspirations vers un bonheur inconnu. Mais, à mesure que s'avançait mon pèlerinage dans cette maison, je comprenais que c'en était fait à jamais de ma vie.

« Ma mère se leva, reprit mon bras et nous descendîmes.

« — Vous êtes restés longtemps, nous dit l'obligeant jardinier. J'étais bien sûr que vous admireriez ces belles choses. Et tenez, madame, ajouta-t-il, puisque vous êtes connaisseuse, acceptez ces roses que je viens de cueillir, c'est moi qui les ai greffées, elles sont encore rares, et je suis le seul de ce pays à les posséder.

« Il présenta à ma mère un bouquet de roses d'une teinte pâle de Bengale, mais plus grandes, exhalant une douce odeur de thé.

« — On la nomme *Capitaine Christy*, dit-il.

« — Je vous remercie, répondit ma mère, oui, du fond du cœur, je vous remercie.

« Nous traversâmes la pelouse sur laquelle s'étalaient des corbeilles de plantes aux feuillages colorés, et nous gagnâmes le parc.

« Ma mère ne parlait plus. Mais elle ne marchait point de son pas habituel, on eût dit qu'elle se traînait.

« Enfin, après avoir erré un peu à l'aventure, car sans doute le nouveau propriétaire avait introduit des changements dans sa propriété, elle s'arrêta au pied d'un hêtre pourpre, de dimensions énormes, et, trop lassée pour aller plus loin, elle tomba sur la mousse épaisse qui s'étendait au pied de l'arbre.

« Elle s'abandonna contre le tronc du hêtre et murmura :

« — C'est ici qu'on trouva le corps...

« — Quel corps?

« — Celui de l'homme assassiné...

« — Oh! je t'en supplie, lui dis-je en serrant à les briser ses deux mains diaphanes, complète des confidences qui me mettent à la torture; ce que tu viens de m'apprendre aujourd'hui se rattache à ton deuil, à mon père, au devoir sacré que je dois remplir... Parle! parle! Je suis un homme, me voilà prêt à tout entendre.

« Elle passa la main sur son front.

« J'étais tombé agenouillé devant elle, et l'altération de ma voix lui révélait la violence de mes émotions.

« — Tu es un digne fils! un noble et digne fils! Je sais bien que je dois tout te révéler, aujourd'hui, mais ce n'est encore ni le lieu ni l'heure. Je remonte mon calvaire, je suis avec toi ma voie douloureuse... Encore un effort, mon fils, un suprême et dernier effort... Aie pitié de ta mère... laisse-la revoir à vingt ans de distance ce qui se passa ici... Nous étions au printemps, tous les lilas étaient en fleurs, et les parterres prenaient un air de fête... Si tu savais combien nous étions heureux!... C'était trop beau, vois-tu! Dieu ne permet pas qu'on jouisse en ce monde d'une félicité semblable, dans la crainte qu'elle fasse perdre de vue le Ciel qui sera la récompense du sacrifice... Ton père et moi nous rentrâmes et nous allâmes faire notre prière à côté de ton berceau.

« Un bruit de chevaux et de foule nous éveilla... Le parc venait d'être envahi. Au milieu des paysans, on apercevait le tricorne du gendarme silencieux; en nous penchant à la fenêtre, nous reconnûmes les magistrats de la ville. Ils demandaient ton père.

« Après un entretien rapide avec lui, entretien auquel il me fut défendu d'assister, ton père et les magistrats se dirigèrent du côté de ce hêtre pourpre. Alors ton père recula saisi d'horreur.

« Un grand chien fauve, hurlant de douleur, grattait la terre avec frénésie; il venait de découvrir une partie du cadavre de l'homme qui avait été enterré ici...

« — Et quel était cet homme? demandai-je.

« — Un riche propriétaire des environs, M. Laurent Trémadeuc.

« — Et comment son cadavre se trouvait-il ici? repris-je.

« Elle secoua la tête.

« — Nous ne l'avons jamais su! dit-elle. Sa figure était pâle, hagarde, remplie de l'effroi d'une mort violente. Un coup de couteau avait à demi tranché la gorge, un autre ouvrait la poitrine. Les bijoux de cette homme avaient été respectés ! il avait de l'or dans ses poches; il s'agissait d'une épouvantable vengeance...

« — Après... après...

« Mais ma mère secoua la tête sans me répondre, arracha quelques brins de mousse, se leva , et, reprenant mon bras, elle quitta cette propriété qui avait été le berceau de sa félicité, et où, comme le cadavre de cet homme, avaient été ensevelies ses joies et ses espérances.

« Le jardinier n'était plus à sa place et nul ne nous vit sortir.

« Il me semblait que cette promenade sinistre ne finirait plus. Je commençais à sentir mon cerveau pris d'une sorte d'hallucination. Il m'arrivait de me demander si ma mère ne me contait pas quelque lugubre histoire rêvée pendant une nuit d'insomnie et de fièvre. Le mot *folie* expira sur mes lèvres. Pauvre sainte ! Je ne comprenais pas alors pourquoi, suffoquée par les émotions, elle ne complétait pas le récit commencé. J'avais hâte de savoir le dernier mot de cette énigme, de prendre corps à corps le sphinx menaçant et d'arracher de sa bouche cruelle et railleuse le mot de ma destinée.

« Mais je n'osais plus insister. Ma mère paraissait si faible, elle se traînait sur la route avec une peine si grande ! Je me sentais pris pour elle d'une pitié infinie, et j'aurais voulu tomber à ses pieds ; mais elle continuait d'aller, rasant les murailles, marchant à la façon glissante des spectres. Nous dépassâmes l'église, et nous nous trouvâmes presque dans la campagne. Au milieu d'un bouquet de feuillages sombres, nous apparurent des croix blanches, des chapelles funéraires. Elle tressaillit, puis elle franchit le seuil. Mais elle ne s'arrêta point dans le champ des morts où les vivants prodiguent à ceux qui ne sont plus les témoignages de leur respect et les preuves d'un fidèle souvenir ; elle le traversa avec une sorte de hâte fiévreuse en m'entraînant à sa suite.

« — Qui viens-tu chercher ici ? lui demandais-je tout bas.

« — Ton père, fit-elle.

« — Ne dois-tu point trouver sa tombe au milieu de celles-ci.

« Elle baissa la tête avec accablement.

« — Il n'avait point le droit d'y être enseveli, me répondit-elle.

« Nous quittâmes le cimetière rempli de fleurs et de couronnes, et nous gagnâmes un champ tout petit, presque aride.

« — Ici on enterre les protestants... fit-elle.

« — Mais mon père! mon père! répétai-je avec obstination.

« — Plus loin! dit-elle.

« Une petite barrière nous séparait d'un enclos où se dressaient seulement quelques tombes luxueuses.

« — Ici la terre n'est pas bénite, fit-elle. On y ensevelit les juifs.

« Cette fois je demandai dans un sanglot :

« — Mon père! mon père!

« — Quelques pas encore... Guillaume, quelques pas... Je reconnaîtrai l'endroit, va! Le jour du jugement dernier, quand les morts sortiront de leur tombe, je viendrai assister au réveil de celui qui dort là dans l'attente de la justice éternelle!

« Dans un carré où se trouvait moins de terre que de cailloux et dont les renflements se cachaient sous des ronces aux fruits sanglants, trois petits tertres s'élevaient serrés l'un près de l'autre. Sur l'un d'eux était une croix de bois. Ma mère écarta les vieilles couronnes suspendues aux bras de la croix, et me fit suivre du doigt cette inscription : CLAUDE ANDREZEL *attend ici l'éternelle justice de Dieu!* — Puis une date : 21 juin 1850.

« — Est-ce donc là la tombe de mon père? demandai-je.

« Elle baissa la tête.

« — Oui, mon fils.

« — Où sommes-nous?

« — Dans le cimetière des condamnés à mort.

« — Des condamnés à mort!... Ainsi, mon père...?

« — ... monta sur l'échafaud le 21 juin 1850.

« — Oh! je fais un rêve, un rêve terrible, n'est-ce pas?

« — Tu commences à vivre dans la réalité.

« — Ainsi je suis le fils d'un supplicié?

« — Et moi sa veuve.

« — Bonté de Dieu! m'écriai-je, avons-nous mérité tant de douleur et de honte?

« Elle ne me répondit point, brisa une branche fibreuse de ronce violette, colla ses lèvres sur la terre et me la désigna du doigt.

« Je la regardai, et son geste plus impérieux m'ordonna d'obéir.

« Quoi! j'étais dans le lieu où la mort même est déshonorée; j'apprenais avec le nom de mon père sa fin ignominieuse, et je devais prier sur sa dépouille et baiser la terre recouvrant son corps comme on fait des reliques d'un martyr!... Mais l'autorité de ma mère était si grande, il me paraissait si peu possible qu'elle se trompât, que, refoulant mes angoisses, arrêtant les questions prêtes à passer sur mes lèvres, j'obéis à l'ordre de ma mère vénérée.

« Son regard tomba sur moi si doux, si reconnaissant et si pur, que j'éprouvai une sorte de joie douloureuse.

« Alors, unis par une même douleur, nous priâmes longtemps.

« Pendant ces courses, ces stations, les heures avaient marché ; depuis le moment où nous avions quitté l'auberge, nous n'avions rien pris, et aucun de nous n'y songeait. La nuit descendait rapidement, et une cloche tintant à peu de distance, mêlée aux hurlements d'un chien de garde, nous apprit que nous devions nous hâter de quitter le cimetière. Comme nous sortions de l'enclos maudit, le gardien, son chien sur les talons, nous rencontra, nous cria d'une voix roque de sortir et nous jeta un coup d'œil défiant.

« Nous redescendîmes le faubourg ; nous entrâmes dans l'église et ma mère pria avec la ferveur d'une martyre louant Dieu.

« Peut-être fût-elle demeurée longtemps ensevelie dans ses pensées, et répandant aux pieds de Dieu l'amertume de ses larmes avec la ferveur de ses revendications, mais le sacristain allait fermer la maison de prière. Aux divers autels, tous les cierges étaient éteints. Seule la lampe du sanctuaire brillait comme une étoile pâlie au milieu des ténèbres dont s'emplissait le vaisseau de l'église. Nous devions quitter le lieu saint comme nous avions abandonné le cimetière.

« Après un détour, dont je ne m'aperçus point, je me trouvai sur une place entourée d'arbres. La clarté de la lune la baignait de lumière. Ma mère m'entraîna au milieu, jeta autour d'elle un long regard, frappa le sol du pied et murmura :

« — C'est là ! c'est là !... La poussière doit encore être rouge du sang de l'innocent...

« Elle n'en put dire davantage, et, brisée par les émotions, elle tomba à la renverse, serrant dans ses mains crispées, les fleurs, les ronces et les mousses ramassées aux stations de son calvaire. »

Je lui flanquais une solide tripotée. (Voir page 41.)

CHAPITRE IV

UN DRAME DANS LE PASSÉ

Tandis que le jeune homme poursuivait ces confidences interrompues par des sanglots sourds ou des silences, et rendues solennelles par le caractère filial de sa douleur, Henri de Gailhac-Toulza suppléait à tout ce qui manquait à ce récit.

Les moindres souvenirs de l'affaire Andrezel lui revenaient à la mémoire avec une lucidité inouïe. Il se rappelait maintenant le visage de Claude, noble visage dont il trouvait le reflet dans la physionomie ravagée de son fils. Avec une puissance évocatrice dont, la veille, il se serait cru incapable, il reconstituait la tragédie dans laquelle il avait joué un rôle.

Oui, ce fut une terrible affaire que celle de Claude Andrezel, et maintenant, en écoutant les battements de son cœur, il demeurait convaincu qu'elle gardait des côtés mystérieux et terribles.

Des années déjà s'étaient écoulées! Comme cela semblait près cependant! On eût dit que le drame venait de se passer la veille!

La demeure presque seigneuriale décrite par le jeune médecin se trouvait alors voisine d'une gentilhommière dont les bois touchaient ceux de Claude Andrezel.

Laurent Trémadeuc, d'un caractère orgueilleux, très jaloux de ses droits, peu aimé de ses serviteurs et de ses gardes, avait avec son entourage des relations plus froides qu'amicales. Les parcs, séparés seulement par des clôtures, devenaient journellement un prétexte à discussions. De polis qu'ils étaient, les rapports devinrent tendus entre Trémadeuc et Andrezel. Tandis que le premier conservait des rancunes, l'autre se livrait parfois à des accès de colère qu'il était ensuite le premier à déplorer, mais qui pouvaient néanmoins faire de profondes blessures. C'était un de ces hommes dont la franchise un peu brutale n'altère en rien les qualités du cœur, mais qui s'exposent à des revanches dangereuses. Adoré de sa jeune femme et de ses domestiques, qui oubliaient ses vivacités avec la même promptitude que lui-même, Claude Andrezel ne comptait dans la ville et aux environs que des amis.

Quand il surprenait un braconnier dans ses bois, ou quelque femme armée d'une serpe oubliant trop la différence existant entre le bois vert et le bois sec, il entrait dans une colère terrible, jurait qu'il ruinerait la famille en envoyant le mari en prison ou qu'il ferait enfermer la fagoteuse de bois vif pour plusieurs semaines; mais à peine était-il rentré chez lui que la femme du délinquant arrivait, traînant quatre ou cinq petits enfants après ses jupes. Elle ne cherchait point d'excuse à la faute de son mari; elle convenait qu'en tirant sur les lièvres et les chevreuils il avait porté atteinte à la propriété d'autrui. Elle demandait grâce, pourtant, poussant les petits vers Claude Andrezel, pleurant des larmes de mère qui craint de voir déshonorer ses enfants au berceau. Le maître continuait ses reproches et ses menaces ; peu à peu celles-ci devenaient moins virulentes.

— Pardonnez-lui encore cette fois, monsieur, disait la pauvre femme.

— Ce sera la dernière ?

— Oui, la dernière, sur mon salut.

— Et, s'il retombe dans la même faute, vous vous engagez à ne plus demander sa grâce ?

— Il ne le mériterait plus, monsieur !

— Allons, allez en paix ; votre mari n'ira pas en prison... Prenez ces vingt francs. Achetez de la viande pour les petits ; celle du boucher est plus saine pour eux que le gibier.

La femme levait de grands yeux humides sur Andrezel, les enfants lui tendaient les mains timides, puis la famille s'en allait riche et consolée.

Pendant trois semaines, tout allait bien. Au bout de ce temps, Gervais, le garde d'Andrezel, faisait un rapport concluant à ce que l'on recommençait à tendre des pièges et des collets dans le bois ; il avait, de plus, entendu tirer un coup de fusil.

— Voyez-vous, monsieur, rien ne m'ôtera de l'idée que ce diable de Tournevire est l'auteur de tout ce désordre. Qui a bu boira, voyez-vous. Pour corriger ce fabricant de collets, il faudrait l'enfermer. Tant qu'il vivra sous le couvert entendant des bramées de cerf, voyant sauter des chevreuils et se terrer des lapins, il fera usage de son flingot. L'état qu'il mène est dangereux pour lui. On devrait l'obliger à en changer.

— C'est possible ; provisoirement, du moins, dressez procès-verbal, Gervais.

— Je n'y manquerai pas, monsieur.

Le garde guettait le braconnier, prenait celui-ci sur le fait et le traînait devant M. Andrezel, en dépit de sa résistance.

— Ah ! c'est toi, coquin ! fripon ! pendard ! Cette fois, c'est la dernière, entends-tu. Prières et larmes n'y feront rien.

— Je n'y compte pas.

— Pourquoi donc envoies-tu ta femme implorer ta grâce ?

— Jamais elle n'y est venue de mon plein gré.

— Tu aurais préféré aller en prison?

— Peut-être bien.

— Pourquoi ne pas ajouter que tu me gardes rancune de mon indulgence?

— C'est la vérité.

— Ah! par exemple, voilà qui est trop fort!

— Possible! mais c'est comme cela.

— Je serais curieux d'en apprendre la raison.

— Vous la saurez! Aussi bien, la rancune m'étouffe.

— De la rancune, de toi à moi!

— C'est ma façon de dire. Vous comprendrez quand je me serai expliqué... Savez-vous combien de fois votre garde m'a déjà déclaré procès-verbal?

— Trente fois?

— Cinquante-cinq! Un autre que vous n'aurait fait ni une ni deux. Je serais passé en police correctionnelle, et j'en aurais eu d'une façon progressive pour un joli chiffre de réclusion. Sûrement on m'aurait gardé assez à l'ombre pour me faire perdre le souvenir du soleil dans les clairières. Mais entre chaque incarcération je me serais senti libre. J'aurais usé, abusé de mon droit de vous maudire, de vous traiter de mauvais riche, de vous vouer au diable! et il me semble que cela m'aurait soulagé. Au lieu de cela, qui était votre droit, votre devoir de propriétaire, vous avez déchiré les procès-verbaux de Gervais, vous vous êtes laissé attendrir par les larmes de ma femme et les faces de chérubins des enfants... Et la Mariolle rentrait avec de l'or dans ses poches. Tonnerre! quand j'apprenais cela, je la traitais de mendiante, je lui ordonnais de vous rendre l'argent... Mais elle secouait la tête... La Mariolle a ses obstinations aussi... Le soir on demandait à Dieu une longue vie pour vous, pour Mme Andrezel... On suppliait le Seigneur de faire la vie douce à votre Guillaume, parce que vous aviez été compatissant pour ma nichée... Je jurais, je fermais les poings, je défendais de prononcer votre nom, rien n'y faisait.

« Il m'arrivait alors souvent de remettre sans rien dire le flingot à sa place... Je n'allais pas à l'affût ce soir-là... Mariolle m'embrassait plus fort, cuisinait un fameux dîner avec la viande payée de votre argent, et je me laissais gagner comme un enfant et comme un lâche; je vous en voulais à la mort, et, en vidant pour la dernière fois mon verre, je répétais : « Sapristi, tout de même, quel brave homme ! »

« Vous comprenez bien que ma contrition n'était pas longue et ma conversion peu sérieuse. Un soir, sans savoir pourquoi, je cherchais querelle à ma femme, je lui flanquais une solide tripotée, j'envoyais traîtreusement les enfants coucher, et je prenais le flingot... Celui qui aime la chasse l'aimera toujours, voyez-vous... rien n'y fait... J'ai braconné, je braconnerai encore, tenez-vous-le pour dit.

— Je te jure que tu as braconné pour la dernière fois.

— A moins que vous me fassiez couper la tête...

— Je ne commencerai pas par là. Voyons, pourquoi braves-tu la loi, la morale, l'honnêteté, afin d'avoir un méchant lièvre, souvent un lapin trop jeune, et rien parfois? Sont-elles donc si douces ces nuits d'affût, par le vent, la pluie et la neige? Ne vaudrait-il pas mieux être chez toi dans ton lit?

— Tonnerre ! on voit bien que vous n'êtes pas enragé chasseur ! Ce que vous dites est vrai. On revient mouillé, transi, parfois bredouille, et pourtant on recommence la lutte. Que voulez-vous? rien ne vaut ce plaisir-là. Je chasse moins pour manger la bête tuée que pour ruser avec elle et la tenir au bout de mon fusil. C'est une maladie, quoi !

— Alors pourquoi ne pas prendre un permis de chasse?

— D'abord, c'est cher; ensuite, la chasse est interdite pendant les trois quarts de l'année. J'aurais beau posséder un permis, cela ne me donnerait pas le droit de chasser vos lièvres et de tuer votre gibier.

— Alors tu es un imbécile, plus imbécile encore que braconnier.

— Plus? Ce n'est pas possible!

— Je vais te le prouver. Il est des hommes qui, comme Gervais, ont le droit toute l'année de tirer mes faisans, mes coqs de bruyère et mes bêtes à poil. Je les paie pour parcourir le bois le jour comme la nuit. Ils connaissent les bons endroits et rentrent rarement le carnier vide. Ils vivent en paix avec leur conscience, épousent de braves filles qu'ils rendent heureuses et emplissent leurs maisons de petits blondins qui cherchent des œufs de fourmis pour le service des faisanderies. Ceux-là sont des hommes intelligents, qui, aimant la chasse, se font chasseurs par devoir. Je leur trouve infiniment d'esprit.

— Mais ceux-là sont les garde-chasse.

— Tu l'as dit, et maintenant je te laisse libre de me maudire à ton aise. Gervais te livrera lui-même aux gendarmes. Tu rencontreras des braconniers de ton espèce, avides de se plaindre des propriétaires, et, pendant que tu seras loin du couvert, la femme du bûcheron et ses enfants mourront de faim.

— Tonnerre! avez-vous juré de me rendre fou?

— Moi! pas le moins du monde.

— Pourquoi me dites-vous ces choses?

— Je viens de te le répéter : pour te prouver que souvent un fripon est plus sot encore que voleur.

— Je n'avais pas besoin que vous me le fassiez voir... Tête et sang! vous êtes plus méchant que vous en avez l'air! On ne montre pas le paradis à un homme pour le rejeter en enfer. Être garde-chasse!

— Et dresser procès-verbal aux braconniers!

— Ça, c'est le devoir, n'est-ce pas? On a prêté un serment, on le tient.

— N'as-tu point juré de ne plus chasser?

— A ma femme; les femmes ne comptent pas.

— Et à Gervais?

— C'est vrai ; mais Gervais n'est pas le maître.

— Écoute, on a souvent l'habitude de choisir pour les faire entrer dans la police secrète d'anciens filous réputés habiles. Il me prend une tentation... Si je faisais de toi un garde-chasse, soignerais-tu mes bois et remplirais-tu ton devoir?

Le braconnier tremblait et le regard qu'il fixait sur Andrezel était plein d'angoisses.

— Essayez, dit-il, essayez!

— Va-t'en, Gervais! dit Claude, et laisse-nous ensemble, nous allons discuter nos dernières conditions.

Le résultat de cette entrevue fut que le braconnier enragé devint le meilleur garde-chasse du pays.

Par exemple, ce ne fut pas sans se créer un grand nombre d'ennemis dans le pays. On le traita de renégat, de faux-frère, de lâche, d'hypocrite. Il ne fit qu'en rire; très raide dans son uniforme, gai comme un écureuil, et la chanson aux lèvres, il revenait chaque jour avec une chasse superbe et entretenait magnifiquement la table de son maître.

Ce trait peignait l'homme. En dépit de quelques apparences un peu rudes, il restait la Providence du pays, et sa femme, dont la charité était connue de tous les environs, faisait autant de bien que lui-même.

Son voisin, M. Laurent Trémadeuc, était loin de lui ressembler. Insensible, sournois, avec des hypocrisies qui parfois réussissaient à masquer des méchancetés froides et longuement combinées, il ne prévenait point de ses mécontentements, agissait avec des façons lâches, faisait emprisonner de pauvres diables pour une bourrée et donnait ses bois à garder, moitié à des gardes connus pour une sévérité allant jusqu'à la dureté, moitié à des chiens prêts à déchirer celui qui eût fait mine de résister à un garde-chasse. Depuis qu'il était propriétaire dans le pays, M. Trémadeuc avait amassé contre lui bien des rancunes, et plus d'un braconnier sortant de prison l'avait menacé de lui faire payer cher ce qu'il appelait sa méchanceté. Trémadeuc répétait à qui voulait que les bons seuls étaient dupes et que l'indulgence n'amenait que la récidive. Il raillait Andrezel d'une façon perpétuelle, et, jugeant que la conduite de celui-ci était une sanglante critique de la sienne, il ne perdait aucune occasion de le persifler. Une partie des bois dont M. Andrezel était propriétaire manquait de clôture, Laurent Trémadeuc ne se fit aucun scrupule de s'y promener le fusil sur l'épaule, et ses gardes se montrèrent plus d'une fois insolents à l'égard de Claude Andrezel.

Il alla plus loin. Un jour, pendant un de ces déjeuners où les fumées du vin de champagne montent aisément à la tête, il se permit devant ses compagnons une accusation insultante contre Mme Andrezel. Cette jeune femme adorée de tous, modèle des vertus les plus hautes, jouissait d'une estime mêlée d'admiration. Les insinuations de Trémadeuc furent donc accueillies par un sentiment de réprobation générale. Au lieu de retirer sa calomnie, il insista davantage et termina en faisant un monstrueux pari. Il offrit à ses convives de leur fournir avant un mois les preuves du déshonneur de cet ange. Un des convives, plus révolté que les autres, quitta la table et se rendit chez Andrezel.

— Je n'ai point l'honneur d'être votre ami, monsieur, lui dit-il, mais il me semble que les honnêtes gens sont solidaires. Trémadeuc vient de tenir des propos outrageants contre votre femme, je ne doute pas qu'un duel ne devienne la suite de cette calomnie et je vous offre d'être votre témoin.

Au nom de sa femme, Andrezel était devenu pâle comme un suaire.

Il se fit répéter les propos de Trémadeuc; puis, serrant à la briser la main du jeune homme :

— Je le tuerai ! je le tuerai ! s'écria-t-il, oubliant que Dieu a dit : Tu ne tueras pas.

Le lendemain, Julien Lambert et Paul Coisquet se rendirent chez Laurent Trémadeuc lui demander raison au nom d'Andrezel.

— Je ne me battrai point, répondit celui-ci. Dites à Claude Andrezel que j'ai insulté sa femme et que je suis loin de le nier. Qu'il m'appelle devant un tribunal et m'attaque en diffamation.

Ses amis essayèrent de le faire revenir sur cette volonté qui aggravait encore son affaire.

— Ah! ah! fit-il, j'ai touché juste, cette fois. Je savais bien que je finirais par trouver l'endroit sensible. Qu'il m'attaque! Au lieu de dix personnes qui ont entendu mes plaisanteries, toute la ville les connaîtra, et, comme les journaux les répandront dans le département, la belle Eugénie Andrezel sera perdue.

« Je voulais me venger, je le suis et j'attends. »

Quand on rapporta cette réponse à Claude, il leva les poings avec un geste furieux et, dans son affolement inexcusable, répéta avec une accentuation plus énergique encore :

— Je le tuerai ! oui, je le tuerai !

Eugénie Andrezel pleura beaucoup, et les douces paroles de son mari ne parvinrent même pas à la consoler.

— Crois-tu donc que je te soupçonne? lui demanda celui-ci.

— Non, fit-elle; mais tu as maintenant un ennemi irréconciliable, et Dieu sait quels fruits engendre la haine. J'ai peur que le Ciel te punisse d'avoir voulu te battre.

Dans tous les alentours de Vitré, on connut bientôt les calomnies de Trémadeuc, les tentatives infructueuses de Claude Andrezel pour amener une rencontre, et les terribles paroles qui, à plusieurs reprises, s'étaient échappées de ses lèvres :

— Je le tuerai! oui, je le tuerai!

La tendresse, la douceur, les supplications d'Eugénie calmèrent un peu la fureur d'Andrezel; mais quand, par hasard, il rencontrait

Trémadeuc, la fureur qui brillait dans son regard, le tremblement agitant ses mains lui prouvaient que les premières impressions de sa colère étaient loin de se calmer.

Du reste, l'indignation du maître avait gagné toute la maison. Il ne s'agissait plus seulement d'une sourde lutte entre deux voisins, d'une animosité violente entre deux hommes d'âge égal; comme dans les temps déjà éloignés, la domesticité prit parti l'une pour Claude Andrezel, l'autre pour Laurent Trémadeuc. Le plus irrité de tous était certainement l'ancien braconnier devenu garde-chasse. On le voyait à toute heure du jour et de la nuit rôder aux environs des bois de son maître, le fusil à l'épaule, prêt à tirer sur quiconque franchirait cette limite un fusil à la main.

Bon nombre de gens, en parlant des querelles des deux voisins ajoutaient d'un air sentencieux que « cela finirait mal ».

Un jour, Laurent Trémadeuc sortit pour faire une promenade dans ses bois; il devait vendre une coupe d'arbres et voulait juger de la valeur du lot. L'heure du dîner se passa sans qu'il revînt. Le valet de chambre l'attendit, assez inquiet; et, vers minuit, les gardes, ne le voyant pas revenir, allumèrent des torches et résolurent de faire une battue. Un accident était peut-être arrivé.

Mais en vain les gardes fouillèrent les taillis en appelant leur maître, nulle voix ne leur répondit. Vers les trois heures éclata un épouvantable orage, et ils rentrèrent, trempés jusqu'aux os et sérieusement alarmés d'une absence que rien n'expliquait.

Au matin, ils allèrent à la gendarmerie.

Claude Andrezel, revenant de faire une course à Vitré, rencontra le brigadier et deux de ses compagnons :

— Êtes-vous en expédition, messieurs? leur demanda-t-il.

— Oui, monsieur, répondit le brigadier, votre voisin n'a pas reparu hier chez lui.

— Un fameux coquin, à qui certainement il arrivera malheur! Andrezel rentra chez lui.

Eugénie berçait l'enfant; elle tendit la main à son mari :

— Tu ne devinerais jamais quelle nouvelle je viens d'apprendre?

— J'aime mieux que tu me la répètes tout de suite.

— Trémadeuc a disparu.

— Depuis longtemps?

— Depuis hier.

— C'est un méchant homme, et cependant je ne souhaite pas qu'il lui arrive malheur.

— Je ne suis point aussi chrétien que toi.

Eugénie embrassa son enfant sans rien ajouter.

Une heure après, un grand tapage de voix, d'aboiements et de hennissements, emplissait la cour.

— Que se passe-t-il? demanda Eugénie.

— Je vais le savoir, répondit Andrezel.

Au même instant deux gendarmes se présentèrent à la porte du salon.

— Que signifie ce tapage, messieurs? demanda Claude.

— Voici, monsieur, répondit le brigadier. Les valets de M. Trémadeuc nous ont priés de leur aider à faire une battue : l'absence inexpliquée de leur maître faisant naître des inquiétudes...

« Nous avons pris les chiens avec nous... de bonnes bêtes qui ont du nez... D'abord elles ont reniflé l'air, cherchant le vent et la piste, puis elles ont pris leur course et nous ont conduits dans la partie de votre parc dont la clôture est brisée... Alors les chiens ont gratté furieusement; puis, sous des amas de terre remuée et de branchages, ils ont trouvé le cadavre de M. Trémadeuc...

— Chez moi?

— Chez vous, monsieur.

— Oh! je vous suis, je veux voir... ·

Dix minutes après, Claude Andrezel se trouvait en présence du corps de Laurent.

En reconnaissant celui qui l'avait poursuivi de ses sarcasmes, et qui avait tenté de flétrir son angélique compagne, le premier sentiment de Claude fut celui d'une joie féroce.

Cependant, si mauvais qu'ait été un homme, la vue de son cadavre impressionne fortement. Il ne pouvait plus nuire d'ailleurs. Une main criminelle l'avait réduit à l'impuissance.

Un autre homme spolié, offensé aussi, sans doute, s'était chargé de sa vengeance. La bouche qui avait vomi la calomnie se taisait pour toujours; les yeux vitreux dans lesquels se lisait encore une vague épouvante ne se lèveraient plus jamais sur celle que Laurent avait calomniée.

Claude demeurait immobile, le regard attaché sur le large trou ouvert à la poitrine béante.

Cependant une civière fut préparée, on y plaça le cadavre, et gendarmes, valets et curieux prirent le chemin de la maison de Laurent.

M. Andrezel regagna sa demeure.

Plusieurs hommes, parmi les bûcherons, le regardèrent avec une sorte de curiosité dont il ne s'aperçut pas.

— Eh bien? demanda Eugénie à Claude en le voyant revenir.

— C'est vrai, Trémadeuc a été assassiné !

— Comment ?

— A coups de couteau.

— On l'a retrouvé dans le bois ?

— Oui, dans le bois, répondit évasivement Claude Andrezel.

Il s'accouda sur la table et demeura pensif; sa femme le regarda avec une sollicitude inquiète.

— Et ta grande chasse avec tes amis? demanda-t-elle. As-tu tout préparé afin qu'elle soit brillante ?

Il se rappela qu'il avait couru le bois une partie de la journée précédente et, sans savoir pourquoi, il lui sembla que cette course lui serait fatale.

Vers dix heures un domestique entra tout effaré :

— On demande monsieur, dit-il.

— Qui? fit Claude.

— Autant que je crois, le juge d'instruction de Vitré est là avec le commissaire de police.

Claude se leva et marcha vers le salon.

L'expression de physionomie des magistrats lui parut glaciale.

Ils le questionnèrent sur ses rapports avec son voisin, sur les préliminaires d'un duel qui n'avait pas abouti.

— Le misérable avait insulté ma femme ! dit Claude, dont l'indignation empourpra les joues.

— Et vous aviez juré de le tuer, ajouta le magistrat.

— Oh ! j'espérais bien l'amener à accepter une rencontre.

— Elle a eu lieu hier, mais sans témoins.

— Que voulez-vous dire, monsieur ? demanda Andrezel.

— Ceci: vous prépariez une chasse pour demain ; inopinément vous vous êtes trouvé en face de Trémadeuc; votre vieille rancune s'est réveillée, et vous lui avez proposé un combat immédiat...

— Moi ! il y a bien huit jours que je ne l'avais rencontré !

Le magistrat ne prit point garde à l'interruption de Claude.

— Il a refusé comme d'ordinaire ; vous êtes vif, le souvenir de l'outrage fait à Mme Andrezel vous a fait perdre la tête, le malheur a voulu que vous ayez sur vous un couteau de chasse... celui-là, peut-être, ajouta le juge d'instruction en regardant une arme solide qui se trouvait sur la table, et vous avez frappé...

— Moi ! c'est moi qu'on soupçonne ?

— Vous seul l'aviez menacé !

— Quel homme de cœur n'en eût fait autant ?

— Enfin, vous avez enfoui le cadavre...

— Ce n'est pas ! ce n'est pas ! s'écria Claude Andrezel.

— Monsieur, reprit le magistrat, en deux heures nous avons fait beaucoup de besogne. Tous les interrogatoires vous chargent et semblent vous désigner comme le meurtrier... Je souhaite que vous parveniez à prouver votre innocence, mais le faisceau de preuves est assez accablant pour que je me voie dans la nécessité de vous déclarer inculpé du meurtre de Laurent Trémadeuc.

— Ma femme ! mon enfant ! dit Claude avec un cri déchirant.

— Faites-leur vos adieux avec une apparence de calme ; une voiture est là, vous y monterez avec nous. Soyez certain que je m'estimerai heureux si vous renversez les charges qui s'élèvent contre vous... Mon devoir parle en ce moment et ne me permet de me souvenir que j'ai souvent eu le plaisir de vous voir que pour m'obliger à vous témoigner les plus grands égards.

On eût dit Claude frappé de la foudre.

Il fit sur lui-même un violent effort, rentra dans le boudoir où sa femme continuait à bercer l'enfant, l'embrassa et lui dit :

— On a besoin de moi à la ville... des renseignements à donner... A bientôt ! à bientôt !

Il la serra sur sa poitrine et rentra dans le salon où les magistrats l'attendaient.

Une seconde après il quittait la demeure où il avait vécu si heureux...

Je vous remercie des efforts que vous allez tenter. (Voir page 59.)

CHAPITRE V

SUCCÈS ORATOIRE

Henri de Gailhac-Toulza, à mesure que les faits se représentaient à sa mémoire, se sentait pris d'une émotion plus violente. Il les connaissait dans leurs moindres détails, dans leurs particularités les plus infimes, non pas seulement parce qu'il avait porté la parole dans cette affaire, mais surtout parce qu'avide d'éclairer sa conscience il avait fait jadis le voyage de Vitré afin de se mieux renseigner. A l'enquête du juge d'instruction succéda la sienne. Dans la maison dont le mari avait été emmené avec une rapidité si grande que sa femme, ignorant la vérité, ne put lui adresser ses adieux et lui souhaiter du courage, il avait rencontré Eugénie Andrezel. Il la revoyait telle qu'elle était alors : blonde, délicate, avec de grands yeux bleus profonds, quelque chose de chaste et de merveilleusement doux dans l'expression de la physionomie. Les larmes avaient pâli ses joues et creusé ses paupières ! Mais elle gardait le charme attractif qui la faisait chérir d'Andrezel avec plus de force que durant la première année de son mariage. En apercevant l'homme investi d'un pouvoir terrible, elle s'était sentie défaillir; mais bientôt, songeant à l'époux dont la vie et l'honneur se trouvaient menacés, elle reprit assez d'empire sur elle-même pour entreprendre de défendre le père de son enfant. Avec quelle éloquence elle parla de la noblesse de son caractère ! avec quelle ardeur elle implora celui qui, dans quelques semaines, accuserait l'être qu'elle chérissait et vénérait le plus au monde !...

Il l'écoutait, pris de pitié et d'admiration. à travers les élans passionnés de cette âme il cherchait la vérité austère, la vérité du juge. Entraîné par les chaudes paroles d'Eugénie, troublé jusqu'au fond du cœur par son angoisse d'épouse, il était prêt à s'abandonner à une surprise du cœur, quand brusquement la vérité surgissait implacable. Les faits s'opposaient aux mots, les témoignages aux prières; une culpabilité évidente surgissait. On pouvait plaindre la jeune femme, la mère éprouvée, mais on demeurait convaincu des crimes du mari.

L'affaire fut conduite rapidement. L'instruction ne découvrait rien d'obscur. Claude avait proféré devant témoins des menaces de mort, et ces menaces avaient été suivies d'une exécution rapide. Ceux qui l'aimaient le plus n'osaient le défendre. L'honneur était si cher à Claude Andrezel que beaucoup comprenaient que, en se voyant refuser ce que le monde, dans sa folie, appelle « satisfaction », il eût lui-même vengé sa cause.

Ses domestiques, ses gardes le chargèrent sans le vouloir. Pas un mot, pas un fait qui ne se tournât contre lui.

C'était dans sa propriété qu'on avait trouvé le cadavre.

La distance entre l'endroit où des taches de sang avaient été vues et celui où le corps gisait n'était point assez grande pour qu'un homme robuste ne pût la franchir même chargé du poids d'un cadavre. Claude, sorti avec des habits de couleur claire, n'avait pas changé de costume de la journée, mais on découvrit huit jours après, sous une grosse pierre, un pantalon et une blouse de toile neuve entièrement maculés de sang. Évidemment, le meurtrier avait pris ses précautions. Le pantalon très ample. la blouse flottante pouvaient avoir été passés sur les vêtements qu'il redoutait de salir.

Claude Andrezel opposait à ces témoignages des dénégations altières. En général, on jugeait son attitude mauvaise.

Il n'eut point, comme un grand nombre de prévenus, des illusions capables de le fortifier pendant la lutte. Esprit sagace et droit, il pesa avec la rectitude d'un juge instructeur les charges pesant sur lui, et tout de suite il se sentit perdu. S'il eut la force de se défendre encore, c'est qu'il songeait à sa femme et à son enfant... Eugénie gardait toute son énergie. Sa résignation de chrétienne n'enlevait rien à son héroïsme d'épouse. Demeurant pour ainsi dire sur la brèche de la défense, elle allait de la prison de R., où se trouvait son mari, au cabinet de l'avocat chargé de le défendre. Mais que pouvait-elle? Rassembler les lettres, les attestations des anciens amis, former un faisceau de preuves morales; montrer qu'il avait pu être aisément irritable, mais qu'il était demeuré pur; mander à la barre ceux qu'il combla de bienfaits, et l'entourer d'un cortège de clients dont sa vaillante douleur remuait l'âme. Elle ne pouvait que cela, hélas! et c'était bien peu.

M. de Gailhac-Toulza se rappelait bien qu'il l'avait revue la veille du jour où il devait porter la parole.

Ce soir-là, Aimée de Gailhac entra dans le cabinet de son mari. Elle était d'une grande pâleur et paraissait se soutenir avec peine. D'habitude elle abordait son mari avec la confiance heureuse des femmes qui se sentent aimées. Cette fois ce fut en tremblant qu'elle posa la main sur son bras. Ce contact si léger fit tressaillir le magistrat qui leva sur elle un regard inquiet.

— Qu'as-tu? lui demanda-t-il.

Elle hésitait à répondre, ou plutôt elle ne le pouvait pas, suffoquée qu'elle était par des larmes qui retombaient sur son cœur, faute de pouvoir s'échapper de ses yeux.

— Qu'as-tu? répéta-t-il en lui serrant les mains.

Cette souffrance de la créature aimée, ces sanglots comprimés, les yeux noyés qu'elle attachait sur lui avec une sorte de désespérance l'oppressaient et le navraient. Elle serra ses bras autour de son cou, approcha sa joue froide du visage brûlant du magistrat, et dit :

— Henri, est-ce donc vrai que demain tu demanderas la vie d'un homme?

— Ce malheureux est coupable, dit-il.

— Coupable! reprit-elle en gémissant. Est-ce suffisamment prouvé?

— Durant des jours entiers j'ai pâli sur son dossier; ce soir tu me trouves encore le relisant pour la dernière fois...

— Henri! dit Aimée avec une insistance plus tendre, si tu savais combien il aimait sa femme! Cette jeune femme si digne de tendresse et de respect, ne sais-tu pas qu'on l'avait insultée? Je te jure que je crois à son innocence. On ne rompt pas en une minute avec une vie d'honneur.

Une voix plus navrée répéta près du magistrat :

— Il est innocent! Je vous l'atteste sur la tête de mon fils.

Et une femme vêtue de noir se traîna au pied de M. de Gailhac.

— Vous ici, madame!... fit-il en reconnaissant Eugénie Andrezel.

— Oh! répondit l'infortunée, je n'ai honte ni de prier ni de m'humilier...

« Vous tenez après Dieu dans vos mains la vie de mon mari, mon devoir et mon droit sont de demander grâce et justice! Si vous saviez comme j'honore et j'aime celui qu'on accuse et contre qui demain vous élèverez la voix!... Assassin, lui! Vous croyez donc que, en venant de commettre un meurtre, il eût osé serrer sa femme sur son cœur et bénir son enfant endormi?... Mais j'étais là, quand il rentra de cette fatale promenade pendant laquelle on suppose qu'il a pu enterrer le cadavre... Son visage était tranquille, il me souriait. Oh! tenez, je crains de devenir folle quand je songe qu'on peut le perdre à jamais, le flétrir et répandre son sang... Vous ne ferez pas cela, monsieur, vous ne le ferez pas.

— Je remplirai mon devoir, madame, répondit le magistrat avec une gravité triste.

Puis, se tournant vers sa femme :

— Aimée, je t'en prie, emmène cette infortunée, la bonté de ton cœur t'a entraînée trop loin; en l'introduisant ici, tu viens de commettre une faute...

— Oh! vous ne me chasserez pas sans une parole d'espérance.

— Je ne décide rien, madame; les jurés demeurent les maîtres d'absoudre.

— Mais vous accuserez.

— La loi me commet ce mandat.

— Refusez-le.

— Je ne puis me récuser.

— Monsieur, monsieur, faites-moi ce sacrifice. Vous êtes au début de votre carrière, mais vous possédez un grand talent. Demain la foule se pressera pour vous entendre, et cette foule, vous l'entraînerez, vous la dominerez... Les charges contre mon mari sont terribles...

« Mais enfin si un homme ordinaire les groupait, s'il ne vous avait point pour adversaire, je pourrais espérer... Parlez, et il est perdu... Renoncez à un succès oratoire, triste succès, allez, monsieur, qui vous laisserait un remords si une condamnation suivait votre réquisitoire. Chargez de prendre la parole votre substitut, moins expérimenté, moins redoutable... Laissez des chances à la Providence, permettez-nous d'attendre de l'aide de Dieu et des hommes.

— Ce que vous me demandez est impossible.

— Oh! je vous prie, je vous supplie, comme je demande à Dieu mon salut et le bonheur de mon enfant! Vous êtes père, achetez au prix du sacrifice que je vous demande le succès, l'honneur, la félicité de leur vie...

Elle s'attachait désespérément au bras du magistrat, sanglotante, sa belle tête pâle renversée en arrière...

Enfin la violence de ses émotions fut telle que brusquement ses doigts lâchèrent M. de Gailhac et qu'elle tomba sur le tapis.

Le procureur de la République sonna.

Aimée rabattit le voile d'Eugénie afin que les serviteurs ne pussent la reconnaître, et Mme de Gailhac la fit transporter dans son appartement.

Cette scène l'avait plus ému qu'il n'osait l'avouer. Incapable désormais de poursuivre son travail, résolu cependant à prendre le lendemain la parole, il ne crut pas que son opinion et sa volonté le dussent guider seul. En ce moment il se trouvait dans une de ces phases où nous éprouvons le besoin absolu d'entendre un conseil, d'être justifié par une parole douée d'une incontestable autorité.

Prenant donc d'une main fiévreuse les papiers accumulés sur son bureau, le magistrat passa dans l'appartement de son père.

Archambaud de Gailhac-Toulza avait joui d'une grande célébrité. C'était non seulement un légiste d'une haute valeur, mais un orateur de grand style. Éloquent sans emphase, logicien habile, il avait eu des succès incontestés.

Ce n'était point sans émotion qu'Archambaud attendait la bataille du lendemain. Quoique son fils eut tenté d'obtenir de lui des conseils sur la ligne générale qu'il devait suivre, Archambaud s'était refusé à le guider :

— Je veux te juger d'abord, lui dit-il.

Et Henri s'était mis au travail avec une ardeur ayant pour double b ut de satisfaire son père et de conquérir une place élevée dès son début dans la carrière.

Au bruit que fit la porte le vieillard se retourna :

— Toi, Henri ! dit-il.

— Moi. mon père.

Henri de Gailhac s'assit, posa les papiers sur une table et raconta ce qui venait de se passer.

— Ta femme a eu tort, dit Archambaud, grand tort.

— Je le sais, elle le comprend maintenant... mais elle ne me laisse pas moins indécis et troublé... La vue de Mme Andrezel si touchante dans le désespoir, l'énergie avec laquelle elle affirme l'innocence de son mari me bouleversent... On a vu se commettre de graves erreurs, et je ne me consolerais jamais d'avoir porté la parole pour accuser un innocent... Il y a deux heures je me sentais sûr de moi ; dans mon cerveau le travail était fait. Déjà je savais ce que j'avais à dire. Pardonnez-moi cet orgueil ou plutôt cet espoir, il me semblait que vous seriez content de votre fils.,. Maintenant je me sens en proie à l'indécision et au doute. Il me semble qu'on vient de saper mon accusation... Jusqu'à ce moment ai-je été dupe de mensonges horribles accumulés par le hasard ou par la malice des hommes, afin de perdre Claude Andrezel?... Les choses qui me paraissaient clairement prouvées me laissent inquiet...

— Je t'ai refusé mes conseils comme orateur, reprit Archambaud, et je crois que j'avais raison ; mais tu souhaites en ce moment

éclairer ta conscience, et je respecte ce scrupule... Je l'honore, mon
fils... Celui qui ne s'est jamais penché éperdu sur sa tâche, quand
cette tâche consiste à demander la tête d'un homme, n'est pas digne
d'exercer la première charge de la magistrature. Il est dix heures
à peine; nous avons le temps de relire et de compiler les pièces du
procès. Nous allons remplir ce devoir comme un sacerdoce, mot
dont on a trop abusé et qui cependant rend seul la dignité et les
exigences de notre situation. Ce que tu ressens à cette heure n'est
ni une faiblesse nerveuse ni une impuissance du cerveau, mais
simplement l'éveil impérieux d'une conscience d'autant plus tyran-
nique que Dieu l'a créée délicate.

Tous deux relirent tour à tour les procès-verbaux de la découverte
du cadavre, ceux des médecins décrivant la nature des blessures
et la façon dont elles avaient été faites; les interrogatoires de l'accusé, tantôt calmes comme les réponses d'un homme dont l'âme
est restée droite et sincère, tantôt emportés, comme si la colère
s'emparait de lui en face de la persistance de l'accusation.

— Des réponses d'Andrezel, je ne tire aucune induction, fit Archambaud. Il peut arriver qu'un innocent réponde avec calme ou
qu'il s'irrite progressivement. D'ailleurs, les paroles d'un prévenu dé-
pendent beaucoup de la façon dont les questions ont été posées par le
juge d'instruction... M. Auderu se montre assez dur... Voyons les
dépositions des témoins...

Archambaud les lut lentement, pesant chaque mot, discutant souvent avec son fils la valeur d'un témoignage.

— Toutes concordent entre elles, dit-il. Chez aucun témoin je ne
découvre d'hésitation. On accuse Andrezel à regret, car il ressort de
tous ces témoignages que, en dépit d'une certaine violence, il était
fort aimé de ceux qui l'entouraient. Il est même rare que dans une
affaire on se trouve en face de faits si simplement racontés. Pas un
de ces interrogatoires ne trahit la méchanceté ou la finesse matoise
des paysans, dont les réticences sont plus dangereuses que les
paroles...

Henri écoutait avidement son père, et chacune des paroles du
vieillard ramenait en lui la quiétude.

Archambaud, après avoir terminé son examen des pièces, les re-
poussa, s'accouda sur le bureau et demeura pendant vingt minutes
plongé dans ses réflexions.

Quand il releva la tête, il paraissait très calme.

— Eh bien ! mon père ? demanda Henri.

— Ma conviction est que nous devons croire cet homme coupable.

« J'ai vieilli dans la magistrature, et je te le jure, mon fils, j'accuserais sans crainte Claude Andrezel.

— Merci, mon père, répondit Henri.

Il serra la main d'Archambaud, rassembla les papiers et rentra chez lui.

Épuisé de fatigue, il se jeta sur son lit et dormit jusqu'au matin.

Quand il s'éveilla, il sonna son valet de chambre et l'envoya demander comment Mme de Gailhac avait passé la nuit.

Le domestique revint.

— Madame est à la messe... dit-il.

— Allons! fit le magistrat, elle prie pour moi.

Une demi-heure après Aimée rentrait. On voyait sur son visage des traces de larmes, et ce fut sans regarder son mari qu'elle lui tendit la main.

— Elle me juge dur et cruel, pensa-t-il.

Pourtant il n'insista pas. Le repas fut court, Henri partit pour le Palais de justice.

Les abords en étaient encombrés par une foule compacte. De Vitré et des environs, propriétaires, paysans étaient accourus afin d'assister au procès. Un courant sympathique animait le peuple pour Andrezel. Peut-être n'était-on point absolument convaincu de son innocence, mais l'animadversion dont Laurent Trémadeuc était l'objet suffisait pour qu'on souhaitât l'acquittement de l'accusé. On parlait haut, on s'interrogeait. On ne se gênait guère pour exprimer son opinion. Peut-être cette foule agissant dans un but bienveillant rendait-elle doublement difficile la tâche des jurés et des juges. Ceux-ci pouvaient craindre de paraître céder à cette voix populaire.

La salle des assises, ancienne salle des États, était assez grande pour contenir un nombre énorme de curieux. Ils se poussaient avec des démonstrations presque hostiles à l'égard des gendarmes impuissants à les contenir.

Mais la solennité du lieu influa vite sur cette foule tout à l'heure remuante et tapageuse. L'énormité de la salle, la grande image du Christ dressé les bras en croix, tout contribuait à augmenter cette impression de crainte et de respect.

La cour entra grave, solennelle; les jurés prirent place dans leurs bancs, une sorte d'oppression paraissait peser sur l'assemblée.

Sur l'ordre du président, l'accusé fut introduit, et ce fut de son côté que se tournèrent tous les regards.

Très digne, absolument calme et maître de lui, ayant bu le plus amer de son calice, l'indécision sur sa destinée pire encore que la certitude d'un malheur, il n'affectait ni forfanterie d'innocence ni timidité. Le regard était clair et droit. Il chercha dans la salle des amis auxquels il avait donné rendez-vous, les découvrit et les salua du geste. Il tressaillit seulement en voyant paraître sa femme appuyée sur le bras de son avocat. Quelque instance que son mari eût mise à lui défendre d'assister au dernier acte de ce drame, Eugénie était venue apporter au malheureux l'appui de sa présence. Quand elle leva son voile, il courut dans la salle un murmure de pitié. Elle paraissait si belle, si touchante, si résignée et si forte en même temps! Elle trouva un sourire pour son Claude et prit place tout près du banc de l'accusé. Son mari, en étudiant le murmure de ses lèvres, pouvait deviner les paroles de tendresse qui mouraient sur sa bouche frémissante.

Les débats commencèrent. Quiconque a dans sa vie assisté à une session de cour d'assises connaît ces phases émouvantes; la lecture de l'acte d'accusation, résumé succinct des faits, sèche nomenclature des détails qui semblent pétrifiés dans des phrases tombant courtes, aiguës, glaciales.

L'interrogatoire de l'accusé procure plus d'émotions. Il est le véritable acteur. Comment jouera-t-il son rôle? Se défendra-t-il avec énergie? La stupeur dans laquelle le plonge l'accusation lui enlèvera-t-elle ses moyens de défense? S'attirera-t-il tout de suite les sympathies, ou s'aliénera-t-il les sentiments bienveillants que quelques-uns lui gardent encore? Autant de questions que s'adressent les curieux.

Claude Andrezel s'efforça d'oublier en quel lieu il se trouvait et quel pouvait être le résultat de cette journée. Il répondit avec sang-froid et dignité, affirma son innocence sans grands éclats de voix, assembla avec une sûreté parfaite de mémoire les souvenirs de la journée et de la soirée maudite, pendant lesquelles il avait parcouru les bois et s'était promené dans les bosquets. Il ne dissimula point la violente colère qu'il avait ressentie en apprenant que Laurent

Trémadeuc insultait Eugénie; mais il protesta que, si la pensée de l'amener devant les tribunaux ne lui était point venue, dans la crainte d'ébruiter davantage ses misérables calomnies, il avait bien moins songé encore à se faire justice lui-même.

On appela les témoins.

Aucun d'eux ne se contredit. Tous avaient été francs, et personne ne parut animé de mauvaises dispositions contre Claude Andrezel.

Les chercheurs de pins qui s'étaient suivis, à peu de distance, répétèrent qu'ils avaient trouvé dans le bois trois personnes : M. Laurent Trémadeuc, un homme nommé Sapajou, tâcheron intermittent que la voix publique accusait de se livrer au braconnage avec autant d'habileté que de soin, et Claude Andrezel qui leur avait remis une aumône.

Ils n'avaient rien remarqué de particulier dans chacun de ces hommes.

Le procès se déroulait sans incidents imprévus.

L'accusé ne contredisait aucun témoin. Il assistait non pas impassible, mais impuissant à cette séance de mort. Mais, à mesure qu'elle s'avançait, semblable à un voyageur qui s'enlize dans les sables humides, il se sentait rouler plus avant dans l'abîme qui le devait engloutir.

Il vint même un moment où la certitude de son malheur le saisit avec une telle violence que, au lieu d'écouter ce qui se disait, il chercha le regard de sa femme et s'absorba dans la vue de cette créature adorée qu'il allait sans doute perdre pour toujours. La fermeté n'abandonnait point Eugénie; mais, comme son mari, elle voyait le gouffre ouvert sous leurs pieds.

Cet être si bon, si tendre, lui était enlevé, non pas seulement par a volonté de Dieu, mais par la volonté de l'homme; il devait mourir d'une façon hideuse et déshonorante! Et elle ne pourrait rien! rien! Tout bas elle priait, tandis qu'elle plongeait un regard éperdu dans les yeux que son Claude fixait sur elle.

Cependant un murmure qui s'éleva dans la salle l'arracha à sa contemplation. Au moment de regarder son mari, elle tourna son pâle visage vers la cour.

Un homme vêtu de rouge venait de se lever. Oh! cette fois elle devait écouter ce qu'il allait dire... C'était bien celui qu'elle était allée implorer et qui l'avait écoutée, lui semblait-il, avec une froideur implacable. Elle n'avait trouvé d'appui et de consolation que près de Mme de Gailhac-Toulza, et la jeune femme, qui, le matin, s'était rendue à l'église afin de prier pour elle, n'assistait point aux débats.

Ceux qui, ce jour-là, entendirent le procureur général affirmèrent qu'il deviendrait un des premiers orateurs du barreau. Parole lucide, logique serrée, magnifique forme de langage, il mit toutes les qualités que Dieu lui avait départies au service de la loi qui lui ordonnait de faire appel à la justice contre Claude Andrezel. Sans mettre d'emportement dans son accusation, il la fit si serrée, si logique, que l'assistance jugea Andrezel perdu.

Celui-ci ne baissa point la tête. Jusqu'au bout il entendit retentir cette parole vengeresse, et ce fut avec le sentiment d'une résignation plus terrible que ne l'eût été la révolte qu'il dit à son avocat :

— Je vous remercie, pour ma femme et pour mon enfant, des efforts que vous allez tenter.

— Ah! je vous sauverai!

Hélas ! on ne pouvait sauver Claude ! Et cependant son défenseur s'acquitta noblement de sa tâche. Les jurés avaient une opinion faite même avant de l'entendre.

Dans la ville, depuis le commencement de ce procès, le bruit s'était répandu, puis accrédité que Claude, fût-il reconnu coupable, ne serait jamais condamné à mort. On ne voudrait, peut-être n'oserait-on pas appliquer une peine si grave à un homme dans sa position. Une sorte de défi avait été jeté aux jurés, et ceux-ci n'en devinrent que plus sévères. En outre, le jury se trouvait composé en grande partie d'hommes entrés dans un mouvement d'idées politiques très opposées à celles d'Andrezel. Quand les jurés se retirèrent pour délibérer, Claude se pencha vers sa femme :

— Courage! lui dit-il.

On le fit entrer dans une petite salle, et son avocat fut seul admis près de lui. La délibération dura peu. Le défenseur en augura bien pour son client, mais celui-ci secoua la tête.

— Je suis résigné, dit-il.

Ce fut au milieu d'un silence solennel que fut prononcée la déclaration du jury.

A l'unanimité Claude était reconnu coupable.

Le jury se taisait sur les circonstances atténuantes.

C'était la mort.

Eugénie ne le comprit point ; mais lorsque Claude rentra dans la salle et que son regard interrogea les juges, les jurés et la foule, il vit qu'il était perdu.

Il entendit sa condamnation avec un calme héroïque.

— Pauvre femme ! murmura-t-il seulement.

A la question qui lui fut adressée relativement à l'application de la peine il se contenta de répondre :

— Je jure, par l'Éternité, dans laquelle j'entrerai bientôt, que je suis innocent.

On emporta sa femme évanouie.

Henri de Gailhac ne voyait, n'entendait plus rien. On le félicita sur la façon habile dont il avait porté la parole, on lui serra les mains, il resta sourd à toutes les démonstrations, et Archambaud, redoutant que l'émotion de son fils fût remarquée, l'entraîna hors du Palais.

— J'ai tué un homme ! répétait Henri.

Les délais du pourvoi prirent un mois.

Au bout de ce temps Claude compta les heures qui lui restaient à vivre. Sa femme le vint voir chaque jour, lui apportait son enfant, s'efforçait d'adoucir les derniers jours de cette vie perdue, le consolant par cette parole :

— On saura bien un jour que tu es innocent.

— Oh ! s'écria-t-il en serrant les doigts frêles d'Eugénie, dis à notre enfant que je lui confie la tâche de découvrir la preuve que je ne fus jamais un assassin... Élève-le dans les principes d'honneur et de vertu qui furent les miens. Survis à ta douleur pour lui aider à remplir un jour la tâche que je lui lègue... et nous nous retrouverons au ciel !... Ne garde de haine contre personne.

Elle secoua la tête.

— M. de Gailhac t'a perdu, répliqua-t-elle.

Ce que furent les derniers jours, remplis des adieux suprêmes de Claude Andrezel, nul ne saura le décrire.

La vaillance d'Eugénie fut si héroïque qu'elle suivit son mari jusqu'à l'échafaud.

Quand elle entendit tomber le couperet, elle poussa un grand cri...

On la releva demi-morte, tenant dans ses doigts crispés un mouchoir taché de sang.

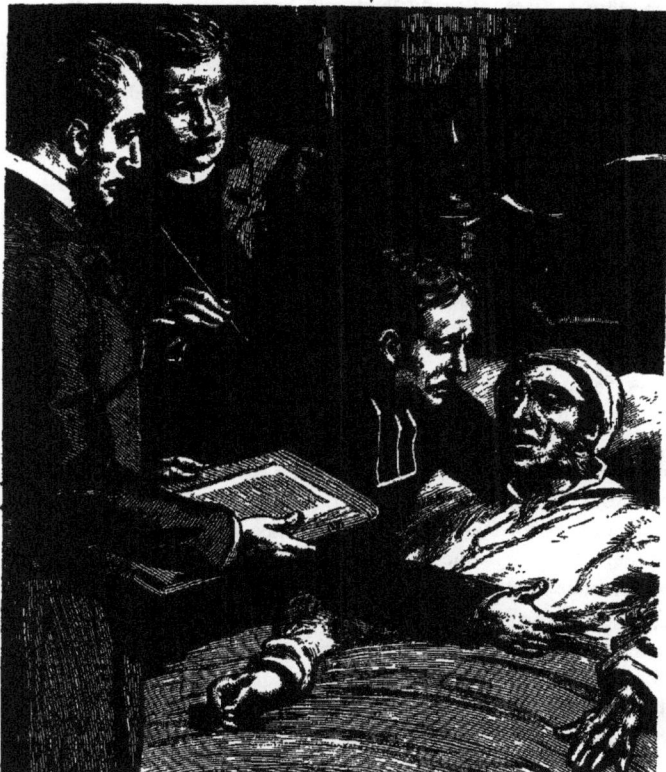

Encouragé par le prêtre Méloir renouvela ses aveux. (Voir page 63.)

CHAPITRE VI

LE BRACONNIER

Le passé qui venait de se réveiller avec son cortège de fantômes laissa le magistrat en présence de l'homme qui venait interrompre une fête de famille, pour le rejeter au milieu des scènes lointaines d'un drame terrible. Guillaume Andrezel comprit l'angoisse qui s'emparait d'Henri de Gailhac et, après avoir raconté le pèlerinage de sa mère à Vitré, il garda le silence absolu afin de permettre au procureur général d'évoquer les scènes du drame qu'il ne pouvait raconter, puisqu'il était enfant quand elles se passèrent.

Il convenait du reste à ses projets d'abandonner M. de Gailhac à lui-même pendant quelques instants. Il le devait trouver ensuite d'autant mieux disposé à céder à sa demande.

Cependant à un mouvement que fit le magistrat en passant la main sur son front, comme s'il voulait en chasser des pensées terribles, Guillaume comprit qu'il pouvait reprendre la parole.

— Nous partîmes pour Paris, ma mère et moi, dit-il; grâce à mon habileté de préparateur, je gagnai mon pain en poursuivant mes études. Reçu docteur, je demandai à ma mère ce qu'elle avait résolu pour l'avenir.

« — Nous allons à Vitré, me dit-elle, non point pour habiter la ville, mais un gros bourg voisin de notre ancienne propriété.

« Dans un village, il n'existe pas de maison où le médecin n'entre à son heure. Nous serons pauvres, bien pauvres, mais je suis résignée à tout et tu me seconderas.

« Sous le nom de Balder je louai une maison près de Vitré, et nous nous installâmes à la façon des pauvres gens. Nous devions dans les commencements nous résigner à toutes les privations. Je cultivais notre jardin; ma mère faisait des broderies. Ma clientèle commença par des misérables auxquels souvent nous faisions l'aumône. Parfois ces malheureux se montraient reconnaissants; le plus souvent ils oubliaient même de me saluer dans les chemins quand ils me rencontraient. Je me crois habile en qualité de chirurgien, et je possède à un haut degré le coup d'œil médical. Je ne tardai point à inspirer une grande confiance dans le pays. On m'aimait, on ne me jugeait pas fier. Je causais volontiers avec les paysans et les ouvriers. Un jour, ayant été appelé chez un ancien jardinier qui avait connu mon père, j'amenai la conversation sur le drame d'Andrezel.

« — Monsieur le docteur, me répondit cet homme en branlant la tête, ce fut une iniquité que la condamnation de mon maître... Je sais bien que toutes les preuves l'accusaient, mais on n'a pas assez cherché... Tenez, depuis, je me suis demandé si la justice n'aurait pas dû appeler en qualité de témoins deux mauvais gars du pays, braconniers de profession, qui haïssaient M. Trémadeuc de toutes leurs forces... Leurs noms ne furent pas même prononcés à l'audience, et pourtant ils en savaient plus long que nous sur l'affaire du meurtre.

« — Mais, demandai-je au père Antoine, que ne les signaliez-vous lors du procès ?

« — Je ne savais point ce que j'ai appris depuis, voyez-vous, monsieur... Les deux brigands se sont trop réjouis de la mort de ce Trémadeuc de malheur... Je sais bien qu'on ne peut accuser un homme de crime ou de complicité parce qu'il semble content d'être débarrassé d'un propriétaire qui l'a fait plus d'une fois mettre en prison ; mais, depuis une scène de cabaret, pendant laquelle Méloir et Monnereau se sont dit des mots donnant à réfléchir, je me demande si la condamnation de M. Andrezel ne pèse pas sur la conscience de quelques-uns ?

« Je n'insistai point davantage. Mais de ce moment je commençai l'enquête à laquelle songeait ma mère depuis le jour où le sang de mon père fut versé ! Elle interrogeait les vieillards, les femmes ; on la trouvait bonne, on se montrait confiant. Il faut avouer cependant que nos informations se bornaient à bien peu de chose. En ce moment Méloir et Monnereau subissaient un emprisonnement pour braconnage. Leurs femmes mouraient de faim dans de véritables cahutes ; ma mère les alla voir et leur porta quelques secours. L'une d'elles regarda un jour ma mère avec une obstination inquiétante, et, comme celle-ci lui en demandait la cause :

« — C'est que, dit-elle, vous avez dans le visage quelque chose des traits d'une créature qui a porté une lourde croix... Je l'ai connue jeune, avec un brave mari et un bel enfant... La guillotine a pris le mari, et l'enfant est allé au ciel avec la mère...

« J'ai prié pour eux, oui, j'ai beaucoup prié... Pendant des mois tous les sous que je pouvais arracher à mon mari servaient à faire dire des messes pour le jeune mort... Je ne suis pas peureuse, mais il me semblait souvent le voir apparaître dans un coin de la chambre, pâle, couvert de sang... Et je priais, et j'essayais d'apaiser son âme...

« — Savez-vous, repris-je, pourquoi il hantait pour ainsi dire cette maison ?

« Elle baissa la tête.

« — Ne parlons pas de ces histoires, voyez-vous ; mon mari dit que je suis folle, et il me fait assez souffrir pour que je le devienne. Quand il demeure ici, je n'ai pas une nuit paisible...

« Je n'insistai pas davantage. Mais il me sembla que j'avais fait un grand pas. A partir de ce moment nous visitâmes assidûment les mères et les femmes de Monnereau et de Méloir. Évidemment la femme de ce dernier gardait un lourd secret sur sa conscience, mais jamais nous ne pûmes obtenir que des demi-mots, des récits où la superstition se mêlait à l'épouvante. Chacune de ses phrases, le moindre détail se trouvait noté sur un journal de notre vie. Nous poursuivions notre enquête et préparions la revision du procès.

« Un jour que ma mère et moi nous dînions chez le notaire du bourg, il en fut de nouveau question.

« — Je me suis trouvé mêlé très indirectement à cette affaire, nous dit M⁰ Fourois. C'est dans mon étude que fut déposé le testament de M. Bertrand de Villandrant. Il était parent assez éloigné de Claude Andrezel; mais celui-ci en devait hériter avec d'autant plus de certitude que son oncle lui témoignait une grande amitié.

« Il est vrai qu'il pouvait rarement lui en prodiguer les marques, car il passait en lointains voyages de longues suites de mois et souvent des années entières... »

Au nom de Bertrand de Villandrant le procureur général tressaillit; Guillaume ne s'aperçut point de ce mouvement, et il poursuivit la narration du notaire :

« — Ce fut pendant une des absences de M. de Villandrant que se joua le drame d'Andrezel. Je le connaissais depuis de longues années, et il avait jadis déposé chez moi un testament instituant son neveu Claude Andrezel son légataire universel. En apprenant de quelle façon était mort le malheureux, il fut frappé si violemment que je redoutai une maladie grave. Il y échappa, son cœur garda' une profonde blessure. Trois mois après il me remettait un nouveau testament déshéritant l'orphelin de Claude; le fils du condamné, héritier de la honte paternelle, n'était plus trouvé digne de posséder une fortune honorablement gagnée.

« Dieu sait, continua Guillaume, que jamais je n'eus dans l'âme de bas sentiments d'envie. Mais si cet oncle, que je n'avais jamais connu, avait su la vérité, s'il avait pu deviner que les richesses dont il m'aurait fait dépositaire ne m'auraient servi qu'à atteindre plus vite le but que je me proposais, il ne m'eût pas déshérité. Non, jamais il ne l'aurait fait. Ce qu'il m'a fallu dix ans pour apprendre, je l'aurais su peut-être au bout de quelques mois... »

— Et, demanda le magistrat d'une voix presque tremblante, le notaire vous apprit-il en même temps le nom de celui qui, à défaut de votre père, hérita de Claude Andrezel ?

— Non, monsieur.

— Poursuivez, monsieur, poursuivez.

— Méloir et Monnereau sortirent de prison, et dès lors je m'attachai à eux. Ivrognes, brutaux, fort habiles à la chasse, ils ne tardèrent point à me vendre de préférence le gibier dont, à bon droit, je suspectais la provenance. Mais, que voulez-vous, monsieur, il ne me restait d'autre moyen de les attirer dans ma maison que de le leur acheter. L'eau-de-vie, dont à grand'peine nous faisions provision, leur était servie. Plus d'une fois, tandis qu'à moitié gris je les questionnais sur les histoires du pays, ils ébauchèrent celle de Claude Andrezel ; mais jamais pourtant ils ne laissèrent assez avant leur raison au fond de leurs verres, pour qu'ils osassent me révéler la vérité que je pressentais. Évidemment l'un d'eux était le coupable ; l'autre connaissait son secret, voilà tout. Il était le confident, mais non pas le complice. Chaque fois que le nom de Trémadeuc revenait dans la conversation, Méloir, après avoir raconté la rigueur avec laquelle Laurent Trémadeuc interdisait le braconnage, laissait éclater un petit rire sec auquel Monnereau faisait écho.

« — Êtes-vous plus content de celui qui acheta sa propriété ? demandai-je un jour à Méloir.

« — Ça commence furieusement à se gâter, me répondit-il, et si cela continue... Mais patience ! patience ! Les braconniers sont bons enfants et ne disent rien aux propriétaires, tant que ceux-ci ne les tourmentent pas... Mon avis, à moi, est que tous les hommes ont le droit de chasser et que c'est une injustice de clore des bois où Dieu laisse multiplier les lapins, les faisans et les lièvres. Il y a comme cela des choses qui sont des injustices criantes, et celui qui entre en lutte contre ces abus rend un service à la société. Si j'étais quelque chose dans le gouvernement, je permettrais à tout homme ayant bon pied et bon œil d'avoir un fusil et de tirer à poil et à plume suivant son bon plaisir... Croyez-moi, monsieur, ce qui fait les braconniers, ce sont les juges condamnant un homme pauvre pour la seule raison qu'il aime à se donner un plaisir de riche.

« J'essayai vainement de prouver à Méloir que le droit de chasser appartenait au propriétaire d'une forêt, qu'il ne pouvait être permis

de tuer le gibier de son voisin ; Méloir secoua la tête et garda le
silence pendant un moment. Il en sortit pour me dire d'un ton
farouche :

« — Et les gardes ! Voilà encore une engeance du diable ! Des
hommes mis comme nous, sortis souvent du même village, qui ont
été nos camarades, et qui tout à coup, parce qu'ils ont prêté serment
devant un tribunal, sont capables de nous mettre la main au collet
et de nous faire jeter en prison... Aussi, qu'est-ce qui arrive ? Savez-
vous le nombre de gardes tués en France par les braconniers ? et
celui des propriétaires ? Car on en attend parfois au coin d'un bois
pour leur faire passer le goût du pain.

« Je lui versai un verre d'eau-de-vie, et il poursuivit :

« — Vous venez d'un pays où on chasse dans des forêts vierges
et où la proie reste le profit de celui qui a le coup d'œil bon. Voilà
un pays de liberté ! Mais en France... Tonnerre ! Et pendant que je
mangeais de la prison, savez-vous que ma mère et ma femme ont
failli mourir de faim ?...

« — Je le sais, lui répondis-je.

« — C'est votre mère, une sainte, qui a sauvé la pauvre vieille aux
cheveux blancs et la Bergaude ma femme. Aussi vrai comme je hais
les gens d'à côté, je vous aime, vous, monsieur Balder, et je me jet-
terais au feu pour vous rendre service.

« — Il n'en faudrait pas tant, Méloir.

« — Que voudriez-vous, monsieur ?

« — Connaître la vérité sur la mort de Claude Andrezel.

« Le poing du braconnier heurta violemment la table, et, cette parole dissipant son ivresse, il se leva et prit son chapeau.

« — Au revoir, me dit-il, au revoir, monsieur Balder. J'ai l'eau-
de-vie traître, et vous me semblez curieux. Pour toute autre chose
vous me trouverez à votre dévotion.

« — Au revoir, Méloir, lui dis-je en essayant de retrouver mon
sang-froid qu'une fausse espérance m'avait presque fait perdre. Je
vous conseille la prudence avec M. Tayan ; on n'a pas deux fois dans
la vie la chance de ne pas être pris.

« Cette fois, Méloir me regarda avec défiance, puis il sortit.

« Ma mère me reprit de la vivacité avec laquelle j'avais entamé
cette affaire, et il nous fallut plusieurs mois avant de regagner la confiance de Méloir.

« Nos bontés pour sa mère, la générosité avec laquelle je l'abreu-
vais d'eau-de-vie, la précipitation avec laquelle je le guéris d'une
blessure dont il eût été embarrassé d'expliquer l'origine, lui firent
oublier ma question indiscrète. J'appris par des voisins que les deux
bandits s'étaient colletés avec un des gardes et que des menaces
avaient été échangées. Aussi, rencontrant un soir Méloir dans le
chemin, je lui dis :

« — Vous avez encore fait la mauvaise tête. On vient de vous dénoncer à la gendarmerie. Prenez garde : à la première voie de fait,
vous aurez votre compte, et, cette fois, que deviendront votre femme
et votre mère?

« — Soyez certain d'une chose, monsieur, me répondit-il : jamais
on ne me reconduira en prison. J'en ai assez de ce régime-là. Il est
possible que je fasse un malheur, si la poudre et la colère me montent à la tête; mais c'est que Paultrot le garde-chasse et M. Tayant
l'auront voulu.

« Il est des malheurs et des crimes qui sont en l'air, monsieur... Je
prévoyais qu'un dernier drame me rendrait maître du secret dont
dépendait ma vie, et j'attendais! Si vous saviez avec quelle anxiété
folle je suivais une lutte mortelle dont le résultat devait être de
me sauver!... Je pouvais arriver au but que je poursuivais par deux
moyens : Monnereau et Méloir se livreraient à quelque acte de sau-
vage vengeance, ou Paultrot le garde-chasse en mettrait un si près
de la mort que celui-ci n'aurait plus rien à redouter de la justice...
Monsieur le procureur général, ajouta Guillaume en se levant, onze
heures sonnent à votre pendule, vous n'avez plus que le temps de
venir recueillir les derniers aveux des misérables. »

— Que voulez-vous dire? demanda le magistrat.

— Aujourd'hui, vers la chute du jour, Paultrot et Méloir se sont
rencontrés; le braconnier a failli fusiller le garde et l'a manqué,
tandis que la balle de Paultrot atteignit Méloir à la poitrine. Il vivra
un jour, un seul... Comme médecin, je vous l'affirme... Le sachant perdu, j'ai mandé le prêtre, et, en présence de la femme du
bandit, cette femme qui tant de fois s'était plainte de voir des fantômes, j'ai dit à Méloir .

« — Dans quelques heures, vous serez mort... La Justice demeure
impuissante en face du trépas, car je m'interposerais si l'on essayait
de vous transporter. Vous avez mal vécu, tâchez de bien mourir...

Un mot de vous rachèterait les fautes passées... Devant le magistrat et devant le mandataire de Dieu, avouez que vous avez assassiné Laurent Trémadeuc.

« Il se releva sur son lit et poussa un effroyable blasphème.

« — Qui a dit cela? fit-il. Qui a dit cela?

« — Moi, fils de Claude Andrezel, lui répondis-je.

« — Moi, sa veuve, ajouta ma mère.

« — Son fils ! sa femme ! répéta-t-il. Vous le saviez, et vous avez nourri ma famille ! Vous le saviez et vous m'avez pansé !... Eh bien! oui, j'ai fait le coup ! Mon compte est bon ! On ne m'emprisonnera plus... Je suis prêt à dire la vérité...

« On envoya chercher le procureur de la République de Vitré et le maire du village; devant eux Méloir, encouragé par le prêtre, renouvela ses aveux, des aveux complets... »

M. Henri de Gailhac se leva :

— Qu'exigez-vous de moi, monsieur?

— Que vous consentiez à vous approcher à votre tour du lit de ce mourant. Un train part dans une demi-heure; j'ai une voiture attelée...

— Bien, monsieur, répondit le magistrat.

Il passa un vêtement, sonna le valet de chambre et lui dit :

— Ne prévenez personne de mon absence, demain je rentrerai de très bonne heure pour que Mme de Gailhac ne soit pas inquiète. Si elle me demande, répondez que l'excès de fatigue m'a obligé à me jeter sur mon lit.

Un moment après les deux hommes se trouvaient en voiture.

Il ne vint pas un seul moment à la pensée du magistrat que celui qui venait de lui raconter ce long drame, dont le dénouement arrivait après vingt années, pût le tromper pour l'attirer dans un piège. Il sentait, à n'en pouvoir douter, que l'heure de la justice était venue.

D'ailleurs, dans le pâle visage de ce jeune homme, grandi entre la veuve de Claude et l'ombre de son père, il retrouvait les traits du condamné, comme on fait d'une médaille effacée à demi. Tout était vrai : voix et visage. La voix sonnait juste dans la douleur.

Tous deux gardaient le silence. Que se seraient-ils dit ? Le magistrat accomplissait avec simplicité un acte auquel il n'était point obligé. Ce qu'il allait entendre était le démenti formel de ce qu'il avait affirmé. Cependant il n'hésit it point. Puisqu'il s'agis-

sait de justice, il était prêt. Pourtant il ne pouvait s'empêcher de
frémir à la pensée de revoir la veuve de Claude, cette femme qui,
jadis, s'était traînée à ses pieds pour le supplier de ne point prendre
la parole le jour du procès de son mari.

Quant au fils persévérant et pieux qui, pour arriver à son but,
n'avait reculé ni devant le travail ni devant l'exil, et qui, au bout de
dix ans, arrivait à son but, il sentait descendre en lui une paix intérieure qui le dédommageait des angoisses passées. Sa mère aurait
encore dans sa vie une heure de consolation suprême : celle où elle
entendrait dire bien haut que son Claude était innocent du crime
dont il fut accusé!

Une voiture attendait le docteur à la gare de Vitré.

— Vous le voyez, monsieur, dit Guillaume Andrezel, je n'ai pas
un seul instant douté de vous. Tout est prêt pour notre dernière
course; avant dix minutes nous serons dans la cabane de Méloir.

Tandis que le docteur et le magistrat approchaient de la masure,
le blessé, étendu sur son lit, prêtait l'oreille aux paroles consolantes
du prêtre.

— Je suis content tout de même d'avoir parlé, disait-il. Ce qui
m'était le plus dur, pour être franc, ce n'était point d'avoir tué un
homme, car le Trémadeuc ne valait pas cher, mais d'avoir coûté la
vie à ce pauvre monsieur...

Il se tourna vers sa femme qui pleurait dans un coin, tandis que
Mme Andrezel berçait un de ses enfants.

— Je t'ai fait la vie dure, dit-il. Que veux-tu? je suis né mauvais! Tu valais mieux que moi. N'aurais-tu pas pu me rendre le
mal pour le mal et dire la vérité que tu savais... Change de pays
et tâche de faire des hommes honnêtes des petits. Ma vie ne te servait à rien et mon nom était pour eux un déshonneur.

La femme s'approcha échevelée, le visage mouillé de larmes
qu'elle essuyait avec une sorte de colère mêlée de douleur.

— Je ferai dire des messes pour toi! répétait-elle; j'en ai souvent
payé pour M. Claude Andrezel, car il me semblait le voir apparaître
et me reprocher de garder le silence. Je ne pouvais cependant pas
te dénoncer, non, je ne le pouvais pas!

En ce moment le roulement d'une voiture se fit entendre.
Mme Andrezel posa l'enfant sur un lit de mousse et ouvrit la porte.

A demi cachée dans l'ombre, elle serra presque à la dérobée la main de son fils. Elle ne voulait se montrer au procureur général qu'après la confession de Méloir.

Celui-ci n'attendit point qu'on l'interrogeât.

— Monsieur, dit-il, j'ai désiré répéter devant vous la vérité que j'ai affirmée tantôt devant témoins. Je vous remercie d'être venu cette nuit... Demain, c'eût été trop tard. M. Claude Andrezel était innocent de l'assassinat de son voisin, M. Trémadeuc. Celui-ci m'avait fait mettre plusieurs fois en prison, et je savais que jamais il ne me ferait grâce.

« Nous autres braconniers, nous savons préparer une vengeance à l'avance et la manger froide. Je guettais l'occasion, et cependant je ne la cherchais pas. Un jour j'avais mon fusil; un lièvre gonflait mon carnier, M. Trémadeuc me rencontra dans son bois. Il m'accabla d'injures, affirma qu'il me ferait pourrir en prison et me traita avec un tel mépris que, lançant mon fusil sur l'herbe, je pris mon couteau et, me jetant sur lui, je l'en frappai deux fois entre les épaules.

« Il tomba sans crier; je restai un moment étourdi, regardant ce corps immobile.

« Ma rage était passée, je me demandais tristement ce que j'allais faire... Essayer d'enterrer le cadavre à cette heure était impossible. Rester plus longtemps dans cet endroit me semblait dangereux. Je poussai le corps dans un amas de broussailles, et, coupant au plus court, je me trouvai presque tout de suite près du bois de M. Andrezel. Une portion de la clôture du parc se trouvait brisée, j'entrai par cette brèche. Quelques pas plus loin, au milieu d'une espèce de bosquet, je vis une excavation provenant de l'abattage de quelques arbres et de l'enlèvement de leurs racines... Il y avait bien là de quoi loger un cadavre... Je rentrai chez moi, et, après un dîner pendant lequel ma femme affirma que je venais de faire un mauvais coup, je pris dans l'armoire une blouse neuve achetée à Vitré lors de la dernière foire et un pantalon semblable; je me coiffai d'un mouchoir serré sur le front et noué sur la nuque, et, muni d'un outil, je regagnai l'amas de broussailles sous lequel j'avais poussé le corps... Je le soulevai avec peine; il pesait terriblement. Par trois fois je dus m'arrêter pour reprendre haleine; enfin je franchis la brèche, je jetai dans la fosse le corps roidi... Un moment il me sembla que jamais je ne pourrais la combler; j'y parvins pourtant...

Rentrant ensuite dans le bois de M. Trémadeuc, je jetai mon pantalon et ma blouse, et je me trouvai avec mes vêtements ordinaires. Ils ne portaient pas une goutte de sang. Je rentrai vers deux heures du matin. Sans répondre à ma femme qui me questionnait, je me jetai sur mon lit sans réussir à m'endormir. Le lendemain matin je restai chez moi. Il me semblait qu'on lirait mon crime sur ma figure; une voisine étant venue nous parler de la disparition de M. Trémadeuc, je crus prudent de me mêler à ceux qui s'en préoccupaient. Cependant je ne suivis point le garde et les chiens quand ils entrèrent dans la propriété de M. Andrezel. Je croyais que leurs hurlements m'accuseraient et que le cadavre allait me montrer du doigt.

« Ce fut ma femme qui sortit.

« Quand elle revint, elle était toute pâle.

« Je la vois encore debout près de mon lit, me touchant l'épaule et me disant à voix basse :

« — C'est toi qui as fait le coup !

« Je bondis sur elle, et je l'accablai de mauvais traitements avec une telle sauvagerie que je la laissai à demi morte.

« Elle se contenta de me dire :

« — As-tu cru que je te vendrais ? Peut-être seras-tu cause de la perdition de mon âme, mais je ne puis ni te livrer ni déshonorer tes enfants.

« Je niai avec de grands jurements et je quittai la maison.

« A la fin de cette journée M. Andrezel était arrêté.

« Ma femme fut prise d'une épouvantable fièvre qui ne la quitta que deux mois après. Pendant ses accès de délire, elle parlait sans cesse d'échafaud et de damnation, mais on me jugeait assez mal dans le pays pour croire que j'y monterais quelque jour et que le diable emporterait mon âme... Tout cela s'est réalisé... J'ai tué pour la seconde fois et la mort va me prendre... Tant mieux ! J'ai revu trop souvent l'ombre de celui qui, à ma place, était monté sur l'échafaud. »

Le blessé s'arrêta et tourna les yeux du côté où une heure auparavant il avait aperçu Eugénie Andrezel berçant son dernier enfant.

— Madame, dit-il, madame, me pardonnerez-vous ?

— Je vous pardonne, dit-elle. Les martyrs qui sont là-haut ne sauraient garder de haine. Et moi, je me rappellerai seulement que, grâce à vous, mon fils reprendra son nom et redeviendra Français.

— Monsieur, demanda le mourant au magistrat, le procureur de la République de Vitré a reçu ma déclaration, elle est signée de mon nom, dois-je remplir encore quelque formalité?

— Non, répondit Henri de Gailhac, vous fûtes un grand coupable, mais vous essayez de réparer le mal commis; aucune justice ne peut vous en demander davantage. Puissent ceux qui ont quelque chose à se reprocher dans cette affaire remplir comme vous un suprême devoir.

M. de Gailhac s'avança vers Eugénie Andrezel et lui dit à son tour :

— Et à moi, madame, me pardonnez-vous?

Ses yeux se baissèrent, elle se souvenait d'avoir supplié à genoux cet homme qui s'était montré inflexible. Elle le trouvait plus cruel que le bourreau en priant devant lui. Cependant elle répondit d'une voix brisée :

— Dieu seul reste le juge des âmes, monsieur.

— Je vous remercie de ne point m'accuser.

Un moment après le magistrat ajouta :

— Souvenez-vous de la sympathie que vous témoigna jadis une jeune femme. Elle avait compris votre malheur et deviné l'innocence de celui que tant de preuves accusaient. Elle est heureuse d'apprendre la vérité; venez à R. avec votre fils. Votre présence y va devenir indispensable à plus d'un égard, et je ne souffrirai point que vous demeuriez ailleurs que chez moi.

— Chez vous! répéta Mme Andrezel.

— Il m'appartient maintenant de vous protéger et de vous défendre.

Le magistrat offrit son bras à Eugénie, et celle-ci quitta la cabane en adressant un signe d'adieu à la femme du braconnier.

C'était fête dans la cellule du Père François. (Voir page 76.)

CHAPITRE VII

LE PÈRE FRANÇOIS

Le Père François travaillait dans sa cellule. Entouré d'un grand nombre de volumes poudreux, il prenait des notes relatives à la vie de cet admirable patron de la ville d'Assise qui mérita le surnom de *Séraphique*. Un doux rayonnement éclairait son visage : non pas

C'était fête dans la cellule du Père François. (Voir page 76.)

CHAPITRE VII

LE PÈRE FRANÇOIS

Le Père François travaillait dans sa cellule. Entouré d'un grand nombre de volumes poudreux, il prenait des notes relatives à la vie de cet admirable patron de la ville d'Assise qui mérita le surnom de *Séraphique*. Un doux rayonnement éclairait son visage : non pas seulement celui de l'intelligence qui s'épanouit au sein d'un labeur dans lequel se manifestent les facultés de l'esprit, mais le rayonnement de l'âme qui, s'occupant de choses plus élevées que de spéculations intellectuelles, s'élève jusqu'à l'inspiration divine.

Le Père François, qui dans le monde s'était appelé Charles de Gailhac-Toulza, était le fils du vieil Archambaud, et frère du procureur général, Henri de Gailhac. Parvenu très jeune, en raison de la sagacité de son esprit, de l'habileté de sa parole, et d'un don spécial qui s'appelle la diplomatie, à une belle situation dans les ambassades, il donna subitement sa démission et entra dans l'ordre de Saint-François.

Une vocation soudaine lui révéla-t-elle, sur le chemin de Damas où il plaisait à Dieu de le conduire, que tout est vanité dans les biens du monde, et que la pauvreté, l'humilité et la douceur sont les vraies compagnes des enfants du Christ? Éprouva-t-il au cœur une de ces commotions qui le brisent à jamais et le remettent saignant entre les mains trouées du Sauveur? Il ne le révéla qu'au prêtre qui approuva son entrée dans les ordres.

Quand Charles de Gailhac accourut à R. afin d'apprendre à son père la résolution qu'il avait prise, celui-ci ne témoigna nulle surprise et ne tenta pas même d'ébranler la volonté de son fils.

— Mon ami, lui dit-il, si au sortir du lycée tu m'avais témoigné le désir de te vouer à Dieu, sans chercher à ébranler ta vocation, je t'aurais supplié de la mettre à l'épreuve, et de passer assez de temps dans le monde pour juger s'il ne te laisserait point de regrets. Tu sais ce qu'il vaut, ce qu'il prodigue et ce qu'il refuse. Je n'ai point le droit de me plaindre de la vie. Toi et ton frère Henri, vous êtes la couronne de ma vieillesse, et je suis l'objet de l'envie de tous les pères. Tu renonces à la famille, à la possession d'un foyer, pour mener une existence plus parfaite, le ciel en soit loué! Je ne suis point de ces pères qui s'imaginent avoir perdu la tendresse de leurs enfants, parce que ceux-ci se donnent à Dieu. L'amour s'épure à certaines hauteurs. Tu garderas pour ton père un amour grave, pour Henri et pour ses enfants une affection protectrice. Mon fils aîné portera noblement devant le monde le nom de ses ancêtres. Toi, tu prieras pour nous tous. Je te bénis, mon fils, de toute mon âme!

Charles de Gailhac se jeta dans les bras de son père.

Le soir même, accompagné par l'ancien magistrat et par Henri, il se rendait à la porte du couvent des capucins.

Le sacrifice, généreusement offert, fut généreusement accepté.

Charles prononça ses vœux, et le Père François remplaça le brillant secrétaire d'ambassade.

Ainsi qu'Archambaud l'avait deviné, le moine conserva pour tous les membres de sa famille une tendresse profonde. Ses neveux ne furent jamais effrayés par sa robe de bure et ses sandales. Tout petits, ils jouaient avec la corde ceignant ses reins et le gros chapelet garni de médailles de cuivre pendu à sa ceinture. Un changement s'était pourtant manifesté dans les rapports que son père et son frère avaient avec lui : à la tendresse s'était joint le respect. Tous deux, après qu'il eut été élevé à la prêtrise, le choisirent pour confesseur ; et ce fut une chose touchante de voir ce fils et ce frère guider dans la voie des grands devoirs du chrétien ceux qui lui tenaient par des liens si étroits. Il ne se passait guère de semaines sans qu'Archambaud et Henri montassent dans la cellule du moine. Celui-ci chargeait souvent Henri de lui procurer certains ouvrages, ou de prendre pour lui des notes dans les bibliothèques. Avec une humilité charmante, quoique sans exagération, il se plaisait à soumettre ses travaux à ceux que dans l'art d'écrire il regardait comme ses maîtres.

Au moment où Charles de Gailhac-Toulza prononça ses vœux, Henri était déjà père de quatre enfants, se suivant de près ; Didier ne quittait pas encore les bras de sa nourrice, et Blanche trébuchait sur ses petits pieds. Francis et Robert prenaient des airs de petits hommes, mais ne savaient encore que jouer au cerceau, lancer des billes avec habileté et sauter à cloche-pied dans les lignes croisées d'un jeu de « marelle ». Ce monde d'enfants, cette belle et souriante famille grandit autour de lui, l'aimant et l'honorant. Tant que Francis et Didier restèrent dans le sanctuaire de la famille, ils prirent leur oncle pour confesseur et pour guide ; plus tard Didier, recommandé par le Père François à l'aumônier de Saint-Cyr, trouva dans celui-ci un saint doublé d'un héros. Quant à Robert, Archambaud comprit que jamais il ne se souviendrait à Paris des habitudes de la vie de famille. A peine arrivé dans cette Babel des intelligences, où tant d'hommes font naufrage, il se sépara de ceux qu'il considérait comme des hommes au-dessous du rôle qu'ils auraient pu jouer s'ils eussent consenti à rejeter derrière eux le fardeau de leurs superstitions.

Le Père François devina, même avant Archambaud et Henri, la désertion de Robert ; impuissant à ramener cette âme égoïste, il s'en remit à Dieu de l'éclairer et pria pour lui dans le silence de sa cellule.

Il trouva du reste de grandes consolations dans ses deux autres neveux. La correspondance de l'abbé L. avec le Père François était bien faite pour réjouir à la fois l'âme d'un parent et d'un apôtre. Dans la jeune âme de Didier revivaient ces héroïsmes chevaleresques auxquels on ne pouvait reprocher qu'un peu d'exagération ; et encore dans ce siècle de positivisme égoïste ne faut-il point se réjouir de voir se développer d'une façon luxuriante ces belles fleurs pourpres du dévouement et de l'idéal. Francis et Didier s'aimaient à la façon des jumeaux qui pensent et respirent ensemble. Pas une grande pensée de l'un qui ne fût comprise par l'autre ; pas un élan du soldat qui ne trouvât un écho dans le cœur du publiciste. Tous deux se sentaient armés pour la lutte. L'un gardait l'épée, l'autre la plume : deux armes également batailleuses, et qui se valent aujourd'hui.

Aussi, lorsque les jeunes gens revenaient à R., était-ce fête dans la cellule du père François quand l'un d'eux accourait lui raconter sa vie laborieuse. Sans doute ils y apportaient l'écho lointain des bruits du monde ; mais en les entendant raisonner des choses du temps, le moine se réjouissait à la pensée qu'une génération forte s'élevait pour la France, et que les leçons du passé ne seraient point perdues. Ils représentaient pour lui une milice de soldats, une phalange d'écrivains prêts à relever le gant de bataille pour la cause de la vérité et de la justice. Aussi, quel chaud accueil, quelle tendresse à la fois puissante et douce entre ce moine, qu'usaient lentement les macérations et les jeûnes, et ces jeunes hommes dans la force de l'âge qui lui apportaient leurs viriles espérances !

Jamais famille ne fut plus unie que celle des Gailhac-Toulza.

Tandis que l'extrême et majestueuse vieillesse d'Archambaud lui communiquait quelque chose de patriarcal, le caractère sacerdotal du père François la couvrait d'une permanente bénédiction.

Le bonheur eût été complet entre des êtres qui s'appréciaient et s'aimaient, si le changement de Robert n'eût jeté une tristesse grave dans ces cœurs fidèles.

C'était toujours avec joie que le Père François recevait un membre de sa famille.

Aussi durant la matinée où il travaillait à la *Vie du séraphin d'Assise* laissa-t-il échapper une exclamation de joie, en voyant entrer Henri de Gailhac.

— Toi! fit-il, tu ne pouvais mieux arriver. Je me sentais indécis, presque inquiet au sujet de pages écrites hier, tu auras l'indulgence de les entendre; car si tu viens me voir, c'est que tes obligations t'en laissent le temps,

— Oui, j'entendrai la lecture de ces pages, mon ami, et je crois même qu'elle me fera un bien extrême; seulement, à cette heure, je ne me sens point l'esprit assez calme. Je serais un triste juge et un mauvais critique.

— Qu'as-tu? demanda vivement le moine ; un chagrin?

— Plus que cela.

— Parle vite.

— Un remords...

— Toi! Va! je connais ta conscience aussi bien que toi-même, et je suis sûr qu'elle ne te reproche rien...

— Ce n'est pas au prêtre qui la dirige que je m'adresse en ce moment. Tout à l'heure j'écouterai ta parole comme l'arrêt de Dieu... C'est au frère, à l'ami, que je veux d'abord confier ce qui m'oppresse...

Une pensée rapide traversa l'âme du moine.

— Robert...

— ... est arrivé pour assister à la soirée de contrat de sa sœur.

— Comment est-il à ton égard?

— Ce qu'il a été, ce qu'il restera sans doute... Je ne veux point te parler de lui ce matin... Hélas! j'étais sans doute trop heureux! l'épreuve fond sur moi à l'improviste... Surpris en plein bonheur, je me demande si j'aurai le courage de supporter les coups qui m'atteignent à la fois.

— Dieu est toujours là, frère.

— Oui, Dieu!

Le magistrat prononça ce nom avec force, comme s'il y puisait une confiance surhumaine. Il reprit, en s'accoudant sur les in-folio dont la table de son frère était couverte :

— Tu te souviens du drame qui se passa jadis à Vitré, et dont

Claude Andrezel fut la victime d'une façon plus terrible encore que Laurent Trémadeuc.

— La victime? répéta le Père François.

— Il plaît à Dieu de m'infliger cette honte et ce remords d'avoir demandé la tête d'un innocent et fait répandre le sang d'un homme... Claude ne fut jamais un assassin... J'ai en mains les preuves irréfragables de son innocence...

— Mon ami, dit le Père François, c'est un grand malheur d'avoir été mêlé à cette sinistre affaire; cependant, raisonne avant de trop t'affliger... Toutes les preuves s'élevaient contre lui... Notre père, que tu consultas pendant la dernière nuit qui se passa avant ta plaidoirie, crut à la culpabilité d'Andrezel... Enfin, permets-moi de te dire que le rôle de représentant de la loi réclamant la répression du crime au nom de la société outragée, s'il est important, ne reste pas décisif. Les jurés prononcent sans appel; et c'est sur eux que tombe le poids d'un verdict rendu devant Dieu et devant les hommes, sur leur honneur et sur leur conscience.

— Peut-être, fit le magistrat; mais quand la femme du malheureux se jeta à mes pieds en me suppliant de renoncer à prendre la parole, m'affirmant que, si je l'abandonnais à un homme ayant moins d'autorité, la vie sinon la liberté de son mari serait sauvegardée, je résistai à ses prières et à ses larmes... Oui, mû par un orgueil misérable, avide d'un succès oratoire, je m'obstinai à présenter le réquisitoire de l'affaire, et j'obtins ce que je demandai... la tête de Claude Andrezel... J'ai passé une partie de la nuit dernière près du lit du véritable assassin... Tout ce qui est possible pour rendre l'honneur à ce pauvre martyr sera fait... Mais sa femme restera veuve, et son fils demeurera orphelin...

— Tu ne les abandonnes pas, frère?

— J'ai ramené chez moi Mme Andrezel, et je l'ai mise dans les bras de ma femme... Ah! si j'avais suivi jadis les conseils d'Aimée, si j'avais entendu au fond de mon âme cette voix de la pitié qui criait en elle, tu ne me verrais pas ce matin le cœur meurtri, l'esprit en détresse.

— Je te le répète, dit le moine d'une voix grave, en serrant la main d'Henri de Gailhac, rien ne t'obligeait à céder à la prière de Mme Andrezel. Que serait le rôle des procureurs s'ils subissaient les influences des épouses, des filles, des mères. Mme Andrezel

s'est trouvée avoir raison; tout portait à présumer que sa tendresse pour son mari lui laissait une illusion. Ne t'effraie pas, Henri. Le père, le guide, le conseil te répètent ensemble que tu n'as point outrepassé tes devoirs.

Le magistrat respira, puis reprit :

— Je n'ai pas seulement à me reprocher la part qui me fut faite dans ce drame; par une coïncidence terrible qui m'effraie et m'humilie plus que le reste, j'en ai profité.

— Toi?

— Comprends-tu cela? On peut penser, et on a le droit de dire qu'Henri de Gailhac-Toulza, après avoir demandé la condamnation capitale de Claude Andrezel, hérita de la fortune de son oncle... Bertrand de Villandrant était parent de Claude Andrezel. Comme ses voyages l'entraînaient toujours loin de Claude, il avait eu la précaution de déposer chez M⁰ Fourois, notaire à Vitré, un testament l'instituant son légataire universel... A son retour d'une course aux Iles de la Sonde, il écrivit un testament annulant le premier, et dit à M⁰ Fourois que le déshonneur jeté par Claude sur son nom était cause qu'il privait sa veuve et son fils d'une fortune qui leur était primitivement destinée. Nous avions beaucoup connu Villandrant dans notre jeunesse; il se fixa à R., devint un visiteur quotidien, s'attacha à mes fils et à ma fille, et, quand il mourut, je recueillis sa succession.

— Jamais il ne fit allusion à sa parenté avec Claude Andrezel?

— Jamais.

— Qui te l'a révélée?

— Guillaume Andrezel.

— Connaît-il ta situation d'héritier?

— Il l'ignore.

Le moine n'ajouta rien, il paraissait réfléchir. Enfin il leva les yeux sur son frère, et reprit :

— Qu'es-tu venu me demander ce matin?

— Un conseil, un ordre... Si Villandrant n'eût pas considéré Claude comme indigne, il lui eût légué tout son bien. La Providence proclame aujourd'hui son innocence, puis-je garder une fortune qui ne me fut destinée que par suite d'une terrible erreur?

— Tu ne le peux pas, répondit le moine.

— Ton avis est que je restitue cette fortune à Guillaume Andrezel?

— Comme prêtre, oui.

— Et comme homme?

— Le prêtre a tué l'homme en moi, répondit le moine. Mais, après avoir entendu l'avis de celui qui pour toi représente parfois le ministère de Dieu même, interroge à ton tour le chef de la famille... Forme un tribunal d'honneur... Remets à notre vénéré père la décision de cette affaire. Que tes fils assistent à cette discussion; jamais, ce me semble, ils ne recevront leçon plus haute. Puis, quand tu auras entendu successivement la voix d'en haut et celle de la famille, agis suivant ce que te commandera l'honneur des Gailbac.

Le procureur général se leva.

— Ce sera la ruine, n'est-ce pas? demanda tristement le moine.

— Absolue.

— Et Blanche? reprit le père François.

— Dieu décidera de son sort et du nôtre.

Henri serra les mains de son frère avec une force vaillante, et reprit le chemin de sa maison.

Quand il se trouva seul, le moine s'agenouilla sur son prie-Dieu.

— Vous me permettez de vous aimer et de les aimer, Seigneur, dit-il; adoucissez le coup qui les frappe, et faites-leur trouver dans la foi l'énergie dont tous vont avoir besoin, depuis le vieillard au terme de la vie jusqu'à l'enfant qui croyait voir réaliser ses rêves.

Tandis qu'il oubliait dans une pensée de charité tendre le travail qui l'absorbait quelques heures auparavant, Henri de Gailbac regagnait son hôtel.

Ainsi qu'il venait de l'apprendre au Père François, il avait ramené au milieu de la nuit Eugénie Andrezel dans les bras de sa femme. En ce moment, trop ému pour apprendre la vérité à Aimée, il se contenta de lui dire :

— Je te confie pour la consoler celle dont jadis tu as entendu les tristes confidences et essuyé les larmes. Aime-la, protège-la jusqu'au retour de son fils.

En ce moment le visage d'Eugénie se trouvait caché sous les plis d'une longue mantille; d'une main tremblante Aimée la souleva, puis elle se recula en étouffant un cri. En dépit du ravage de la douleur et des années elle reconnaissait l'infortunée qu'elle avait introduite dans le cabinet du magistrat la veille du jour où son mari devait être jugé!

— Vous! vous! dit-elle.

Longuement elle l'étreignit sur sa poitrine; elle l'entraîna sur son divan. Elles restèrent longtemps muettes, enlacées. Aimée devinait que quelque chose de grave venait de se passer, puisque son mari amenait sous son toit la veuve du supplicié. Celle-ci n'osait parler. La bonté dont Mme de Gailhac lui avait donné des preuves ne lui permettait pas de lui révéler une vérité qui ne pouvait manquer de lui porter un coup au cœur.

L'excessive délicatesse de ces femmes les faisait s'entendre sans qu'il leur fût nécessaire de s'expliquer. Cependant Aimée rompit la première le silence.

— Et votre fils? demanda-t-elle.

— Il est devenu le plus honnête, le meilleur des hommes. Dans ma longue épreuve lui seul m'a soutenue; si j'en vois aujourd'hui la fin, c'est encore grâce à lui. Il viendra bientôt.

Une heure plus tard Aimée installait Eugénie dans une des chambres de l'hôtel. Blanche, sans connaître le genre de poignant intérêt que sa mère portait à cette femme qui, sans être vieille, avait des cheveux blancs, s'occupait d'elle avec des prévenances charmantes. Il n'est rien de plus capable de prendre le cœur que les attentions d'une jeune fille. Elle y met une grâce enjouée que rien n'égale. Tout est bon et doux dans sa voix, dans son geste, dans son regard. Sa candeur jette un reflet sur les moindres choses. La jeune fille laisse un rayon partout où elle passe.

Et qui pouvait mieux que Blanche de Gailhac réaliser l'idéal de la jeune fille? Ses séductions surpassaient sa beauté! Ses grands yeux d'une douceur profonde éclairaient son visage dont la pâleur était une grâce de plus. Svelte, élégante, tout en elle devait charmer sans qu'elle songeât à plaire. Et au fond de cette âme angélique, que de vertus fortes, quelle volonté dans le bien, quel dévouement à tous ceux qui l'aimaient! Il lui suffisait de deviner qu'Eugénie avait souffert pour qu'elle s'efforçât de lui témoigner une amitié discrète. Elle mit un peu de son cœur dans les moindres détails de l'arrangement de sa chambre. Des fleurs remplirent tous les vases; elle apporta des coussins pour les pieds fatigués de la voyageuse; plaça des livres sur un guéridon, une corbeille remplie de laines et de canevas sur une table; et bientôt Eugénie, entourée d'objets familiers, put se trouver presque chez elle dans la maison où elle recevait l'hospitalité.

, Confiant dans les soins dont sa femme et sa fille comblaient Mme Andrezel, Henri de Gailhac s'occupait de choses plus graves. Il entra chez son père, et, sans lui expliquer encore de quoi il s'agissait, il lui demanda s'il pourrait venir dans l'après-midi chez lui avec ses fils.

— Certes, Henri, répondit le vieil Archambaud, à toute heure du jour ne suis-je donc pas là? Ce que tu as à m'apprendre est-il donc si grave?

— Très grave, mon père.

— Je vous attendrai tous, répliqua Archambaud de Gailhac.

Après le déjeuner, auquel n'assista point Mme Andrezel qui fut servie dans sa chambre, le procureur général dit à ses fils :

— Dans une heure vous me rejoindrez chez votre aïeul.

Il fit un signe; Robert, Francis et Didier allèrent fumer au jardin, Blanche retourna près d'Eugénie.

Henri de Gailhac resta seul avec sa femme.

— Mon amie, lui dit-il, un grand malheur, dont tu devines sans doute la nature, vient de fondre sur moi. Désormais une plaie restera ouverte au fond de mon cœur; je sais tout ce que ta bonté et ta tendresse feront pour me guérir, mais il appartiendra à Dieu seul de me permettre d'oublier.

Aimée serra avec une force tendre la main de son mari.

— Oh! je te connais! reprit-il. Il n'est pas de compagne plus dévouée et plus sainte, et si jadis j'avais mieux suivi tes conseils... Je ne puis rien sur le passé : l'avenir me reste. Cet avenir sera consacré à la justice et à la réparation.

Une seconde fois Aimée serra les mains d'Henri, elle n'osait l'interrompre et fixait sur lui un regard brillant d'amour vaillant, digne de lui, digne d'elle.

— Aimée, reprit-il avec plus de lenteur, les actes d'équité que je crois devoir remplir vont amener notre ruine à tous...

— N'est-ce que cela? fit-elle en posant la main sur l'épaule de son mari; ah! devenons pauvres! si à ce prix tu peux chasser les chagrins qui, dans une seule nuit, ont creusé sur ton front des rides si profondes. Qu'importe plus ou moins d'argent! L'avenir de nos enfants est assuré... Celui de Blanche par un mariage, celui de nos fils par la carrière qu'ils ont choisie... Il nous faudra peu à nous deux... sois tranquille! Il nous en restera toujours assez... Mais ce sacrifice accompli, seras-tu tranquille et rassuré?

— Tu m'aideras à oublier, dit-il.

Un moment après il ajouta :

— Tu as parlé du mariage de Blanche, mon amie... la dot de notre fille sombre dans notre désastre...

— M. de Blosville est riche.

— Sans doute, et cependant...

— L'estimerais-tu assez peu pour craindre qu'il retire sa parole?

— Ce soir même je l'en dégagerai.

— Mon Dieu! mon Dieu! s'il allait...

— La reprendre? Hélas, ma chère Aimée! avec les hommes de cette génération égoïste qui ne trouve de jouissances que dans les satisfactions que l'argent procure, il faut s'attendre à tout... Nous n'avons point choisi Ernest de Blosville; sa vieille tante s'y est fort adroitement prise pour le rapprocher de notre fille... Blanche a cru qu'elle serait heureuse avec lui, et dès le premier mot que tu lui adressas au sujet de ce mariage, elle te répondit avec candeur qu'elle serait heureuse de devenir la femme d'Ernest de Blosville. Naïf roman de jeune fille, fait de confiance et de tendresse... Dieu veuille qu'un coup imprévu ne frappe point ce jeune cœur...

— Henri, demanda Mme de Gailhac en joignant les mains, et en attachant sur son mari un regard rempli d'angoisse, ne peux-tu sauver du naufrage la dot de notre enfant?

— Elle ne m'appartient pas, Aimée, il ne nous reste rien! rien!

— Alors, que Dieu m'envoie assez de force et de tendresse pour la consoler... Je ne veux pas croire, non, je ne saurais penser que M. de Blosville qui, ce soir, lui mettra au doigt un anneau de fiançailles, retirera sa parole à propos d'une dot sans laquelle ils peuvent être heureux... Hélas! pauvre enfant! c'est alors que, le comprenant mieux, elle ne devrait plus le regretter.

— Certes, dit Henri de Gailhac, cette épreuve est dure mais je la subirais sans crainte et sans regret si la pensée de sa douleur ne me troublait au plus profond de l'âme. N'est-ce pas terrible d'avoir à dire à cette enfant confiante : — L'homme dont tu faisais assez de cas pour lui confier ta destinée renonce à toi pour quelques liasses de billets de mille francs. Il compte pour rien ta beauté, ta candeur, les vertus qui devaient faire la joie et l'honneur de sa maison. En échange de l'ange dont la vie pouvait être liée à la sienne, il acceptera la main de la première héritière venue. Ce qu'il faut à Ernest de Blosville, ce n'est ni la grâce et la fierté de la compagne, ni la dignité chaste de la mère de famille, mais un nombre de sacs d'écus sonnants. Riche, tu pouvais lui convenir, subitement ruinée, il t'abandonne sans regret! — Oui, cela est horrible à dire à une enfant de dix-huit ans! Encore, si l'orgueil la pouvait sauver du regret... Mais elle a plus de cœur que d'orgueil! Elle te ressemble, Aimée...

— Et, demanda Mme de Gailhac, il n'y a pas un moyen, pas un seul de lui épargner cette torture?

— Si, il en est un.

— Lequel? demanda avidement Aimée.

— C'est de garder toute notre fortune, une fortune qui ne nous appartient plus devant Dieu; de marcher le front haut dans la foule, mais de rougir devant notre conscience, et de baisser le front devant nos enfants...

— Henri! Henri! répondit Mme de Gailhac, la pauvreté, la misère, tout, excepté cela.

— Je t'avais bien jugée, répondit Henri en se levant.

— Où vas-tu?

— C'est à toi, ma femme, la compagne de ma vie, que j'ai voulu expliquer d'abord ce qui cause aujourd'hui un désespoir poignant que toi seule pourras guérir; mes fils m'attendent dans l'appartement de mon père; réunis en conseil de famille, nous allons discuter cette affaire d'honneur. Le mot discuter ne rend pas ma pensée. A l'avance je connais la réponse de mon père; elle sera digne des Gailhac-Toulza... Mais il reste une épreuve à tenter sur des esprits et des cœurs plus jeunes. Je veux savoir comment mes fils apprendront cette triste nouvelle; et, de la façon dont ils recevront ce coup imprévu, il me sera facile d'augurer de leur avenir, et de sonder les derniers plis de leur cœur.

— Ce sont des hommes, ils agiront en hommes! dit Aimée.

— Tous, le crois-tu, tous?

Aimée pencha la tête sur la poitrine de son mari et ne répondit pas.

Un moment après, Henri de Gailhac entrait chez l'ancêtre de la famille.

C'est lui qui, le premier, bégaya le nom de mère. (Voir page 93.)

CHAPITRE VIII

TROIS FRÈRES

Le vieillard se trouvait seul, dans l'ancienne bibliothèque où il travaillait d'habitude. D'énormes meubles de chêne noir, des livres à reliures sombres, de grands bustes de marbre sur piédestaux de marbre rouge, un tableau de maître sur la cheminée, donnaient à cette pièce un caractère complètement en rapport avec la scène qui devait s'y passer.

Assis dans un fauteuil à dossier sculpté, surmonté d'un dais à clochetons, vêtu de noir, ses longs cheveux blancs répandus sur ses épaules, Archambaud de Gailhac gardait véritablement l'incomparable majesté du chef de la famille. Les paroles qui allaient tomber de cette bouche grave et douce à la fois contiendraient un arrêt suprême. Il attendait sans impatience, mais cependant l'émotion lui faisait battre le cœur.

Il savait Henri sous le coup d'un violent chagrin et se demandait s'il serait en son pouvoir de l'adoucir.

Deux heures sonnaient à une haute pendule de Boule; en même temps, par la porte de la bibliothèque donnant dans le salon, entrèrent Didier et Francis se tenant par le bras et paraissant avoir le cœur plein de cette confiance qui est un des charmes de la jeunesse.

Robert les suivait, concentré, presque sombre. Son visage portait les traits de soucis prématurés. On eût dit que le regard se fixait au dedans et n'osait se reposer sur des objets consolants et doux. Tout semblait danger à cet ambitieux. Tandis que ses frères s'en remettaient avec abandon à la sagesse et à la bonté paternelles, lui paraissait inquiet, et le premier regard qu'il jeta sur son aïeul renfermait une question qui lui brûlait les lèvres, sans qu'il osât la formuler.

La placidité du visage du vieillard lui apprit que lui-même ignorait dans quel but ses petits-fils se trouvaient réunis ce jour-là dans la salle de la bibliothèque. Il tendit les bras, Francis et Didier saisirent chacun une de ses mains, tandis que Robert le saluait d'un peu loin avec une affectation de respect.

Au même moment, et avant que les jeunes gens se fussent éloignés du fauteuil de l'aïeul, Henri de Gailhac parut à son tour.

Son regard s'adoucit en voyant ceux de ses fils qui lui étaient le plus chers groupés à côté du vieillard. Il s'approcha de celui-ci, prit un siège et fit signe à ses fils de s'avancer.

Alors, lentement, posément, reprenant à son origine le drame d'Andrezel, il raconta ce jour lamentable; puis, arrivant à la visite de l'intrus qui, la veille, avait interrompu la soirée de fiançailles de Blanche avec Henri de Blosville, il raconta les confidences de celui-ci et le voyage qu'il avait fait à Vitré afin de se rendre près du lit de mort du braconnier.

— Vous avez bien agi, mon fils, dit Archambaud d'une voix grave.

Henri poursuivit son récit, et cette fois il parla de cette fortune que Bertrand de Villandrant lui avait léguée, dans la conviction que, son neveu Claude ayant été indigne de la recueillir, il en privait également la veuve et l'orphelin d'Andrezel.

Une certaine agitation se manifesta sur le visage de Robert.

Francis et Henri se serrèrent la main, ils se comprenaient d'avance.

— Et qu'avez-vous décidé, Henri ? demanda Archambaud de sa voix solennelle.

— De restituer intégralement la fortune que me légua Bertrand de Villandrant à Guillaume Andrezel, que je considère comme son héritier légitime.

— C'est bien, mon fils, répondit l'aïeul.

— Mais, mon père, fit Robert d'une voix agitée, rien ne vous prouve que M. de Villandrant ait jamais eu l'intention de faire Claude Andrezel son héritier.

— Il était son parent.

— Fort éloigné; et vous venez de dire que la fréquence et la longueur des voyages de M. de Villandrant faisaient presque de Claude un étranger pour lui... M. de Villandrant vous avait connu fort jeune ; vos relations ne furent point brisées : après la mort... mort malheureuse, j'en conviens, de Claude Andrezel, M. de Villandrant trouva chez vous une famille ; est-il donc surprenant qu'il nous ait légué ce qu'il possédait ?

— Il ne l'eût jamais fait sans l'erreur dont Claude fut victime.

— Qui vous l'affirme ?

— Guillaume Andrezel. Dans tous les cas, au moment où il me révéla sa parenté lointaine avec M. de Villandrant, parenté que j'ignorais, il ne savait point qu'à son détriment j'étais devenu héritier d'un million qui lui revenait de droit.

— Oh ! fit Robert avec une persistance mêlée d'une sourde colère, il est assez habile, quoiqu'il ait vécu à l'étranger, pour spéculer aujourd'hui sur le malheur qui frappa son père... malheur dont après tout vous ne fûtes nullement l'auteur... Si jamais Claude Andrezel n'avait proféré des menaces contre Laurent Trémadeuc, on ne l'eût pas soupçonné... Les annales de la justice fourmillent d'erreurs de ce genre dont les magistrats ne restent nullement responsables... Comment ce Guillaume Andrezel peut-il connaître quelles auraient été les intentions de cet oncle au septième degré si son père n'avait pas été accusé du meurtre de Trémadeuc? Assurément, ce n'est point M. de Villandrant qui lui en avait fait la confidence ; or Guillaume n'avait pas, lors de la catastrophe, assez de raison pour se souvenir même de sa nourrice...

— Non, répondit Henri de Gailhac en levant un regard douteux sur Robert, ce n'est point Guillaume qui écrivit jadis les volontés de Bertrand, mais son notaire, Mᵉ Fourois.

— Ce notaire demeure?

— A Vitré.

— Oh! sur les points de ce genre, il est facile de s'entendre. On connaît, mon père, votre probité ombrageuse, et le notaire et Guillaume Andrezel ont imaginé cette fable productive d'une confidence de M. de Villandrant apprenant à Mᵉ Fourois que Claude Andrezel eût été son héritier, ou à son défaut Guillaume, si le nom n'avait été souillé par un meurtre.

— Vous avez l'esprit aisément ouvert au soupçon, mon fils! dit Henri de Gailhac.

— Je suis de mon temps, répondit Robert.

— Les hommes de votre génération ne vous ressemblent pas tous, heureusement.

— Enfin, reprit Robert, existe-t-il une preuve que les volontés de M. de Villandrant soient ce que vous affirmez?

— Il en existe.

— En quoi consistent-elles?

— En un premier testament en faveur de Claude Andrezel, testament laissé par Bertrand dans l'étude de Mᵉ Fourois avant un de ses voyages, et qui fut plus tard annulé...

— Par celui qui vous léguait toute cette fortune?

— Oui, Robert.

— Ce testament, l'avez-vous lu?

— Guillaume m'a affirmé qu'il existait.

— Lui-même en connaît-il la teneur?

— Le sens seulement ; Mᵉ Fourois, exagérant les scrupules du devoir professionnel, ne lui a point appris qui avait hérité de ce million.

— Mais alors Guillaume Andrezel ne vous réclame rien?

— Rien, en effet, répondit Henri que chaque question de Robert faisait plus glacial.

— Et nul ne vous accuserait de spoliation?

— Personne n'en aurait le droit, si l'ancien testament n'existait pas.

— Qui sait s'il n'est pas perdu, déchiré? si M⁰ Fourois ne se trompe point sur les termes d'un testament olographe qu'il ne dicta pas et qu'il reçut seulement en dépôt?

— Je crois au testament.

— Je reste convaincu qu'il n'existe plus.

— Et vous en concluez?...

— Que rien ne vous oblige à ce que vous songez à faire... Je comprends maintenant pourquoi vous nous avez réunis en conseil de famille. Un scrupule exagéré vous porte à croire que vous devez restituer à Guillaume Andrezel la fortune de Bertrand, votre ami; vous voulez bien prendre notre avis, car enfin c'est nous qu'il s'agit d'appauvrir. Eh bien! en ma qualité d'aîné de la famille, je déclare que je m'opposerai de tout mon pouvoir à cet acte insensé de véritable donquichottisme de probité... Si le testament existe, je comprends que vous concluiez une transaction envers ce petit médecin de campagne qui me semble savoir tirer un excellent parti des malheurs paternels; mais si le testament n'existe que dans les souvenirs embrouillés d'un vieux notaire qui peut n'être qu'un vulgaire coquin, vous avez le droit, devant toutes les juridictions, de vous considérer comme le légitime héritier de Bertrand de Villandrant.

— Et devant le tribunal de ma conscience? demanda Henri.

— Oh! mon Dieu, reprit Robert, faites une rente à la mère et payez une indemnité au fils.

— C'est là votre avis?

— Oui, mon père.

Le regard d'Henri de Gailhac se croisa avec celui de l'aïeul.

Archambaud baissa la tête.

Le procureur général s'adressa à Francis :

— Et toi? demanda-t-il.

— Moi, mon père, j'ai dans les mains sinon l'outil de ma fortune, du moins l'instrument qui me procurera l'aisance et la renommée.

A Dieu ne plaise que je touche jamais un sou de la fortune de Bertrand de Villandrant. Elle ne nous appartient pas, et mon avis est que nous devons la rendre.

— Si le testament existe? reprit le magistrat.

— Même si le testament est perdu ; quand bien même il n'aurait jamais existé.

La main d'Archambaud serra celle de son petit-fils.

— Émets un avis à ton tour, Didier, reprit Henri de Gailhac.

— J'aurai mon épée, mon père, et l'épée d'un soldat doit lui suffire. Nous sommes heureux sans argent, et nous ne saurions vivre avec une honte au front et un remords au cœur.

— Embrasse-moi, Didier, dit Henri de Gailhac, et toi aussi, Francis! Mon père, vous pouvez les bénir, ils sont dignes de vous...

— C'est de la folie! s'écria Robert ; vous êtes dupes d'habiles intrigants! Le testament n'existe pas.

— Didier vient de le dire; nous n'en avons pas besoin pour savoir ce que nous devons faire.

— Mais ce million rendu, que vous restera-t-il ?

— Ma charge de magistrat.

— Et à nous ?

— A Francis sa plume, une plume vaillante ; à Didier son épée, il deviendra général, s'il plaît à Dieu ; à vous, Robert, la carrière du barreau que vous avez choisie. Je ne vous ferai plus entrer dans la magistrature, vous manquez d'intégrité, mon fils, et vous profaneriez le sanctuaire de la justice.

— Ne rendez pas tout, pas tout ! Francis ne gagne encore que trois ou quatre cents francs par mois, est-ce suffisant? Je ne plaide pas et je n'ai voulu suivre la carrière du barreau que pour entrer dans la politique.

— C'est un chemin dangereux, mon fils.

— Que voulez-vous que je fasse alors ?

— Commencer par abjurer et les erreurs de votre esprit et celles de votre jugement ; repentez-vous d'être déjà descendu si bas que vous ayez donné à vos frères un lamentable exemple. La maison paternelle ne vous est point fermée, et vous y retrouverez une place.

— Je réfléchirai ? fit Robert en sortant rapidement.

Un silence de mort suivit son départ.

Le coup qui frappait en ce moment les deux frères était mille fois plus rude que l'abandon d'une fortune.

Oui, Robert était bien vraiment le renégat de la famille. On ne pouvait plus le compter parmi ceux qui en faisaient l'honneur. Qui sait où s'arrêterait cet esprit inquiet, ce que rêverait cet ambitieux d'honneurs et d'argent? Et pourtant il avait reçu les mêmes leçons que ses frères. On lui avait prodigué une tendresse égale. Seulement les enseignements qui gardent les cœurs purs et les âmes droites étaient tombés dans une terre stérile. On ne pouvait s'attendre à rien moissonner dans ce champ d'ivraie.

Être pauvre, ce n'est rien! Mais voir se détacher du groupe de la famille un des membres, qui devait en être l'honneur, c'était vraiment une terrible épreuve.

Francis comprit quelle douleur poignait le cœur de son père.

— Ne t'alarme pas trop, lui dit-il, Robert cède en ce moment à un emportement qu'il déplorera plus tard. Il a le malheur de voir intimement à Paris des hommes dont le but unique est d'arriver tout de suite à jouir de ce que la vie peut offrir de plaisirs. Dans ce groupe on appelle « faire de la politique » chercher incessamment le moyen d'arriver à une situation, non pas seulement enviée, mais lucrative. Le luxe s'achète à tout prix. Sur la voie de la fortune parisienne, Tullia passerait chaque jour sur le cadavre de son père. Qu'importe la fange traversée si on arrive? On aura toujours le temps de se laver. L'opinion de Vespasien « que l'argent ne sent jamais mauvais » est si générale que, sans vouloir excuser Robert, je plaide cependant pour lui les circonstances atténuantes. Je me rapprocherai de lui, à Paris; j'essaierai de le ramener à moi, et par cela même de le ramener à vous. Je vous en supplie, mon cher aïeul, et toi, mon vénéré père, ne désespérez pas d'un égaré qu'entraînent les premiers désordres des passions.

Henri de Gailhac embrassa son fils; puis, s'adressant à Archambaud :

— Père, dit-il, quand les chevaliers étaient pour la première fois armés de leurs éperons d'or et d'un glaive, le chef de famille les bénissait. Bénis tes petits-fils, dans cette journée solennelle pour eux, car ils entrent jeunes dans le champ de bataille de la vie! Je croyais que leur avenir était fait, Dieu dispose toute chose autrement.

— Dieu soit béni! dit Archambaud.

L'aïeul se leva, et, tandis que ses petits-fils pliaient le genou devant lui, ses mains tremblantes s'étendirent sur leurs fronts.

— Pauvres d'argent, dit-il, riches d'honneur, vous êtes des Gailhac-Toulza.

Ils se relevèrent le front haut.

— Mon père, fit Didier, combien je vous aime!

— Mon père, ajouta Francis, je vous remercie de m'avoir donné de tels exemples que la vertu me semble si facile!

Le vieil Archambaud les prit dans ses bras.

— Plus tard, dit-il, vous vous souviendrez de cette journée, et vous raconterez à votre tour à vos enfants que jamais nous ne nous sommes tant aimés que le jour où nous devenions pauvres.

Didier, Francis et M. de Gailhac sortirent.

Henri avait hâte de rejoindre sa femme.

Celle-ci, troublée par la demi-confidence de son mari, avait envoyé Blanche chez Eugénie. Aimée, retirée dans sa chambre, venait d'ouvrir un petit meuble dont chaque tiroir se trouvait rempli de souvenirs d'une union heureuse. Présents de fêtes, cadeaux offerts à l'occasion de la naissance d'un enfant, bijoux portant le cachet spécial qui distingue ce que l'on commande pour une personne aimée. Tout ce qui avait enchanté son existence de jeune femme et de jeune mère revivait là, sous des formes diverses. Elle y trouva des portraits d'enfants aux visages indécis, dont les traits peu formés encore gardaient une vague ressemblance avec les têtes d'anges qui traversent les tableaux de maîtres comme un vol d'oiseaux divins. deux miniatures représentant Henri de Gailhac dans toute la beauté de la jeunesse. Oui, vraiment, jusqu'à cette heure, si les étapes parcourues avaient eu leurs épines comme tous les chemins de ce monde, elle y avait trouvé des oasis fraîches, un délicieux repos. Quelle que fût dorénavant son existence, jamais elle n'aurait le droit de se plaindre. Quel mari Dieu lui avait donné! A cette heure encore, heure qui semblait sonner un glas dans cette famille, elle était certaine de ne trouver dans sa conduite qu'une nouvelle occasion de l'admirer et de le chérir. Elle l'attendait en faisant la revue des reliques du passé. S'il éprouvait le besoin d'être rassuré sur les pensées qui s'agiteraient dans le cœur de sa femme, ne le serait-il pas tout de suite en voyant avec quel fidèle amour elle gardait ces bijoux passés de mode, ces dons qui lui avaient tant de fois prouvé combien son Henri s'occupait d'elle.

M. de Gailhac, ayant appris qu'Aimée était chez elle, la rejoignit sans bruit, au moment où elle portait à ses lèvres une miniature entourée d'un cercle de perles fines.

— Aimée, dit-il d'une voix profonde, Aimée la bien nommée, la plus chère et la plus vénérée des femmes, nous nous retrouvons au milieu de la vie ce que nous étions au début. Il ne sera pas donné de fêtes dans cette maison, et nous y vivrons tous deux dans une solitude qui nous deviendra chère. Nous voilà ruinés, si l'on peut être ruiné quand on possède une femme qui te ressemble. Oh! chère créature, si jamais je t'ai bénie, honorée, adorée, c'est au moment où deux de mes fils sont sortis triomphants de l'épreuve qu'ils viennent de traverser.

— Francis et Didier, n'est-ce pas?

— Oui.

— Et l'autre?

— Je le considère maintenant comme un enfant prodigue; et je te jure, c'est faire acte de longanimité paternelle que de ne point le chasser de cette maison.

— Henri! oh! Henri! s'écria Mme de Gailhac.

— Sois tranquille! Je ne le ferai point dans la crainte de t'affliger.

— Il est jeune, bien jeune encore!

— Vingt-cinq ans.

— Il peut réfléchir et se corriger.

— Par le raisonnement? Jamais!

— Robert est ambitieux, par tendresse pour nous...

M. de Gailhac secoua la tête.

— Il est égoïste, fit-il.

— Oh! s'écria la mère, ne me dis pas qu'il est perdu! Songes-y donc, Henri, Robert est mon premier-né. C'est lui qui pour la première fois colla ses lèvres à mon sein, lui qui, le premier, bégaya le nom de mère et serra, s'il se pouvait, la chaîne de nos cœurs. Il reviendra à l'esprit de famille; les leçons qu'il a reçues et que l'existence de Paris efface en lui peut-être durant une crise difficile reviendront à fleur d'âme, sois-en sûr. Je prierai tant que j'obtiendrai de Dieu cette grâce.

— Alors, dit le magistrat, il ne nous restera rien à souhaiter.

Le domestique entra en ce moment.

— Monsieur, dit-il, M. Will Balder vient de se faire annoncer chez la dame qui occupe la chambre bleue ; il demande quand il pourra avoir l'honneur de parler à monsieur.

Henri de Gailhac dit à sa femme :

— Nous allons leur apprendre à tous deux de quelle façon nous comptons remédier à leur malheur.

Mme de Gailhac serra dans le petit meuble les souvenirs qu'elle venait de rassembler ; puis, s'appuyant sur le bras de son mari, elle entra avec lui dans l'appartement d'Eugénie Andrezel.

Au moment où le dîner fut servi, un domestique apporta le bouquet blanc quotidien qu'envoyait M. de Blosville.

Blanche le prit en tremblant et regarda sa mère. Celle-ci l'attira dans ses bras :

— Tu l'aimes donc bien ? demanda-t-elle.

La jeune fille ne répondit point et cacha son front rougissant parmi les roses blanches.

— Hélas ! murmura Aimée.

. . . .

Pendant que se passait cette scène de famille, une joyeuse réunion de jeunes gens remplissait de mouvement et de bruit le fumoir d'Ernest de Blosville. Celui-ci enterrait ce qu'on appelle « la vie de garçon ». Un déjeuner dont le menu avait été discuté longuement, des vins choisis dans un angle de la cave, où ils vieillissaient pour la plus grande jouissance des gourmets qui les devaient déguster ; des fleurs partout, des boîtes de cigares parfumés comme des sachets d'Orient ; tout ce que peut rêver la mollesse et ce qu'invente le luxe dans ses recherches vraiment asiatiques se trouvait réuni dans le petit hôtel du jeune homme. Situé entre une cour et un jardin, construit sous Louis XIII, jeune encore et pimpant avec ses teintes rouges et son architecture sobre, il était un vrai bijou d'une autre époque. Un grand nombre de meubles du temps, d'un haut style et d'une conservation parfaite, décoraient la galerie et la salle à manger. Le confort moderne se réfugiait dans les pièces intimes. La chambre, dont un lit en poirier garni d'ornements de bronze occupait le centre, avait des rideaux d'un violet sombre doublés d'un satin jaune éclatant. De grandes cordes de soie les relevaient. Un demi-jour bon pour une femme glissait timidement sous les doubles stores de guipure et les rideaux de velours drapés largement à la façon italienne. Des potiches monstrueuses, dans les angles, des vases de fleurs gigantesques, des tapis d'Orient recouverts de fourrures d'ours noirs souples aux pieds, des coussins de soie brodés d'or s'éparpillaient au gré d'une paresse de sybarite.

Sur des guéridons, des flacons de Bohème laissaient miroiter les couleurs de liqueurs variées. De hautes glaces à biseau doublaient la grandeur de cette pièce et semblaient la prolonger au delà d'un massif de fleurs éclatantes.

A côté, dans le cabinet de toilette, des toiles indiennes aux teintes vives, venues de Sumatra, faisaient valoir les orfèvreries de la toilette et les fioles de cristal craquelé. Une atmosphère composée des légers aromes de l'héliotrope blanc, de l'ess-bouquet, de l'ylang-ylang, flottait dans ce *retiro* de la coquetterie masculine. Sur une table recouverte d'un tapis turc se trouvaient rangés dans un ordre méticuleux les outils mignons d'acier, d'argent et d'or, les flacons à bouchons de vermeil gravés aux armes des Blosville ; les boîtes dans lesquelles Ernest enfermait des pâtes onctueuses, des poudres impalpables ; puis un jeu de brosses d'ivoire, d'écaille et d'argent, dont quelques-unes venaient de Hollande. On s'arrêtait surpris, presque déconcerté, dans ces deux pièces, dont l'inventaire laissait triste. Point d'armes le long des panneaux, quelque chose de féminin dans tout ce qui attirait le regard et retenait l'examen. La première pensée qui venait à l'esprit, c'est que l'homme qui habitait ces pièces devait être dénué, non seulement de courage, mais de tout ce qui contribue à la grandeur morale.

Le salon, de style mauresque, gai à l'œil, miroitait coquettement. Dans la galerie, des tableaux anciens, timbrés aux angles de blasons de famille, rappelaient de hauts et puissants guerriers, des magistrats intègres, des prélats vénérés, des femmes dont la vie s'était écoulée dans le cercle de la famille. Elles gardaient au front une sérénité douce, et leur histoire se trouvait pour ainsi dire écrite dans leurs grands yeux profonds et sur leurs visages aux teintes pâlies. Les grands habits de brocart seyaient à ces belles figures. Dans les vitrines se conservaient des bijoux portés par elles, des livres d'heures feuilletés par leurs doigts.

Ernest de Blosville daignait parfois montrer cette galerie aux curieux, mais il ne s'y tenait jamais. Son cabinet de toilette et son salon mauresque lui semblaient mille fois plus réjouissants au regard.

—Buvons gaiement, et laissons Ernest réfléchir. (Voir page 99.)

CHAPITRE IX

LA DOT SANS L'AMOUR

Jamais Ernest de Blosville n'avait eu plus de verve que ce matin-là. Renvoyant la réplique et la plaisanterie avec un esprit émi-
nemment parisien, il se laissait plaisanter agréablement sur la résolution prise, qui dans une semaine serait un fait accompli.

— Riez tant que vous voudrez, disait-il à ses amis, vous y viendrez comme moi! Une heure sonne dans la vie où la famille vous
tourmente; où, sous peine de n'avoir jamais dans le monde une
place définitive, on doit posséder un intérieur. On reçoit, on se
pose. Les honneurs viennent tout seuls, quand la maîtresse de la
maison est habile et sait mettre son mari en lumière. D'ailleurs,
mes bien bons, c'est très joli, la vie que j'ai menée, que vous menez
encore et que d'autres mèneront, mais les soupers d'aujourd'hui
ressemblent diablement aux soupers d'hier! Enfin, si nos petites
orgies nous ruinent l'estomac, elles finissent par changer notre
bourse en tonneau des Danaïdes.

— Et tu veux fermer, puis remplir le tonneau? répondit Vadier.

— Sans être fort riche, Blanche de Gailhac m'apporte cependant
une dot présentable : quatre cent mille francs.... Ce chiffre n'est point
à dédaigner en province.

— Continueras-tu à l'habiter ?

— La première année, naturellement. J'y mettrai des formes; la
progression de mes absences les fera supporter; d'ailleurs, ma femme
y passera un mois de cet hiver.

— Et plus tard?

— J'y retournerai seul, pour ne point l'enlever à sa famille.

— Mais, demanda Raoul de Valloge, tu as oublié de nous apprendre
si tu chéris profondément ta fiancée ?

— Mon bon, je ne crois pas absolument nécessaire d'éprouver
pour elle ce qu'on appelle une passion. Il me suffit qu'elle m'aime,
et à ce sujet je n'ai aucun doute. Je me conduirai en galant homme,
lui assurant pour sa toilette une pension suffisante. Si je ne me
sens pas né pour ce qu'on appelle les vertus domestiques et fami-
liales, je n'en serai pas moins un mari suffisant.

— Pauvre jeune fille! dit Raoul.

— Bah! vas-tu jouer ici le rôle des deux philosophes dans le
tableau de l'orgie romaine de Couture?

— J'exprime simplement une idée sincère. Je puis être un peu
dépensier et assez fou pour mener cette existence quelques années
encore; mais le jour où je me déciderai à me marier, je prendrai
en même temps la résolution de rendre ma femme heureuse.

— Mais, mon cher bon, la mienne ne se plaindra pas. Depuis
quand une femme s'avise-t-elle de reprocher à son mari un manque

d'égards quand celui-ci lui permet de diriger sa maison? Il faut moins
que tu crois pour constituer la félicité d'une femme : beaucoup de
chiffons, une certaine somme de liberté, voilà !

— A Paris, peut-être, mais ici...

— Elles vont à l'église, visitent leurs amies de pension, exécutent
des tapisseries interminables et des fleurs pour les églises et vieillissent doucement sans s'en apercevoir. Un peu vite, par exemple,
car il leur manque cette fleur de coquetterie qui garde les Parisiennes
si longtemps jolies et toujours charmantes.

— Et que fais-tu de leur cœur?

— Leur cœur? Elles ont un père, une mère, un frère, des sœurs...
Les familles sont nombreuses en province, leurs enfants...

— Oh ! je sais, je sais ! Mais toute jeune fille qui se marie croit
trouver dans l'homme qu'elle épouse le compagnon de toutes les
heures, son maître, si tu le veux, mais un ami tendre, qui pense
comme elle et dont le cœur lui appartient.

— Ces jeunes filles-là rentrent dans la catégorie des romanesques.

— Nullement. Au contraire ce sont les sages, les raisonnables,
qui pensent de la sorte.

— Et tu en conclus que Blanche de Gailhac raisonne ainsi?

— Oui, car la mère est une de ces femmes qui ont trouvé le bonheur dans le devoir et l'amour dans le mariage.

— Bah ! fit Ernest, cet article-là n'est point stipulé au contrat.

— Allons, Raoul, dit Saint-Villiers, arrêtons la conférence, le
moment est mal choisi ; le vent tourne au divorce ! Buvons gaiement,
et laissons ensuite Ernest réfléchir à ses devoirs.

— Quand signes-tu le contrat? demanda Jean Darcourt.

— Demain.

— La corbeille ?

— Arrive ce soir. Une merveille. Si Blanche de Gailhac-Toulza
ne m'aimait déjà, elle m'adorerait pour le goût exquis avec lequel
j'ai rassemblé dans un meuble chinois des dentelles, des bijoux,
des éventails. des perles merveilleuses, des médailles anciennes.
Il y aura ce soir une jolie émotion à R. parmi les jeunes amies de
Blanche et plus d'une la jalousera.

— Vraiment, dit Raoul, c'est trop de fatuité.

— On a le droit d'être franc, même envers soi-même.

En ce moment la porte du fumoir s'ouvrit.

— Monsieur le baron est servi, vint dire le maître d'hôtel.

On passa dans la salle à manger, après avoir vidé un dernier verre de porto.

La causerie qui, progressivement, avait pris un tour philosophique, en touchant aux questions de famille et de mariage, changea subitement de ton. L'excellence des mets, le fumet et le montant des vins, la jeunesse expansive des convives exaltèrent ces jeunes têtes. On parla sport nautique, tir aux pigeons, courses et cricket. Chacun d'eux enfourcha des hippogriffes de la mode. Les noms célèbres furent lancés et relevés avec la raquette de la critique. On trouva de l'esprit au fond des verres, et quelque chose de pétillant et d'endiablé jaillit de la mousse du champagne. On put alors boire aux Parisiennes du *Tour du Lac*, aux Parisiens de la décadence. On oublia le pays courant un danger moral pour le salut duquel on trouve si peu d'enrôlés volontaires, les blessures saignant au flanc de la patrie. On crut très grand, très noble, de rire tant qu'il y eut de la mousse dans les coupes et tant qu'un nom d'artiste en renom traversa la mémoire.

Ce fut une orgie sans ivresse crapuleuse, mais une orgie véritable.

Au milieu de cette scène, rappelant plutôt celles du « grand Seize » que les souvenirs évoqués d'habitude dans l'hôtel des Blosville, Raoul de Valloge garda seul la raison, et sa raison devint triste, à mesure qu'il constata davantage l'abaissement de ses compagnons.

Enfin l'un des invités se leva et, tenant sa coupe haute, il dit :

— A mademoiselle Blanche de Gailhac !

— Merci, messieurs ! répondit Ernest.

Les verres vidés se remplirent de nouveau, et deux des jeunes gens quittant la table commençaient à fumer sur un divan, quand la porte de la salle à manger s'ouvrit.

Un homme entra et promena autour de lui un regard qui, de triste, devint sévère.

Le valet de chambre d'Ernest de Blosville, sachant quels liens d'intimité attachaient l'un à l'autre le magistrat et le jeune homme, n'avait pas cru devoir l'annoncer.

En reconnaissant son futur beau-père, le baron se leva vivement, et, sans commettre la faute de l'inviter à prendre place au milieu de ses intimes, il lui ouvrit la porte du salon.

Un sourire amer glissa sur les lèvres de M. de Gailhac-Toulza.

En surprenant Ernest de Blosville à la fin d'un tel déjeuner, le père de Blanche éprouvait moins de regret à la pensée de voir se rompre des projets d'union si longtemps caressés.

Ernest, intimidé d'abord, essaya de retrouver un peu d'aplomb, et lui dit d'un ton qu'il s'efforça de rendre dégagé, en l'entraînant dans une pièce voisine.

— Je dis adieu ce matin à des compagnons de jeunesse.

— Il serait plus juste de les appeler des compagnons de plaisir, car il y a jeunesse et jeunesse. Ni Francis ni Didier n'auront à faire, je l'espère, de semblables adieux.

— Je serais très malheureux si vous deviez supposer...

— Je ne suppose rien, répliqua M. de Gailhac, je constate.

— Croyez bien que, résolu à rendre votre fille heureuse...

— L'auriez-vous rendue heureuse? demanda Henri de Gailhac avec une sorte de mélancolie.

Ces paroles et le ton avec lequel M. de Gailhac les prononça troublèrent Ernest de Blosville. Il ne reconnaissait plus le magistrat. Sur le visage de celui-ci on voyait les traces d'une insomnie douloureuse. Son regard, empreint d'une gravité triste, se fixait sur Ernest avec une expression inquiétante.

Le baron reprit :

— Ce soir même, Mlle Blanche sera convaincue de mon ardent désir de lui plaire, car elle recevra une corbeille dans laquelle la plus coquette de mes cousines a entassé des merveilles.

— Je regrette vivement que votre cousine ait pris tant de peine, ajouta M. de Gailhac; ma fille possède des goûts simples et, pas plus que sa mère, ne tient aux luxueuses dentelles et aux diamants constituant des valeurs mortes. Si vous eussiez mieux compris son caractère, et la façon dont elle a été élevée, vous n'auriez point songé à cette corbeille trop riche pour sa situation.

— Eh! qu'importe! s'écria Ernest qui jugea convenable et peut-être nécessaire de réparer la faute du déjeuner par une assurance enthousiaste de sa tendresse pour la fille du procureur général, est-il rien d'assez magnifique pour parer cette beauté pure? Elle n'en a pas besoin, je le sais; mais moi ne serai-je pas fier de la montrer dans tout le rayonnement de sa jeunesse?

— Monsieur de Blosville, reprit Henri de Gailhac, d'une voix dont le timbre contrastait d'une façon absolue avec l'exaltation factice du jeune homme, chérissez-vous réellement ma fille?

— Je l'adore, répondit Ernest.

— Il suffirait de l'aimer.

— Aurais-je donc le malheur de vous en voir douter?... Je comprends que le magistrat austère peut blâmer la façon dont je dis adieu à mes amis, mais cette faute est excusable...

— Je ne vous reproche qu'une seule chose, c'est d'avoir mêlé le nom de ma fille à votre dernier toast.

— Votre fille, monsieur, est ma fiancée, et dans huit jours sera ma femme.

— En êtes-vous bien sûr?

— Je serais au désespoir si vous m'obligiez à en douter.

— Parlons donc encore de votre amour pour elle.

— Quoi! vous voulez...

— Cela vous paraîtrait-il étrange que, avant de donner sa fille en mariage à un homme, un père s'enquît du degré de confiance qu'il peut avoir en lui.

— On m'a calomnié près de vous! s'écria le baron.

— Non, monsieur, je vous le jure... Parlons de ma fille, je vous en prie.

— Je vous ai dit que je l'adorais, comme vous avez aimé Mme de Gailhac.

— Ne comparons rien. Les sentiments de tendresse et de respect qui m'unissent à la compagne de ma vie ne peuvent trouver rien qui les égale.

— Je vous le prouverai, monsieur, par la façon dont je rendrai Blanche heureuse... Et qui ne l'aimerait pas, cette adorable enfant, toute candeur et toute grâce! Les pauvres l'appellent un ange de charité; elle fut la joie de votre famille, elle sera l'honneur et la félicité de mon foyer. Je ne songerai désormais qu'à lui rendre la vie plus douce. Ses désirs seront pour moi des ordres et, je vous le jure, elle ne versera pas une larme.

— Vous avez raison, Blanche est un ange, celui à qui je la donnerai possédera un trésor.

— Aussi, reprit Ernest, Blanche eût été pauvre je ne l'aurais pas moins choisie entre toutes les jeunes filles. Ses goûts, les vertus qu'elle pratique auraient suffi pour lui permettre d'être heureuse dans une condition modeste.

— Vous eussiez poussé le dévouement et la tendresse jusqu'à l'épouser sans dot?

— M'estimez-vous assez peu, monsieur, pour craindre que si une catastrophe imprévue était tombé sur vous, en ne laissant que des ruines, j'aurais rejeté loin de moi des projets qui me sont si chers? Je ne pousse point l'exagération jusqu'à souhaiter qu'il me soit possible de vous fournir cette preuve de désintéressement. Nous vivons dans un siècle où l'argent est une force, servant de levier aux êtres intelligents, car je l'estime ce qu'il vaut, sans en faire plus de cas qu'il ne faut.

— Monsieur le baron, dit le procureur général, je suis venu ici, je l'avoue, tremblant et inquiet. J'arrive à croire que je vous quitterai rassuré sur le sort de ma fille.

— Ah! fit Ernest en respirant, j'ai redouté que vous fussiez porteur d'une sinistre nouvelle. Voyez-vous, monsieur, si vous changiez d'avis, si vous me refusiez Blanche pour compagne, mon désespoir serait tel...

Ernest s'arrêta, ne sachant si, pour prouver la violence de ce désespoir, il devait affirmer qu'il aurait recours au suicide ou qu'il s'enfermerait dans un cloître.

Henri de Gailhac le tira d'embarras en ajoutant :

— Ma fille est à vous, si vous persistez à me la demander pour femme.

— Persister!... Ne m'avez-vous pas compris, monsieur? Je tiens à elle par toutes les fibres de mon cœur.

— Je ne veux point douter de vos sentiments, poursuivit le magistrat; mais je connais la vie, et j'en comprends les exigences. La fortune qui vous reste est modique, et le nom que vous portez vous oblige à tenir un rang, ou du moins vous pouvez vous y croire obligé, et placer dans le luxe une partie de vos satisfactions. Blanche de Gailhac-Toulza, jeune, belle, douée de toutes les vertus, en recevant de son père quatre cent mille francs, pouvait vous sembler un parti enviable.. Blanche de Gailhac avec ses vertus, sa beauté, les qualités que vous admirez à bon droit en elle, peut ne plus être la femme de votre choix quand la ruine s'abat sur sa famille...

Ernest de Blosville leva vivement la tête :

— Que voulez-vous dire, monsieur?

— Une vérité ; riche hier, aujourd'hui je me trouve pauvre. Dépositaire, car je ne puis me reconnaître que cette qualité, d'une grande fortune, je la remets intégralement entre les mains de son héritier légitime.

— Et rien ne vous faisait prévoir cette obligation ?

— Rien.

— Ne la trouvez-vous point seulement dans l'exagération de votre délicatesse ?

— Ni mon père Archambaud de Gailhac-Toulza, ni mes dignes fils ne croient qu'il me soit possible de me soustraire à ce devoir.

— Et Blanche ? demanda Ernest de Blosville.

— Ma fille a été élevée dans toutes les traditions de la famille.

— Mais elle m'aime, monsieur !

— Oui, répondit le procureur général, dont le regard s'attachait de plus en plus froid et scrutateur sur le jeune homme. Elle vous aime comme aiment les jeunes filles, quand elles s'imaginent trouver dans un fiancé la réalisation de leurs rêves innocents de bonheur et d'avenir. Mais je la connais droite et fière, prête à un renoncement, si au prix de son bonheur nous devions acheter un regret.

« Tout est désormais changé entre nous, monsieur. Quand vous me demandâtes la main de ma fille, je lui donnais vingt mille francs de rente ; elle ne vous apporterait aujourd'hui qu'une somme insignifiante... J'ai cru devoir vous instruire tout de suite du changement survenu dans ma position et vous rendre la parole que vous m'aviez engagée.

— Quoi ! fit Ernest avec une chaleur plus factice que réelle, vous croyez que je renoncerai à des espérances qui me sont si chères ? Certes, votre fille mériterait une situation luxueuse, et toute ma joie eût été de lui faire une vie digne d'elle ; mais, comme vous le dites, il est facile d'être heureux en restreignant ses dépenses. Il s'agit seulement d'établir autrement son budget... D'ailleurs, je suis jeune... Quoique j'aie fait des études assez sommaires, il me sera peut-être facile de trouver un emploi dont les appointements suppléeront aux revenus d'une dot absente... J'y vais songer ; je chercherai, je trouverai... Sans doute rien n'est possible en province ; mais à Paris les hommes possédant un nom se casent assez aisément dans des administrations financières.

M. de Gailhac se leva.

Ernest de Blosville n'osa soutenir son regard et répéta d'une voix indistincte :

— Je vous en supplie, monsieur, croyez à tout mon dévouement pour votre famille, à ma tendresse pour Mlle Blanche... Je partirai pour Paris demain... Répétez à votre fille...

— Je sais, monsieur, ce qu'il convient que je lui dise, fit le procureur général.

Il salua d'une façon hautaine et sortit.

Ernest de Blosville le reconduisit gauchement.

Se sentant deviné, honteux du rôle qu'il jouait, n'ayant pas le courage d'épouser sans dot cette adorable fille, diminué devant lui-même, il resta un moment immobile, appuyé contre la fenêtre, tandis que le procureur général tournait la cour du petit hôtel.

Il ne se dissimulait nullement sa lâcheté et l'avarice dont les doigts crochus lui crispaient en ce moment le cœur. Certes, avec sa fortune personnelle, il aurait pu vivre indépendant, heureux, près d'une jeune femme dont il se savait aimé. Mais, égoïste et vaniteux, il se fût trouvé privé d'une partie des jouissances auxquelles il attachait le plus de prix.

Sacrifice pour sacrifice, autant valait-il consommer le plus rapide et celui qui entraînerait après lui le moins d'obligations.

Après être resté un moment seul afin de se remettre de la commotion reçue, il ouvrit la porte du fumoir où l'attendaient ses amis.

Sa pâleur et le bouleversement de ses traits frappèrent les compagnons de sa vie facile.

— Mes amis, dit Raoul de Valloge, Ernest était trop heureux ; il a oublié de jeter son anneau à la mer et une catastrophe soudaine fond sur lui.

— Le mot est peut-être exagéré, répondit Ernest en essayant de reprendre un peu d'aplomb. Croyez-vous le mariage absolument nécessaire au bonheur?

— C'est selon comment on entend le bonheur, dit Raoul.

— Vous allez voir qu'Ernest ne se marie plus.

— Son beau-père a été scandalisé.

— Il a appris l'existence d'un chiffre honorable de dettes en souffrance.

— Rien de tout cela, mes bien bons! M. de Gailhac-Toulza me rend ma parole, parce qu'il ne peut doter sa fille.

— J'espère que tu ne la reprends pas? dit Raoul.

— Oh! les grands sentiments sont une belle chose, mais je suis un homme pratique, moi! Je ne puis vivre convenablement sans avoir cinquante mille francs de revenus.

— De sorte que...

— ... je ne me marie plus!

— Pauvre fille! dit Saint-Villiers, oui, pauvre fille!

— Heureuse fille, plutôt! répliqua Raoul; avec ses qualités et sa tendresse, que fût-elle devenue près d'un mari qui l'aime assez peu pour la marchander?

— Oh! tu en prends à ton aise, toi! Une femme sans dot...

— Si je n'avais point jusqu'à ce jour mené une vie de désordre, reprit Raoul, la sachant aujourd'hui sans fortune, j'irais dire à son père : Je sais ce que vaut votre fille; je vous jure de me corriger et de la rendre heureuse... Faites-moi l'honneur de m'accorder sa main.

— Et il te refuserait, parce qu'elle portera mon deuil.

— Ah! tiens, fit Raoul, je me souviens d'avoir été ton ami, et je ne veux pas t'adresser de paroles blessantes; mais c'est vraiment trop! Et de ce jour je ne te tendrai plus la main.

Il se leva et sortit.

— Mes chers amis! fit Ernest de Blosville, nous avons déjeuné pour enterrer ma vie de garçon, nous souperons pour la ressusciter.

Il alluma un cigare, et un quart d'heure après les éclats de sa gaieté retentissaient dans le salon japonais.

. . . .

Le lendemain Blanche, assise aux pieds de sa mère, le front appuyé sur les genoux d'Aimée et couvrant ses yeux de sa main, dérobait même aux regards de Mme de Gailhac les pleurs ruisselant sur ses joues. Par un mouvement machinal elle cherchait à son doigt une bague absente, et de son sein soulevé par des sanglots s'échappaient de longs soupirs. Elle ne parlait point. A quoi bon? Qu'aurait-elle pu dire? Sa mère ne tentait pas même de la consoler.

La veille, en revenant de faire à Ernest de Blosville une visite terminée par une rupture, le procureur général rejoignit dans le boudoir sa femme et sa fille. Son visage portait une telle empreinte de tristesse que Mme de Gailhac comprit tout de suite quel était le résultat de sa visite. Elle attira sa fille dans ses bras; puis, doucement, comme si elle eût eu peur de briser cette main frêle en même temps que le jeune cœur qui battait à coups pressés en s'appuyant sur sa poitrine, elle enleva l'anneau de fiançailles dont le gros diamant brilla comme une larme.

Blanche sourit doucement.

— Ernest a donc besoin de cette bague pour acheter mon alliance ? demanda-t-elle.

M. de Gailhac se détourna. Aimée couvrit le front de sa fille de baisers brûlants.

Pendant ce temps Henri replaçait la bague dans son écrin et donnait ordre à son domestique de le porter chez M. de Blosville.

Blanche, alarmée par le ton avec lequel son père donna cette commission, leva les yeux vers sa mère.

— Emmène-la, dit doucement le procureur général.

Blanche sentit en ce moment que le malheur était sur elle et que toutes ses espérances d'avenir s'écroulaient. Il ne lui vint pas cependant à l'esprit que le changement survenu dans sa fortune pût être pour quelque chose dans ce nouveau désastre. Elle qui eût chéri Ernest de Blosville pauvre et inconnu ne comprenait pas que, après avoir convoité sa dot, il la repoussât quand il la savait sans fortune. Mille pensées rapides lui traversèrent le cerveau ; à la fin, n'en pouvant plus d'angoisses, elle serra plus fort ses bras autour de la taille de sa mère.

— Que se passe-t-il ? demanda-t-elle. Que se passe-t-il ?

— Ma chérie, tu avais fait un rêve dont Dieu te réveille. Ernest de Blosville...

— ... part demain pour Paris.

— Alors, mon mariage ?...

— ...est rompu sans retour.

Elle s'affaissa sans cris, sans pleurs ; sa vie l'abandonnait ; elle céda au coup qui l'atteignait sans tenter même de se défendre.

Mme de Gailhac voulut lui adresser quelques mots de consolation, Blanche posa ses doigts sur les lèvres de sa mère.

— Tais-toi, lui dit-elle, tais-toi... En ce moment je ne saurais rien entendre...

Ce cœur d'enfant se brisait. Elle devinait confusément des choses lâches et viles.

Aimée de Gailhac la laissa à son chagrin sans essayer de la distraire. Elle passait sa main dans la chevelure brune de la jeune fille, l'appelait sa chérie, l'ange de sa maison, lui répétait qu'elles ne se quitteraient jamais et qu'elle l'aimerait d'autant plus qu'elle commençait à souffrir. Blanche ne répondait rien. Seulement elle trouvait une douceur secrète dans les caresses de cette mère dévouée qui souffrait avec elle et la laissait pleurer sans essayer de lui arracher l'aveu de sa douleur.

Les heures passèrent sans amener de changement ; Mme de Gailhac laissa sa fille seule pendant le moment du dîner auquel elle assista, puis elle revint près d'elle. Blanche se jeta sur son lit à une heure assez avancée, et sa mère la veilla, comme au temps où elle était toute petite.

Ce fut seulement quand sa fille dormit d'un sommeil alourdi par la fièvre que Mme de Gailhac rejoignit son mari.

Celui-ci tenait une lettre à la main.

— Lis, dit-il, en la tendant à sa femme.

Ernest de Blosville essayait de masquer la lâcheté de sa conduite sous un semblant de résolution virile. Il annonçait à M. de Gailhac qu'il se rendait à Paris, afin d'y chercher un emploi honorable et lucratif. Il ajoutait que, dès que sa situation le lui permettrait, il reviendrait rappeler au procureur général sa promesse et prendre pour femme celle qu'il considérait toujours comme sa fiancée.

— Le lâche! dit Aimée.

— Je ne veux pas que notre fille connaisse aujourd'hui même la cause de son abandon ; nous ne pouvons cependant lui en faire mystère. Si elle croyait M. de Blosville digne d'elle, elle le regretterait ; pour son repos, elle doit le dédaigner.

Les deux époux passèrent une triste soirée. Des coups rapides les atteignaient à la fois ; ils gardaient la prévision que de nouvelles épreuves les attendaient. Enfin ils se quittèrent les yeux humides, les mains brûlantes, mais forts d'une tendresse qu'ils savaient inaltérable.

Celle qui prie là, c'est la publicaine. (Voir page 111.)

CHAPITRE X

LE CREUSET DES ÂMES

Toute la nuit Blanche pleura.

Le lendemain matin elle sortit avec la grande Lise, sa femme de chambre, et se rendit à la chapelle des capucins.

Elle savait que son oncle, le Père François d'Assise, célébrait la

messe à huit heures ; elle voulait y assister, espérant que de cette
main chère tomberaient sur elle d'abondantes bénédictions.

Tandis que Lise prenait de l'eau bénite, le Père François pénétra
dans la chapelle, et son regard tomba sur sa nièce prosternée.

A la façon dont la pauvre enfant était agenouillée, il était facile
de deviner ce qui se passait en son âme.

Entrez dans une église, observez, pendant un instant, l'attitude
des diverses personnes qui s'y trouvent, et en quelques minutes
vous aurez découvert tour à tour les pharisiens et les publicains, les
tristes, les souffrantes, les extatiques.

Cette femme en riche toilette, dont le livre d'heures est du dernier
goût, car la mode s'étend jusqu'à la reliure des missels, qui s'age-
nouille avec une grâce étudiée, donne un tour élégant à son manteau et tient son livre avec le geste de Marguerite sortant du
temple, vient à l'église moins pour prier que pour se faire voir. Elle
porte une toilette de sermon, correcte, grave, un peu puritaine,
comme elle a une toilette de luxe très tapageuse ou une toilette de
plage d'une apparente simplicité. Elle prie du bout des lèvres, adressant à Dieu des phrases qu'elle a la chance de trouver toutes faites
dans son livre, car sans cela cette jolie personne ne saurait que lui
dire. Parlerait-elle de son mari ? Elle le trouve très supportable : il
lui remet assez d'argent pour sa toilette et lui témoigne de grands
égards. De ses enfants ? Ils sont les plus mignons du monde, élevés
à l'anglaise, par une belle fille d'Albion qui les pomponne toute la
journée et les lui amène en cérémonie quand ils sont vêtus de broderies et sanglés très bas de larges ceintures formant derrière un
nœud fantastique. De ses serviteurs ? Ce n'est guère la peine. Cher
payés, grassement nourris, ils sont corrects, comme sa maison,
comme ses voitures, comme tout ce qui l'entoure. Elle souhaite
que toutes choses continuent à marcher de la sorte, et, pour l'obtenir, elle répète un *Que votre volonté soit faite* dont le sentiment
n'effleure pas encore son âme.

A côté d'elle est posée sur sa chaise, dans une attitude fière et
raide, une femme au visage anguleux, appartenant à une foule de
bonnes œuvres ; quêtant pour les pauvres, les visitant au besoin,
elle leur parle d'une voix dure, les accuse de leur misère, les
menace du châtiment du ciel, profite des épreuves d'autrui pour se
draper dans son bonheur. Elle mène une conduite régulière comme

un chronomètre, se vante hautement de sa vertu, se drape dans ses qualités « exceptionnelles », mais reste sans indulgence pour autrui, sans compassion sincère. Elle tyrannise son mari, terrifie ses enfants, effraie ses domestiques. Elle croit avoir gagné au ciel la première place parce qu'elle assiste régulièrement aux offices, demeure quotidiennement à genoux un nombre de minutes déterminé, jeûne les jours où l'Église l'ordonne et fait maigre durant le carême. Celle-là parle à Dieu le visage découvert, face à face, comme Job, et discute avec lui. Les anges passent, ils ne la voient pas. Mais si le regard d'un prêtre, ce regard au fond duquel se trouvent à la fois la sagacité et la profondeur, tombe sur elle, il reconnaît une pharisienne et s'éloigne.

A quelques rangs plus loin se trouve une créature très pâle, au visage émacié, aux yeux éclairés d'une flamme vive, flamme intérieure, jetant son reflet sur un visage transfiguré par la prière. On ne voit point remuer ses lèvres; ses mains jointes avec force, son front levé suffisent pour indiquer l'ardeur de son invocation. A celle-là Dieu parle, et « sa servante écoute ». Le miracle de l'entretien sublime de Jésus avec sa servante se renouvelle. Il l'appelle : Marie! — Elle répond : Maître! Pour celle-là, l'église est sa maison ; elle a beau en sortir, elle y laissera son âme, sa prière y flottera tout le jour au milieu des parfums des fleurs et des fumées de l'encens. Enviez-la ; c'est une Sulamite aux mains pures, tenant dans ses mains un vase de nard et gardant son cœur vierge de toute attache au monde.

Dans les bas-côtés, près d'un pilier dont l'ombre la noie, voyez-vous cette femme courbée sur le prie-Dieu? Celle qui prie là, loin de tous, comme si elle ne se jugeait pas digne de frôler les vêtements des autres chrétiennes, cette créature qui cache dans ses mains les larmes roulant sur ses joues, et qui frappe sa poitrine avec un geste douloureux, c'est la publicaine. Elle a souffert, elle a passé à travers les abîmes des amours humaines et des passions dangereuses : elle en sort à peine, les mains déchirées à toutes les ronces, les genoux meurtris pour être tombée sur une route coupée de rocs et de précipices. Elle a cru à des paroles menteuses; elle a fixé ses yeux sur des mirages, elle a crispé ses doigts à des appuis fragiles; maintenant, condamnée au travail de l'ouvrière, elle étouffe des sanglots, elle tend ses mains frêles, elle n'entend plus que des

éclats de rire moqueurs. Tout lui manque : passion, espoir, confiance. Elle vient à Dieu, Chananéenne demandant les miettes de
la table; aveugle, suppliant le Sauveur de poser sur ses yeux un
peu de la boue qu'ont pétrie ses doigts sacrés. Elle tend les bras
pour saisir la « frange du manteau » dont le contact la doit guérir...

Celle-là, les anges du sacrifice et de la pénitence la voient; leurs
regards divins se posent sur elle avec une expression de commisé-
ration sublime; encore un moment, et ils entonneront un cantique
d'allégresse pour célébrer le retour de cette brebis égarée, de cette
vierge folle dont la lampe s'était éteinte et qui la rallume au feu de
l'amour céleste.

Près de l'autel, bien près, se courbe une vieille femme du peuple,
en coiffure de toile couvrant des cheveux blancs. Elle répète lentement, en roulant un chapelet de bois enchaîné de fer dans ses doigts
noués par le travail et par les douleurs, des paroles toujours les
mêmes. La douce, l'humble créature ne se préoccupe pas de ne
redire que ces mots, elle n'en sait pas d'autres. Peu lui importe. On
lui apprit qu'ils allaient à Dieu et qu'ils suffiraient pour ouvrir la
porte du ciel; cela lui suffit. Ils parlent de la Vierge que les anges
et les saints saluent, de Jésus qu'ils présentent à l'adoration de la
terre, de la faiblesse de l'humanité pécheresse, de l'heure de la mort
qui viendra pour tous, et pour les dangers de laquelle elle demande
que la Mère divine lui soit en aide. C'est une simple d'esprit, une
âme de bonne volonté, une créature humble, qui trouve la loi de
Dieu juste et sa providence insondable. Elle a connu le froid, la
faim, le travail et l'angoisse; son mari fut un rude et mauvais compagnon, ses enfants la négligeaient; elle mourra seule dans une
chambre froide, sans autre visite que le dernier Ami; elle ne s'en
effraie point, et ses lèvres abaissées, par la vieillesse et par les larmes,
rappellent à Marie d'avoir pitié d'elle à l'heure suprême.

Il en est d'autres, fronts baissés dans les mains jointes, les bras
posés sur l'accoudoir du prie-Dieu, le corps immobilisé dans l'adoration et l'invocation, âmes dont le secret échappe au regard des
hommes. Mais quelle ferveur dans cet agenouillement! quelle foi
dans le geste! quelle confiance et quelle résignation dans cette attitude! Croyez-le, les femmes qui prient ainsi s'en retournent puri-
fiées et riches de grâces reçues.

- Blanche était dans la chapelle près de l'autel, le visage enseveli dans ses doigts, pleurant sans bruit, ne demandant pas.compte à Dieu de la meurtrissure de son cœur, mais lui répétant : « Je souffre ! » comme l'aveugle.criait : « Fils de David, ayez pitié de moi ! » Elle priait par sa résignation même, attendant l'heure de. demander à celui qui dirigeait son âme le baume capable de guérir sa souffrance.

L'office terminé, le Père François d'Assise se dirigea vers son confessionnal, Blanche l'y attendait. De fautes, elle n'en avait point à avouer ; comme un enfant elle venait se jeter dans les bras d'un père, et à lui, au frère de son père, investi d'un rôle qui lui conférait le don de consolation, elle osa demander pourquoi Ernest de Blosville l'avait abandonnée.

Le religieux lui révéla le secret de la ruine paternelle et le tranquille héroïsme avec lequel son père s'était dépouillé pour restituer sa fortune à Guillaume Andrezel.

— Il a bien fait, dit-elle ; il n'a consulté que ses fils, mais sa fille l'eût approuvé comme eux. Je suis pauvre, pauvre ! C'est une dot que convoitait celui sur qui reposaient toutes mes espérances... Il ne m'a pas assez aimée pour vivre modestement avec moi... pourquoi le regretterais-je ? Ne devrais-je pas trouver dans mon orgueil la force de le mépriser ?

— Mon enfant, lui répliqua le Père François, ne méprise personne, même les faibles ; mais dis-toi que Dieu te protège en t'empêchant de devenir la femme d'un homme capable de mettre en balance la dot qui te manque et les vertus qui te restent.

Elle écouta cette voix consolante et grave, et, quand elle sortit de l'église, elle se sentait plus d'énergie ; sa résolution était prise d'oublier ; elle y travaillerait et, le souvenir de l'offense reçue aidant, elle était certaine d'y parvenir.

Quand elle rentra, sa mère et Eugénie Andrezel l'attendaient au salon.

La veuve de Claude se rapprochait d'autant plus d'Aimée de Gailhac qu'elle voyait la famille frappée d'une façon inattendue. Le mariage projeté avait trop occupé la ville pour que sa rupture ne fît pas grand bruit. M° Yves Ponsagrif ne se gênait point pour flétrir la race des gommeux et des crevés qui traîne la paresse et poursuit le cours de ses folies sans garder au cœur un seul sentiment chevaleresque et loyal. Il ne manqua point de dire sa pensée sur Ernest de Blosville à son brillant confrère, M* Lescalle. Celui-ci avait vu de près la jeunesse qui s'amuse à Paris et gardait des idées trop positives au milieu de ces goûts frivoles pour ne point approuver son client. Il en résultait des combats de paroles qui laissaient Lescalle écrasé et confus sous les véhémentes apostrophes de Ponsagrif.

Ce fut chez ce dernier que Guillaume Andrezel se rendit afin de lui parler de l'étrange confidence faite par M. de Gailhac, au sujet de l'héritage de Bertrand de Villandrant.

Le vieux notaire lui répondit avec une sorte de brusquerie :

— J'aimerais mieux, à vrai dire, ne point me charger de cette affaire ; je serai franc avec vous. Sans aucun doute, vous avez subi un effroyable malheur, et rien ne pourra vous rendre votre père. Mais Henri de Gailhac paie chèrement l'erreur du jury qui condamna Claude Andrezel... Quand je dis Henri de Gailhac, je me trompe, ce sont ses enfants, Blanche surtout, Blanche qui n'a plus de dot, Blanche dont le mariage était arrangé, le contrat dressé, qui a vu partir pour Paris ce petit de Blosville.

— L'aimait-elle beaucoup? demanda Guillaume d'une voix tremblante.

— Plus qu'il ne valait certainement. Un ange, Blanche ! Je n'ai jamais vu jeune fille plus belle, plus parfaite ! Mais nous vivons dans un temps où les vertus ne comptent guère, et qui sait si Mlle de Gailhac-Toulza ne coiffera pas Sainte-Catherine...

Il s'arrêta un moment ; puis, regardant Guillaume en face :

— Avez-vous vu ce testament qui instituait votre père légataire de M. Bertrand de Villandrant ?

— Non, répondit Guillaume.

— Eh bien! moi, à votre place, j'aurais voulu le voir... en héritier à un degré si faible. M. de Villandrant restait si bien le maître de sa fortune qu'il pouvait, sans faire de tort à qui que ce soit, la léguer à un ami... Et ce n'est qu'après avoir lu ledit testament que je trouverais loyal d'accepter le sacrifice de M. de Gailhac.

— Douteriez-vous de la parole de votre confrère qui affirme l'avoir vu dans son étude?

— Un notaire doute toujours.

— D'après vous, ma conscience m'oblige à fournir des preuves des volontés premières de mon oncle?

— Oui! répondit le notaire.

— Et c'est à cause de l'ignorance où vous êtes de l'existence de ce testament qu'il vous répugne de me conseiller relativement à l'emploi de cette fortune?

— D'abord.

— Ensuite?

— Parce que je vous regarde comme l'auteur du malheur de Blanche.

— Monsieur, répliqua Guillaume, c'est assez d'une honte et d'un malheur dans la famille. Avant deux jours je vous rapporterai de Vitré le testament dont vous parlez, testament qui demeura valable jusqu'au jour où M. de Villandrant en écrivit un second qui nous dépouillait au profit de la famille de Gailhac.

— Bien, répondit le notaire, je vous attendrai dans trois jours.

Guillaume Andrezel revint chez lui très perplexe, troublé à la pensée qu'on pouvait s'étonner de le voir accepter le dépouillement complet de M. de Gailhac, et que quelques-uns le pouvaient même soupçonner d'abuser de sa situation et de peser en quelque sorte sur la conscience du procureur général.

A aucun prix celui-ci ne devait être accusé de profiter de l'erreur judiciaire dont Claude avait été victime.

Mais sur quoi se basait l'obligation de la restitution?

Sur un mot de Mᵉ Fourois, affirmant qu'il possédait le testament de Bertrand de Villandrant; si ce testament n'existait point, qui pourrait affirmer que l'intention de Villandrant n'avait pas toujours été de léguer sa fortune à son meilleur ami?

Guillaume regagna tout soucieux l'hôtel du magistrat. Celui-ci s'occupait avec une grande activité de la revision du procès de Claude et de l'expédition à Paris des pièces nécessaires. Il cherchait dans un travail acharné l'oubli de peines morales mille fois plus grandes que la privation d'une richesse dont il jouissait sans s'y attacher. Cette découverte de l'innocence de Claude et de la culpabilité du braconnier, en lui permettant de constater la générosité d'âme de Didier et de Francis, lui montrait sous son véritable jour le caractère de Robert. Celui-ci mettait l'argent plus haut que l'honneur, et le procureur général se demandait si quelque jour celui-là ne ferait pas à son nom une tache ineffaçable. C'était une grande douleur dont nul ne pouvait amoindrir les effets. Et Blanche, Blanche dont les regrets lui déchiraient le cœur! Oui, il devait travailler, travailler sans relâche, car dans le labeur seul il trouvait un moment d'oubli.

Après de longues journées consacrées à cette tâche, il retrouvait Aimée, toujours tendre et grave, l'encourageant par sa forte persévérance, se tenant à son côté, sentinelle vigilante, qui eût souhaité le pouvoir d'interdire au malheur de franchir la porte, mais qui, le voyant entré, imitait les anciens laissant le suppliant s'asseoir au pied de l'autel domestique. Elle ne tentait pas de lutter contre l'épreuve qui les étreignait corps à corps; il lui suffisait de montrer à son mari qu'elle restait debout, au sein du péril, fidèle durant les heures de tristesse. Il n'est pas toujours possible d'épancher le trop-plein de son âme. La douleur obéit quelquefois à une volonté qui interdit les confidences.

Ainsi le magistrat ne prononçait point le nom de Robert.

Cette réticence en révélait plus à Mme de Gailhac que ne l'eussent fait bien des paroles. Robert gardait sa place au foyer de la famille dînait avec ses frères et passait ses soirées dans le cercle intime des parents et des amis, mais on sentait et chacun devinait autour de lui que celui-là n'était point en communion d'idées avec les autres. On le tolérait, mais on ne l'attirait plus. Sans doute l'expression d'un regret, une bonne promesse pour l'avenir auraient suffi pour lui mériter le retour des affections qu'il s'aliénait; mais cette parole, il ne la prononçait point, et dans son cœur aigri il ne rêvait que le moyen de triompher des difficultés suscitées, pensait-il, par la délicatesse exagérée de son père.

Chose qui parut étrange à Didier et à Francis, Robert se rapprocha de Guillaume Andrezel. Sans attendre ses avances, il les prévint. Il semblait au premier abord que rien dans ce pâle jeune homme, élevé au milieu de la pauvreté, obligé de cacher son nom comme une faute et de demander à une autre nation une adoption qui lui permît d'en changer, ne fût capable d'attirer Robert, prêt à une lutte à outrance afin de gagner l'or qui procure les jouissances de la vie. Et cependant il témoignait au jeune médecin une sympathie dont celui-ci parut touché. Guillaume gardait la timidité des souffrants. Le prévenir était lui rendre service. Bien qu'instinctivement il devinât que Francis et Didier lui offriraient une affection moins démonstrative, mais plus fidèle, il ne resta point insensible à l'empressement de Robert, et bientôt un sentiment imprévu vint donner une nouvelle force aux liens de cette amitié.

Guillaume avait jusqu'à cette heure vécu dans un éloignement absolu du monde. Hors sa mère qui remplaçait tout pour lui, rivé à son foyer dénudé par une pauvreté implacable, sachant que dans l'avenir il aurait à faire des revendications terribles, il n'avait jamais laissé s'égarer sa pensée sur un projet d'avenir personnel. Le devoir le clouait près d'une mère aux cheveux blancs, vivant par le souvenir, et préparant la revanche de son honneur ; pouvait-il donc lever les yeux sur une jeune fille, écouter son cœur battre et se comparer aux autres hommes ?

Tandis que dans sa chambre glaciale, durant les longues soirées de l'hiver, il assemblait les pièces d'un squelette, gardait-il la puissance d'évoquer le fantôme d'une fraîche fille aux joues roses, couronnée de cheveux blonds ? Dans sa nuit noire il ne devait rien appeler de ce qui s'appelle le printemps, la beauté, la jeunesse !

Le fils d'un condamné à mort, d'une veuve qui, à chaque funèbre anniversaire, lui tendait un mouchoir ensanglanté, en répétant : « Tu vengeras ton père ! » devenait une sorte de paria n'ayant nul droit aux joies des autres hommes.

Il évitait même de se rapprocher des camarades de son âge portant, écrite sur leur visage, une croyance naïve aux joies réservées à chacun de nous. Vivant sans ami, parce qu'il ne pouvait avouer ni son passé ni son présent, il amassait en lui des tristesses dont rien ne saurait rendre la profondeur.

Jusqu'au jour où il toucha au but pour lequel sa mère l'avait élevé, il ne s'aperçut pas trop de la différence de sa vie avec celle de ses camarades. La nécessité le pressait, il s'abandonnait à son étreinte, dût-elle être mortelle. Mais quand les révélations de Méloir lui eurent rendu la certitude que son nom serait lavé d'une tache sanglante, quand il vit qu'une fortune inattendue allait lui être remise, il redressa tout à coup le front, et subitement son cœur comprimé se dilata. Il compta les années écoulées depuis qu'il était au monde... Il se trouva jeune : vingt-sept ans ! Il se regarda curieusement devant une glace, étudiant les traits de son visage, et, sans une pâleur qu'il devait garder toute sa vie, et l'expression d'un regard sérieux jusqu'à la douleur, il put se dire qu'il était beau. En quelques jours le chétif médecin de campagne, couvert de vêtements élimés et rendu timide à force de souffrir, acquit l'élégance de ceux qui l'entouraient. Ses magnifiques cheveux noirs dégagèrent un front de penseur; il parut apprendre à sourire; si les prunelles gardèrent leur expression méditative, elles s'éclairèrent parfois cependant d'un éclair. Oui, Guillaume devenait jeune et beau, et sa mère assistait à cette métamorphose avec un bonheur muet.

Mais en même temps le docteur Andrezel regarda autour de lui : à côté de sa mère, cette héroïne d'un foyer en deuil, d'Aimée de Gailhac, cette sainte de la famille, il vit Blanche, dans la beauté de ses dix-huit ans, Blanche plus touchante sous ses premières larmes qu'elle ne l'avait jamais paru dans l'épanouissement de sa félicité.

Il vit Blanche, et l'image de la jeune fille lui entra d'autant plus soudainement dans le cœur que sa douleur était pour ainsi dire l'œuvre d'Andrezel.

S'il n'était pas venu, lui, l'intrus de cette soirée de fiançailles, la fille de M. de Gailhac serait à cette heure la femme d'Ernest de Blosville. Elle serait heureuse. Elle sourirait à son mari, elle chanterait de cette voix harmonieuse qui séduirait tous ceux qui l'entendraient.

Alors Guillaume était tenté de se reprocher l'accomplissement d'un devoir sacré, parce que ce devoir avait coûté le bonheur de Blanche; puis tout d'un coup il se répétait :

— Eh bien! non, non! elle n'aurait pas été heureuse! Son idole avait des pieds d'argile, tôt ou tard le désenchantement l'aurait tuée. Valait-il donc une seule pensée de cet ange, l'homme qui, la croyant ruinée, renonce lâchement à l'épouser. Ah! si j'avais eu cette joie de me voir promise une jeune fille semblable à Blanche, c'eût été avec un cri de triomphe que j'aurais appris sa ruine. Je l'aurais voulue pauvre, sans dot, et j'aurais travaillé pour la rendre riche! Rien ne m'aurait coûté pour lui offrir ce qu'elle eût rêvé. N'eût-elle pas été de la sorte deux fois à moi? Blanche! ajoutait-il avec une singulière expression de douceur, je sacrifierais ma vie, cette vie qui deviendra utile une fois mon œuvre accompli, pour qu'elle me tendît la main en me disant : « Je vous aime, comme j'aime Didier et Francis! »

Ce fut sous l'empire d'un sentiment contre l'envahissement duquel il n'essaya pas même de lutter qu'Andrezel reçut les avances de

Robert. Celui-ci, qui paraissait lire au dedans de son âme et deviner ses pensées presque avant qu'elles fussent écloses, comprit vite quel amour complet, généreux, enthousiaste, croissait dans l'âme de Guillaume. Sans paraître en rien voir, il agit de façon à s'emparer de son esprit. Il parla de Blanche avec abandon, il en parla sans cesse, entretenant dans l'âme du médecin le feu d'une passion inguérissable. Si le jeune homme avait manqué de confident, peut-être aurait-il tout de suite avoué à sa mère ce qui se passait en lui, mais Robert se trouva là juste à point pour écouter de longues causeries dans lesquelles revenait comme un refrain un nom aimé. Il gardait l'adresse de ne pas demander son secret à Guillaume, et celui-ci se croyait bien fort de le taire, quand dès le premier jour il était deviné.

Suivant la pente naturelle de la tendresse vraie qui conduit au dévouement, Guillaume en vint à s'accuser d'avoir jeté dans la famille de Blanche la ruine et la désolation.

Les paroles d'Yvon Ponsagrif lui revinrent à la mémoire avec une force nouvelle.

Tant qu'il s'était agi pour lui de demander qu'un arrêt solennel lavât son père de l'accusation d'un crime et rendît à son tombeau les tristes honneurs d'un grand deuil, Andrezel avait été dans son rôle. N'en sortait-il point en acceptant une fortune? Dépouiller Blanche, n'était-ce pas s'amoindrir, presque se déshonorer? Et pourtant avait-il le droit de condamner sa mère à une gêne perpétuelle? En acceptant l'héritage de Bertrand de Villandrant il voyait devant lui s'ouvrir un avenir magnifique. Ses affaires terminées à R., il partait pour Paris, s'y installait et, mis à l'abri de toutes les mesquines questions d'argent, il se livrait d'une façon passionnée à son amour pour l'étude.

Des connaissances spéciales, des travaux entrepris dans un autre milieu, sous un ciel étranger, des voyages dans des régions d'où il avait apporté des idées neuves, demandant seulement, pour faire un chemin rapide, du temps, de l'argent et de la volonté, toutes choses dont il disposait alors, et lui vaudraient bientôt une place à part dans la science. Devant lui s'entr'ouvriraient les rangs de ceux qu'on appelle les princes de la science. Il se ferait un grand nom, et sa mère serait fière, et il la payerait amplement de tout ce qu'elle avait souffert.

Oui, mais Blanche? Il ne la verrait plus jamais; elle restait là repliée sur elle-même, cachant aux regards de tous le secret de son âme brisée, n'attendant rien de l'avenir; ne comptant plus, comme c'est le droit de toute jeune créature de son âge, avoir à son tour une maison et une famille. Dédaignant les hommes pour la faute d'un seul, elle vieillirait dans l'antique hôtel qui avait abrité tant de joies. A la pensée de ne plus vivre à côté de cette charmante créature, il se sentait pris d'une si profonde douleur qu'il se demandait si la pauvreté n'était pas mille fois préférable à une richesse que Blanche ne partagerait pas.

Et alors le souvenir des paroles du notaire lui revenait à la mémoire.

Une lutte de générosité devait s'engager entre M. de Gailhac et Guillaume Andrezel.

Si le notaire de Vitré, M⁰ Fourois, possédait véritablement un testament par lequel Claude avait jadis été désigné comme héritier de M. Bertrand de Villandrant, Guillaume pouvait accepter cette fortune; mais si le testament ne prouvait point des volontés antérieures à la condamnation du malheureux Claude, son fils ne se croirait pas le droit de reprendre au procureur général la fortune de son ami.

— Eh bien! pensa Guillaume, j'irai à Vitré. Ma mère m'aime assez pour approuver ce que je croirai devoir faire.

Hélas! n'était-ce point la pensée de Blanche qui influait sur ses résolutions comme elle allait influer sur sa vie?

Il parla de ses années de lutte, de ses souffrances. (Voir page 129.)

CHAPITRE XI

LES AMBITIONS DE SATURNIN VERDURE

Ce matin-là Saturnin Verdure s'éveilla avec des idées d'ambition. C'était un pauvre être, élevé à demi par la charité d'un oncle qui, n'ayant point poussé ses munificences jusqu'à lui faire apprendre le grec et le latin, le réduisit à l'âge de dix-sept ans, n'étant nanti que d'un léger bagage d'orthographe et de calcul, agrémenté d'une cursive magistrale, à entrer en qualité de clerc dans l'étude de Mᵉ Fourois, le plus recommandable des notaires de Vitré. Fourois, qui n'était pas doué du meilleur des caractères, renvoyait souvent ses domestiques sous des prétextes futiles, et Saturnin Verdure en remplissait l'intérim avec la mauvaise humeur que cause une humiliation imméritée. Mais le malheureux était prévenu, par l'oncle généreux qui s'était occupé de son avenir, que, s'il abandonnait une position si honorable et si inespérée, jamais il n'obtiendrait un sou de sa fortune : or l'héritage de l'oncle Verdure rendait Saturnin circonspect. Il tirait bien sur la longe, mais il n'osait la briser. Quelquefois, après avoir, dans le silence des longues soirées d'hiver, lu des livres romanesques remplis d'aventures étranges, il s'attendait à recevoir la visite de quelque étranger bizarre avec qui il conclurait un pacte. On l'avait vu rôder dans la campagne à des heures tardives, flâner à des embranchements de chemins pendant la nouvelle lune, en tenant une poule noire sous le bras. Saturnin était un sournois, et certaines gens, le rencontrant à minuit dans des endroits ayant triste renom ou, au lever du jour, le long des ruisseaux où poussent les méchantes herbes, le regardaient de travers comme on fait d'un mauvais chrétien et d'un garçon inspirant de secrètes défiances.

Il ne semblait guère s'en soucier, et il accomplissait sa besogne avec un secret dégoût, mais une obstination régulière : rouage de l'étude de Mᵉ Fourois, il fonctionnait comme fait une machine suffisamment graissée. Le notaire, trop personnel pour s'attacher à quelqu'un, tenait à Verdure par les liens de l'habitude, plus forts qu'on ne le pourrait croire. Quelque chose lui aurait inévitablement manqué si ce grand garçon mal bâti, haut sur pattes comme un héron, aux paupières clignotantes, à la bouche tordue, aux mains osseuses, semblables à des araignées gigantesques, n'avait occupé sa place dans l'angle de la fenêtre. Un jour douteux tombait à travers les vitres à lentilles vertes brûlées par le soleil. Sous cette lumière terne Saturnin Verdure écrivait pendant dix heures consécutives, copiant des termes bizarres de la langue du notariat, s'usant à cette besogne sans pouvoir s'y intéresser.

Mais lorsque sa tâche finie, quand il avait le droit, après un maigre souper, de se retirer dans sa chambre et de s'y livrer à une orgie de lecture ou d'études cabalistiques, comme il oubliait vite son maître, la procédure et la vie abrutissante qui pesait sur lui comme un joug. Saturnin, pour maudire cette situation, que sa pauvre mère eût jugée inespérée, n'avait cependant pas l'excuse d'une haute intelligence : son étroit cerveau n'enfantait aucun noble rêve ; jamais il ne sentait s'éveiller en lui le goût des arts ou l'amour des lettres. Il appartenait à cette classe de gens qui aspirent aux brutales satisfactions de leurs sens. Saturnin eût aimé une cuisine grasse, lui, ce maigre efflanqué ! Il aurait souhaité voir reluire des carafons remplis de liqueur dorée ou vermeille. Quand il cherchait au fond d'un avenir impossible l'existence sardanapalesque à laquelle il aspirait, il voulait des coussins moelleux, des fauteuils profonds, des lits de duvet sur lesquels il dormirait tard sous la chaleur tiède de la plume dérobée au nid de l'eider. Ce pauvre, ce misérable, cet obscur se grisait de besoins de bien-être, et, lorsque, feuilletant de vieilles chroniques dans lesquelles on racontait que Satan, travesti en élégant cavalier, était apparu tantôt à un architecte pour lui offrir le plan d'une basilique destinée à illustrer sa mémoire, tantôt à un chevalier affolé d'amour afin de lui remettre la fiancée convoitée, tantôt à un novice incertain pour l'entraîner hors du saint cloître où il avait juré de revêtir le froc, Saturnin s'écriait, en montrant le poing à quelque esprit invisible :

— Viens ! viens ! je te vendrai mon âme !

Mais le Maudit n'apparaissait que dans les pages du volume apocryphe, et Saturnin, tenté par ses rêves, demeurait également impuissant pour le bien comme pour le mal.

C'était une âme sombre, disposée aux choses mauvaises.

L'impossibilité seule le laissait végétatif et incapable ; au fond de sa conscience, il criait l'incantation coupable, et l'esprit du mal y répond toujours. Non qu'il affecte d'apparaître sous la forme que lui prêtent les légendes ; mais, quelle que soit sa figure, il conseille les mêmes attentats et pousse aux mêmes fautes.

Il semble, du reste, qu'une pensée dangereuse attire fatalement le moyen de commettre un crime. Saturnin désirait l'occasion, et sa hâte de conquérir une fortune illicite devait lui servir de levier pour la trouver.

Un soir qu'il se rendait à un carrefour sombre dans lequel on affirmait que s'était conclu plus d'un pacte, signé d'une goutte de sang chrétien sur une pierre ayant servi à l'immolation de victimes destinées à apaiser la colère de Teutatès, le clerc de M° Fourois fut abordé par un homme enveloppé d'un manteau, dont le haut collet rejoignait presque les bords d'un chapeau rabattu sur le front. Du visage, il n'était possible de rien voir. Sans doute, cet homme connaissait les habitudes de Saturnin, car il marcha droit à lui.

— Mon jeune clerc, dit-il, point n'est besoin d'évoquer messire Satanas pour vous procurer jouissances et fortune, je tiens à votre disposition une somme de dix mille livres contre une complaisance qui ne vous coûtera qu'un bon mouvement.

Le premier sentiment de Saturnin fut qu'un bourgeois de Vitré, au courant de ses habitudes et connaissant ses ambitions, se gaussait de lui ; aussi s'empressa-t-il de répondre :

— Si jeune clerc que je sois, il n'est point facile de me faire entendre raillerie. J'imagine que vous n'êtes pas du pays ; sans cela, vous sauriez que Verdure ne vend point ses services.

— Parce que jusqu'à cette heure il n'en a point trouvé assez bon prix.

— N'ajoutez rien de plus et passons chacun notre chemin, ajouta Verdure.

— Pas avant que vous ayez vu les dix billets de mille francs.

— Est-ce qu'on se promène dans cet honnête pays avec des billets de la Banque dans sa poche, afin de les offrir à Saturnin Verdure, cumulant les emplois de maître clerc et de saute-ruisseau de M° Fourois?

— Cela dépend de ce qu'on veut lui demander en échange.

— Voyons d'abord les billets?

L'inconnu les tira d'un portefeuille, et, à la clarté de la lune, le clerc vit distinctement les figures de la Banque et les signatures des directeurs.

Mais en même temps il comprit que l'affaire à proposer devenait grave, et, s'asseyant sur la pierre noire, il fit signe à l'étranger d'y prendre place.

— Qu'exigez-vous? demanda-t-il.

— La remise d'un document.

— C'est grave.

— Vous connaissez tous les dossiers de l'étude?

— Je les ai étudiés comme si l'un deux me devait procurer une fortune.

— Vous ne vous trompez pas, si vous me donnez ce que je souhaite.

— J'écoute, fit le clerc.

— Il me faut ce soir même le testament de M. Bertrand de Vil-landrant.

Le clerc regarda l'inconnu autant que le permettaient le manteau montant trop haut et le chapeau descendant trop bas.

Il ne reconnut personne et, baissant la tête, il murmura :

— Dossier Claude Andrezel.

— C'est cela, répondit l'étranger.

— Et vous en avez besoin...?

— Cette nuit même.

— Cette nuit ! Vous me demandez une chose impossible... l'étude est fermée...

— Vous en avez la clef.

— Mᵉ Fourois couche dans la maison.

— Vous offrirais-je dix mille livres pour accomplir une chose facile?

— Je serai infailliblement découvert ! répliqua Saturnin.

— Le notaire dormira dans une heure.

— Sa servante?

— Ne s'éveille point avant l'angélus du matin.

— Des voisins peuvent me voir entrer et s'en étonner?

— Plus d'une fois vous avez travaillé la nuit...

Saturnin réfléchissait.

— La somme est forte, dit-il, très forte, si je songe à la médio-crité de ma situation. Pour que vous me l'offriez, il faut que la pièce dont vous avez désir ou besoin soit d'une grande importance?

— Naturellement, fit l'homme, et cependant, si votre âge vous permettait d'être au courant de choses déjà lointaines, vous sauriez que le testament qu'il s'agit de me communiquer est d'un effet nul, puisque des dispositions postérieures en ont annulé les clauses.

— Mais enfin, demanda Saturnin Verdure, pourquoi vous obsti-ner à me le demander tout de suite? Ce qui est ce soir d'une dif-ficulté extrême, ce qui m'expose à être pris pour un voleur et con-damné en cour d'assises, peut se faire demain le plus facilement du monde, en plein jour, sans danger pour personne.

— Eh! qui sait si demain il sera temps encore!

— Ce testament dort dans les cartons depuis vingt ans, il n'est guère probable que, juste au moment où vous en avez besoin, on vienne le réclamer à M⁰ Fourois.

— Si vous refusez, faites-le d'une façon catégorique, dit l'inconnu, et je suppléerai par mon audace à votre manque d'énergie; mais alors adieu les dix mille francs qui vous constituaient une petite fortune.

— Une petite fortune! Mais demain je devrai quitter l'étude où ma présence me semblerait un péril perpétuel. J'en veux trente mille ou rien.

— Je ne les ai pas sur moi.

— Allons à l'étude; vous me remettrez les dix mille que vous avez apportés et j'accepterai des billets pour le reste.

L'inconnu fit un geste de colère.

— Vous êtes exigeant, maître Saturnin!

— J'ai peut-être l'ambition de devenir notaire à mon tour.

— Venez donc!

Saturnin Verdure et son compagnon se dirigèrent vers la demeure de M⁰ Fourois.

Assez basse, et de construction fort ancienne, la maison se composait de deux bâtiments soudés l'un à l'autre. Le premier n'était destiné qu'à abriter une honnête famille de bourgeois, quand cent ans plus tard un de ses descendants devint notaire, ce qui parut un grand honneur pour la parenté.

Il devint alors nécessaire d'ajouter à la maison, dont le pignon aigu se profilait sur une rue étroite et basse, un pavillon dans lequel on installa l'étude. Il fut surmonté d'une chambre destinée à loger les parents venus de loin. Lorsque l'immeuble et la charge tombèrent par voie d'héritage entre les mains de Fourois, rien ne fut changé dans cet intérieur. Les murailles grises gardèrent leur tristesse, les fenêtres leurs vitres verdâtres givrées par le soleil. Le notaire se fit tout de suite vieux au milieu de ces vieilleries. A trente ans, il posait un toupet sur son crâne dégarni. Il végétait, ennuyé et ennuyeux, bornant ses distractions à quelques parties de cartes et à la lecture de documents trouvés dans des amas de titres que nul ne lui réclamait plus. Des révolutions avaient passé sur les parchemins, et parfois, avec une sorte de tristesse, le notaire, ouvrant un dossier poussiéreux, le feuilletait, puis, évoquant dans sa mémoire le souvenir de ceux qui n'étaient plus, il croyait voir revenir une autre époque, durant laquelle il avait respiré des roses, écouté le rire des enfants et les chansons des oiseaux égayés par l'avril.

Ce soir-là, assis dans sa chambre, il demeurait immobile, rassemblant les souvenirs d'un drame rendu vivant par les événements survenus. Les journaux lui avaient appris le retour de Guillaume Andrezel demandant la réhabilitation de son père. Il se rappelait Claude, cet homme de bien, si doux, si beau, si brave, et sa femme, cette belle créature tout en larmes qui s'était enfuie du pays où le sang de son mari avait coulé sur l'échafaud, en emportant dans ses bras son petit enfant.

Ce petit enfant était maintenant un homme. Un vaillant, un fort, un grand cœur, puisqu'il avait su livrer une bataille se terminant par une victoire. Il ne le connaissait point encore, mais il savait que le jeune homme ne manquerait pas de se présenter à son étude, quand ce ne serait que pour y consulter les papiers établissant les titres de propriété de Claude Andrezel.

Une fois la revision du procès terminée, les frais énormes entraînés par un procès injuste seraient restitués à Claude, et il aurait besoin des actes entassés dans les cartons de Mᵉ Fourois.

Du reste, bien que les feuilles de R. et du département eussent parlé de cette affaire, certains points en demeuraient encore obscurs. Mais Fourois ne se sentait jamais de hâte. Ce qu'il n'apprenait pas aujourd'hui, il savait qu'on le lui révélerait demain, ou la semaine suivante, ou le mois prochain. Les routiniers sont doués de patience.

Il rêvait vaguement à la façon de ceux qui négligent de suivre une pensée et que berce un songe mal défini. La curiosité ardente est fille de l'imagination, et le notaire en manquait.

Il fut tiré de sa demi-somnolence par un bruyant coup de marteau.

Il tressauta dans son fauteuil, tandis que Gilette se signait dans sa cuisine.

Celle-ci songea d'abord qu'il s'agissait d'un voleur, mais d'habitude ceux-ci s'annoncent peu ou, du moins, d'une façon moins bruyante. Elle n'alla pas ouvrir, et il fallut que son maître traversât le corridor pour lui demander :

— Eh bien! Gilette, pourquoi n'ouvres-tu pas?

— C'est facile à dire, monsieur : mais il est tard... dix heures et demie... pas de lune... Les honnêtes gens de Vitré sont dans leurs lits.

— Et si quelque malade a besoin de me dicter un testament, vieille folle !

— Celui-là pourrait décemment attendre à demain... Mais monsieur a raison... il est notaire, et chacun son état...

Gilette déverrouilla la porte avec bruit, enleva une énorme barre de fer, essaya inutilement de reconnaître quelqu'un à travers le croisillon du judas, et, tout en grommelant, elle entr'ouvrit la porte.

L'homme qui se tenait debout auprès, impatienté sans doute d'avoir attendu, poussa le battant avec une certaine vigueur et demanda à la servante effrayée :

— Puis-je voir votre maître?

— A cette heure-ci ! S'agit-il donc d'un testament?

— En effet, je viens pour un testament.

— Où monsieur doit-il se rendre ?

— Conduisez-moi dans son appartement.

La servante baissa la tête, mais Fourois, fatigué de ses lenteurs, apparut au sommet de l'escalier, et le visiteur lui dit avec un accent plein de déférence :

— Pardonnez-moi de vous déranger si tard, monsieur, mais l'affaire dont il s'agit est de la dernière importance.

— Gilette va vous éclairer, monsieur.

Le jeune homme, car sa démarche et le son de sa voix révélaient qu'il était dans la force de la jeunesse, gravit lestement le large escalier et pénétra dans la petite chambre. Le notaire lui désigna un fauteuil, dans lequel il se laissa tomber. Gilette resta un moment dans la pièce, tantôt remontant la lampe, tantôt tournant sans autre but que celui de demeurer davantage afin de saisir un mot de la conversation de son maître avec l'étranger.

Mais celui-ci désigna du regard la vieille femme, et, d'un geste, Me Fourois lui ordonna de sortir.

— Je suis à vos ordres, monsieur, dit alors le notaire.

Le visiteur se pencha vers l'officier ministériel :

— Mon visage ne vous rappelle-t-il personne?

Fourois leva ses yeux ternes sur le jeune homme, hésita, puis secoua la tête.

— Regardez-moi, regardez-moi bien! Cherchez dans le passé, bien loin, bien loin; derrière cette figure, évoquez-en une autre...

Une faible flamme brilla dans le regard du notaire, il étendit le bras vers son visiteur et laissa tomber ce nom syllabe par syllabe :

— Claude Andrezel.

— Je suis Guillaume, répondit le jeune homme.

Le notaire se rappelait maintenant l'avoir vu petit enfant innocent, courant avec les faons du parc, idolâtré de Claude et d'Eugénie, cette mère adorable dont la douce physionomie lui apparut dans le jour lointain du passé.

Une étreinte plus chaude qu'on n'en devait attendre de Fourois suivit cette reconnaissance, puis le jeune homme raconta ce qu'il avait révélé au procureur général. Il parla de ses années de lutte, de ses souffrances, de sa tardive victoire.

— Je compreds tout maintenant! dit le notaire. La visite de M. de Gailhac-Toulza, qui, pour moi, demeurait un mystère, s'explique ainsi que les questions qu'il m'adressa. Vous allez devenir riche, très riche... Dans sa droiture, jamais M. de Gailhac ne gardera une fortune qui, primitivement, vous fut destinée.

— Je comprends ce scrupule, dit Guillaume; il devait naître dans cette âme droite et loyale. Mais si M. de Villandrant, mon oncle, n'avait point écrit un testament antérieur à la condamnation de mon père...

— Il le fit et le mit en dépôt chez moi.

— Il peut l'avoir repris.

— Je m'en souviendrais.

— Il s'est passé beaucoup de temps depuis lors, et qui sait...

— J'oublie aisément les faits de la vie ordinaire; ce qui se rattache au notariat me demeure présent avec une lucidité incroyable. Mais jamais Bertrand de Villandrant ne m'. redemandé ce testament.

— Pouvez-vous me le remettre?

— C'est mon devoir, car il établit vos droits. J'espère bien que vous restez ce soir chez moi : la vieille Gilette vous préparera une chambre et demain vous partirez.

— Je vous demande pardon; je quitterai Vitré aussitôt que vous

m'aurez mis en possession de la pièce que je viens chercher. Ma
mère m'attend avec une grande impatience. Un jour, vous connaî-
trez le motif qui me fait souhaiter avec tant d'impatience avoir le
testament de mon oncle.

— Je suis tout à votre service.

Le notaire prit un flambeau, passa devant le jeune homme, et
descendit l'escalier à petit bruit.

Tout à coup il s'arrêta, la main sur la rampe de l'escalier dont
il s'apprêtait à franchir la dernière marche; puis, se tournant vers
Guillaume en posant un doigt sur ses lèvres, afin de lui commander
le silence, il remonta vers lui et murmura à son oreille :

— Êtes-vous armé?

Guillaume lui tendit un revolver.

Le notaire abrita le flambeau derrière le battant d'une armoire,
puis il attendit le jeune homme.

— Je ne sais si je me trompe, fit-il, mais j'ai cru entendre du
bruit dans l'étude.

— Allons, fit Guillaume.

Tous deux se rapprochèrent.

Le notaire avait raison. Un mince filet de lumière glissait sous
les battants de la porte. Il saisit le bouton d'une main ferme, le
tourna avec une prudente lenteur, et la porte entre-bâillée laissa
voir deux hommes fouillant dans les cartons verts d'un meuble
allant du plancher au plafond.

D'un bond Guillaume s'élança sur l'un des voleurs, tandis que le
notaire, lâchant la détente du pistolet, cassait le bras du second,
qui s'appuya contre la muraille en poussant un cri de rage et de
douleur.

— Grâce! grâce! fit le misérable que Guillaume venait de saisir
à la gorge, ne me tuez pas, je n'ai rien volé : il n'y a point d'argent
dans l'étude, le patron le sait...

— Saturnin! fit M⁰ Fourois; Saturnin, mon clerc!

Il ajouta en s'adressant à Guillaume :

— Lâchez-le; nous le tenons par sa faute même. Mais l'autre!
l'autre...!

Le complice de Saturnin Verdure, en dépit de sa blessure, voyant
qu'on se préoccupait davantage du clerc, tenta de franchir la fenêtre qui lui avait servi d'entrée.

Mais Andrezel bondit vers lui, le prit par l'épaule et fit tomber à terre le chapeau qui lui couvrait le front et le vêtement qui cachait le bas de son visage.

Un cri de stupéfaction lui échappa.

— Robert de Gailbac! fit-il.

— Vous vous trompez, dit Fourois en avançant, le fils du premier magistrat de notre cour ne saurait pénétrer la nuit avec escalade comme un malfaiteur, en compagnie de ce coquin, dans l'étude d'un notaire!

Guillaume se baissa. Un cahier de papier jauni avait roulé à terre, il était maculé de gouttes de sang tombées du bras brisé du jeune homme.

Avec un mouvement de crainte mêlée de répulsion, Guillaume approcha le cahier de papier timbré de la lumière, et puis, étouffant une exclamation de surprise, il fit en même temps un geste de dégoût.

— Robert de Gailbac-Toulza, dit-il d'une voix triste et calme, vous veniez ici voler le testament de Bertrand de Villandrant, afin d'anéantir la preuve des droits que je puis moralement avoir à la succession de mon oncle, et je suis ici pour le chercher et l'anéantir...

Il approcha le cahier de la bougie.

— Que faites-vous? demanda le notaire.

— J'essaie de m'appauvrir; il suffit que l'honneur de mon père me reste.

— Vous causerez votre ruine.

— Je le sais bien.

— Oubliez-vous votre mère?

— Elle connaît mon projet.

Guillaume se tourna vers le notaire.

— Empêchez Gilette d'entrer, et procurez-moi deux mouchoirs. Il faut que je panse le bras de ce malheureux. Ne craignez rien, ajouta-t-il en se tournant vers Robert, je suis habile.

Robert se laissa tomber sur un siège.

— De l'eau, des serviettes, misérable! ajouta le notaire en s'adressant à Saturnin.

Une heure après Robert se trouvait pansé et pouvait supporter la fatigue du voyage de Vitré à R. Guillaume l'emmena avec lui, après avoir fait promettre à Mᵉ Fourois que nul ne connaîtrait cette aventure, et qu'il pardonnerait à Saturnin.

— C'est un gredin, je vous l'accorde, dit-il, chassez-le dans un an, mais laissez s'achever la revision de mon procès et la guérison de M. de Gailhac.

Pendant le trajet, Robert demeura silencieux. Au moment où il rentrait dans l'hôtel, il dit à Guillaume Andrezel :

— Vous allez tout dire à mon père?

— Pas un mot, je vous le jure.

— D'où vous vient tant de générosité?

— D'un sentiment caché au plus profond de mon cœur et dont Dieu seul connaît la pureté et la puissance.

Il ajouta plus lentement:

— Robert, arrêtez-vous dans la route que vous suivez, elle conduit au déshonneur, à l'abîme, à la mort...

— Ah! dit le jeune homme, j'aimerais mieux des insultes que des conseils.

— Si vous regrettez une tentative qui pouvait briser votre avenir, rappelez-vous que j'ai dans le cœur des trésors d'indulgence et de pardon et que, malgré tout, oui, malgré tout, je pourrais rester votre ami...

— Par amour pour Blanche? fit Robert avec un mauvais rire.

— Par amour pour Blanche, répliqua gravement Guillaume.

Mais Robert, épuisé de fatigue et d'angoisse, ne put continuer à jouer le rôle qu'il espérait soutenir jusqu'au bout. Il trébucha, et il serait tombé évanoui sur le sol si Andrezel, rassemblant ses forces, ne l'eût porté dans sa chambre, où il le veilla le reste de la nuit.

— Je distinguai ces mots : Pauvre Claude Audrozel ! Pauvre Claude ! (Voir page 138.)

CHAPITRE XII

LE RENÉGAT DE LA FAMILLE

Blanche descendait l'escalier, son livre d'heures à la main, quand, passant devant la chambre de son frère Robert, elle entendit pousser un gémissement. Inquiète et troublée, elle s'arrêta ; un second cri d'angoisse succéda au premier, et la jeune fille, redoutant un malheur, tourna rapidement le bouton de la porte.

Elle eut alors une vision confuse de linges ensanglantés et d'une tête pâle renversée sur les oreillers.

— Robert! fit-elle en s'élançant vers le lit, Robert!

Mais Guillaume Andrezel s'avança, blanc comme un suaire, et tremblant de tous ses membres.

— Mademoiselle, dit-il avec l'accent de la prière, mademoiselle, je vous en supplie, gardez-nous le secret.

— Mais mon frère est blessé... blessé dangereusement.

— Je suis médecin.

— Vous ne suffirez pas à cette tâche.

— Je le sais bien; mais ce matin j'approcherai seul de ce lit de souffrance. Oh! tranquillisez-vous, votre frère sera bien soigné.

— Robert, demanda Blanche, tu t'es battu?

— Oui, c'est cela, mademoiselle, un duel... pour un motif futile... Votre frère reconnaît sa faute, ne l'accablez pas... Une balle dans le bras... Un peu de repos suffira pour sa guérison.

— Comment annoncer ce malheur à ma mère?

— Votre cœur vous l'inspirera, mademoiselle.

Blanche tendit la main à Guillaume et l'attira lentement jusque sur le palier.

— Vous m'êtes dévoué, dit-elle, vous possédez un grand cœur, et je mets dans votre prudence comme dans votre savoir une confiance absolue. Je ne veux pas chercher quelle fut la cause d'un duel dont il faut prévenir les suites... Mon père est magistrat, ne l'oubliez pas! Je redoute sa perspicacité autant que sa justice. Ma mère ne saura que pleurer sur Robert, mais notre père, mais mon aïeul!

— Nous serons deux pour défendre votre frère.

— Oui, fit Blanche, deux; vous êtes pour moi un ami sincère, puisque vous protégez ceux que j'aime, quelles que soient les raisons qui vous devraient porter à les haïr.

Guillaume arrêta le mot prêt à jaillir de ses lèvres, mais son regard clair et droit enveloppa Blanche avec une si grande force qu'elle se sentit subitement réconfortée.

— Je rentre chez ma mère, dit-elle, et je confierai notre secret à Mme Andrezel.

La jeune fille ajouta relativement à son frère quelques recommandations pressantes, puis elle passa dans la chambre d'Aimée de Gailhac.

Celle-ci achevait sa toilette du matin. En reconnaissant sa fille, son premier mouvement fut de l'attirer dans ses-bras, mais elle fut frappée de sa pâleur et lui demanda :

— Qu'as-tu?

Blanche croisa ses deux mains derrière le cou de sa mère.

— Ne t'alarme pas, dit-elle; mais fais provision de courage, nous en avons besoin pour soulager celui qui souffre d'abord, puis pour nous placer entre lui et mon père.

— Tu vas me parler de Robert?

Du moment où il s'agissait d'un malheur ou d'une faute, on ne pouvait citer ni le nom de Francis ni celui de Didier.

— Que s'est-il passé? reprit Blanche, Dieu seul le sait peut-être Mon frère a le bras cassé et Guillaume Andrezel le panse en ce moment.

— Un duel... répéta Aimée de Gailhac, un duel; personne n'est venu hier visiter ton frère; il me semble que l'écho d'une querelle fût venu jusqu'à nous... Le malheureux! Jamais il ne cessera de me faire souffrir... Et son adversaire?

— Je ne sais rien de plus, répliqua Blanche.

— Depuis la scène qui s'est passée chez ton aïeul au sujet de la succession de Bertrand de Villandrant, ton père est fort mal disposé à l'égard de ton frère. Je redoute de lui apprendre la vérité. Depuis quelque temps, Robert s'absente souvent et va d'un château voisin à un autre, laissant croire qu'il n'est pas ici. Ton père est tellement occupé que nous trouverons le moyen de soigner Robert sans qu'il s'aperçoive de notre absence. Certes, je hais le mensonge et la fraude, mais je crains d'aggraver la situation que Robert s'est faite dans la famille... Il faudra qu'il regagne Paris au plus vite. Nous serons trois pour le soigner. Moi, toi, puis Eugénie Andrezel. Va prier, ma fille, c'est à mon tour d'aller près de ton frère.

Blanche reçut une caresse et sortit. Aimée de Gailhac pénétra dans la chambre de son fils.

Elle demeura frappée de l'expression de son visage.

Ce n'était point l'excès de la douleur physique qu'elle y lisait, mais une sorte de rage contenue et de froideur hautaine. Ce qui faisait le plus souffrir le jeune homme, c'était en effet de se retrouver dans une situation d'infériorité humiliante à l'égard de Guillaume Andrezel. La générosité dont celui-ci avait fait preuve accablait Robert. Il en était descendu à voler un testament dans l'espérance de rester riche ! Oh ! comme à cette heure il aurait souhaité déverser tout le fiel dont son âme était pleine, accabler Guillaume de sa haine, le provoquer, l'insulter, l'amener à lui proposer un combat dès qu'il se sentirait de force à tenir une épée. Cet homme lui prenait d'un seul coup son argent et son honneur. Son argent ! sans doute i l venait de détruire le testament, mais qui affirmait que le notaire garderait le silence sur cette aventure? Le coup de pistolet tiré par Fourois avait attiré la servante. Plus d'une personne avait été réveillée par le bruit.

Quand même Guillaume ne dirait rien, il tenait Robert par des chaînes invisibles. Il pouvait en face, seul à seul, l'appeler voleur ! Une seule cause l'obligerait peut-être à garder le silence et à prendre quand même son parti. Guillaume aimait Blanche avec un respect qui n'excluait pas une obstination passionnée ; Guillaume ne pouvait déshonorer le frère de celle qu'il désirait épouser. Cela, il ne le ferait pas ! Mais rien n'empêchait qu'il éprouvât un mépris sans nom pour Robert, et cet être orgueilleux, quoique lâche, ne pouvait supporter cette idée que le petit médecin de campagne le dédaignait et le soignait par pitié.

Il eût voulu repousser la main adroite et légère qui rétablissait les pansements dérangés par un mouvement brusque ou qui lui tendait une potion destinée à calmer sa fièvre. Mais il devait subir ses services et même en témoigner une certaine reconnaissance. Guillaume tenait son sauveur dans ses mains ; la fière loyauté du procureur général n'eût jamais pardonné l'infamie qui aurait rendu complice du même vol Saturnin Verdure et l'aîné des Gailhac-Toulza.

Ces sentiments complexes contribuaient à rendre plus dure l'expression du visage de Robert. On n'y pouvait lire ni attendrissement ni regret.

La vue de sa mère y amena plus d'inquiétude que de consolation. Il savait qu'elle ne le trahirait jamais, cependant il craignait qu'elle crût de son devoir d'avertir le chef de la famille.

Aussi, quand elle se trouva tout près de lui, son premier mot ne fut point pour implorer un pardon qu'on lui eût accordé avec des larmes, mais pour répéter d'une voix dans laquelle vibrait plus le commandement que la prière :

— Pas un mot à mon père, pas un mot !

— Malheureux enfant ! dit Mme de Gailhac en tombant à genoux, tu m'avais oubliée quand tu commis ce crime.

Il se souleva, effaré, sur ses oreillers.

— Ce crime ?

— N'en est-ce pas un que de mettre l'épée à la main et de se battre ? Aux yeux de ton père comme aux miens, le duel est un meurtre ; l'homicide est au fond de la pensée de quiconque se place en face d'un adversaire.

— Vous avez raison, dit-il, vous avez raison. J'ai commis une faute, aidez-moi à la réparer. M. Andrezel est habile, la douleur ne m'effraye pas ; avant deux jours, la fièvre aura cessé ; dans six, il me sera possible de me tenir debout, et je partirai pour Paris. Il ne me faut qu'une semaine au plus de calme et de mystère, dis à mon père que je suis au château de Bilattes.

— Je ne mentirai pas, dit Mme de Gailhac ; cependant j'essayerai d'accorder mon indulgence pour toi avec ce que je dois à ton père.

Aimée demeura pendant deux heures à côté du lit de son fils, faisant subir à celui-ci une torture inconsciente en lui demandant des renseignements sur la cause du duel et sur son adversaire.

Robert prétexta la fièvre, la souffrance et la fatigue, détourna son visage et feignit de s'endormir.

Blanche vint remplacer près du blessé Mme de Gailhac.

A l'heure du déjeuner, le procureur général s'aperçut de l'absence de Robert, mais celui-ci avait en ville des amis nombreux, et le peu d'intimité qu'il gardait avec les siens le portait souvent à accepter des invitations au dehors. Le procureur général ne questionna donc point au sujet de son fils, et ce fut une journée de gagnée.

Le lendemain une lettre du procureur de la République de Vitré lui causa une certaine surprise. Le magistrat avait été informé par la rumeur publique qu'une tentative de vol avait eu lieu chez Me Fourois.

Des voisins avaient vu rôder le clerc et son mystérieux compagnon du côté de l'étude ; le coup de pistolet éclatant vers onze heures du soir corrobora les soupçons ; enfin l'agitation de Gilette, quand on la questionna sur les événements de la nuit, acheva de prouver qu'il s'était passé quelque chose de grave. Fourois, mandé chez le magistrat, refusa de fournir des explications. Il nia le coup de pistolet, les voleurs, et traita Gilette de visionnaire. Mais la bourre du revolver fut retrouvée près de la croisée dans l'étude, et un vitrier avoua qu'il avait remplacé un carreau ayant été cassé du dehors dans le but évident de tourner l'espagnolette de la fenêtre afin de pénétrer dans l'étude.

Malgré cela, M⁰ Fourois persistait à refuser de donner des détails sur l'aventure de la nuit. Le notaire sut se défendre habilement contre l'interrogatoire qu'on lui fit subir, mais il n'en fut pas de même de Gilette. Les paysans éprouvent de la justice une terreur amenant d'une façon absolue l'annihilation de leurs facultés.

Un juge qui les questionne les terrifie. Ils voient la prison au bout de tout mensonge. Aussi, bien que M⁰ Fourois eût déclaré à Gilette qu'elle quitterait immanquablement la maison si elle révélait les mystères de cette nuit, tremblante, effarée, cherchant des mots et ne trouvant que des larmes, elle supplia le magistrat de prendre en pitié une servante ignorante et de ne point la faire chasser d'une place qu'elle occupait honnêtement depuis trente ans.

— Vous n'avez rien à redouter, répondit le jeune magistrat, et votre maître ignorera toujours de quelle façon me sont venus les renseignements que vous me fournirez.

— Au surplus, monsieur, ils se bornent à peu de chose... bien peu de chose... Si je connais quelques détails, je les dois à un défaut : la curiosité. On n'est pas parfait, voyez-vous, monsieur. Je sers mon maître depuis tant d'années que je me crois quelquefois le droit de m'occuper de ses affaires...

« J'ai tort, je le sais bien... Donc, ce soir-là, le clerc, un sournois que ce Saturnin Verdure ! ambitieux avec ses airs timides, et à qui je ne confierais point la clef de mon poulailler... Le clerc donc était parti, l'étude fermée, et monsieur s'était retiré dans sa chambre. Je filais dans la cuisine quand on heurta à la porte. J'ouvris à regret ; un homme qui me parut jeune, quoiqu'il ne me fût pas possible de distinguer ses traits, insista pour être admis près de monsieur. Ils causèrent longtemps... J'eus besoin d'entrer dans la chambre à côté ; je les entendis causer haut, de bonne amitié, et par deux fois je distinguai ces mots : « Pauvre Claude Andrezel ! pauvre Claude ! » Je redescendis. A peine venais-je de reprendre ma quenouille qu'il me semblait entendre du bruit du côté de l'étude.

« Je ne me vante pas d'être brave, monsieur ; je voulus me persua-
der d'abord que les rats rongeaient les parchemins dans les casiers,
mais un fracas sec m'avertit qu'il s'agissait d'une chose plus grave.
Quittant la cuisine, j'allais monter prévenir mon maître quand
j'aperçus celui-ci au haut de l'escalier. Il tenait un flambeau à la
main. La figure du visiteur se trouvait alors bien éclairée. Il semblait satisfait. Mon maître l'appela « M. Guillaume » ; quand M⁰ Fourois ouvrit la porte de l'étude, il poussa un cri, presque au même
moment j'entendis une détonation mêlée à une lutte, j'accourus...
Un jeune homme couvert de sang s'appuyait contre la muraille,
et Saturnin, pâle comme un mort, demandait grâce, suppliant
mon maître de ne pas le perdre et rejetant la faute sur l'étranger
blessé.

« Le jeune homme que M⁰ Fourois avait appelé « Guillaume »
ramassa à terre un rouleau de papier et dit, oh ! cela, je l'entendis
très distinctement : « Vous veniez ici comme un malfaiteur pour
« voler ce testament, et je voulais le détruire afin de vous laisser
« riche. » Puis, tendant le papier, il le brûla.

« M⁰ Fourois, le voleur et M. Guillaume causèrent à voix basse ;
le clerc vint chercher de l'eau et me demander du linge, puis le blessé
s'éloigna avec M. Guillaume. »

Le procureur de la République comprit que Gilette était sincère,
et il s'empressa de la rassurer.

Immédiatement, il envoya prendre des renseignements au chemin
de fer.

Il apprit qu'un jeune homme dont l'extérieur répondait au signa-
lement fourni par la servante était descendu vers neuf heures en
gare de Vitré. Il arrivait de R... ou du moins de la ligne y conduisant... Trois heures plus tard il était revenu, accompagné d'un
homme paraissant se soutenir avec peine, et dont la moitié infé-
rieure du visage disparaissait sous le collet de son paletot, tandis
qu'un large chapeau descendait sur ses yeux. Le premier des voya-
geurs prit les deux billets au guichet et s'occupa avec sollicitude
de son compagnon, dont le bras était en écharpe.

Ces détails, joints aux révélations de Gilette, aux dénégations
obstinées de Fourois, à la terreur visible de Saturnin, formaient un
ensemble de faits suffisants pour motiver une enquête sérieuse.

Cependant le mystère régnait dans toute cette affaire : l'absence de plainte, car nul ne réclamait, ni le notaire chez qui on avait pénétré à l'aide d'effraction, ni le blessé emmené d'une façon mystérieuse, tout se réunissait pour inviter le jeune magistrat à ne point agir sans ordre de son chef hiérarchique.

En conséquence, il résuma les détails de cette étrange affaire et les expédia au procureur général.

Deux choses frappèrent subitement celui-ci.

Un médecin habile, à l'inspection du visage d'un malade, comprend tout de suite le caractère de sa maladie.

Le magistrat habile trouve immédiatement le mot qui lui fournira la clef du mystère qu'il souhaite approfondir.

Or, par deux fois, Gilette avait entendu donner au visiteur de Mᵉ Fourois le nom de M. Guillaume ; et précédemment le tabellion s'était écrié : « Pauvre Claude Andrezel! pauvre Claude! » Évidemment il s'agissait de Guillaume Andrezel. Celui-ci était allé à Vitré le soir afin de garder sa démarche secrète. Dans quel but? que signifiait ce mystère? Tout à coup la lumière se fit dans l'esprit de M. de Gailhac :

—Le testament! fit-il, le testament de Bertrand de Villandrant.

Il se souvint alors de sa conversation avec le jeune homme, de l'insistance mise par celui-ci à répéter que jamais il n'accepterait la restitution de la fortune de son oncle, s'il ne lui était prouvé que jadis celui-ci avait eu l'intention de la léguer à sa famille. Mais Guillaume qui avait intérêt à retrouver, à garder ce testament, était allé à Vitré pour le détruire. Les mots surpris par Gilette l'affirmaient...

Il repoussait la richesse, il s'obstinait à demeurer pauvre. Au lieu de songer à sa mère, il s'occupait de la situation des Gailhac-Toulza, qu'une restitution ruinerait!

Brusquement le magistrat se leva, la pâleur au front, un éclair dans les yeux, et, quittant son cabinet de travail, il marcha droit à la chambre de Robert.

Une intuition lui révélait qu'il y apprendrait le mot de cette énigme.

Il allait rapidement, absorbé dans une pensée persistante, quand, au moment où il posait la main sur le bouton de la porte, Mme de Gailhac, pâle et tremblante, l'ouvrit et se trouva face à face avec son mari.

— Que veux-tu? lui demanda-t-elle, en essayant de lui barrer le passage.

— Laisse-moi entrer, répondit-il avec autant de calme qu'il lui fut possible d'en garder; je veux voir Robert.

— Tu sais donc...?

— Hélas! fit-il en la serrant contre son cœur, j'en sais sans doute plus que toi.

— Montre-toi indulgent, Henri! Songe donc, cet enfant vit éloigné de nous depuis quatre années. A Paris, on ne juge pas les choses au même point de vue, le duel est souvent considéré comme un devoir.

— Un duel?...

— Puisque tu n'ignores pas qu'il est blessé...

— A l'épaule, n'est-ce pas?

— Oui.

— Qui le soigne ici?

— Guillaume Andrezel.

— Et tu as cru à ce duel? s'écria le procureur général.

— Mais toi-même...

Henri de Gailhac fut sur le point de parler, mais il s'arrêta; mû par la compassion et la tendresse, il recula devant la douleur qu'il causerait à cette femme admirable qui était la compagne adorée de sa vie.

— Encore une fois, laisse-moi pénétrer dans cette chambre, fit-il sois-en certaine, par amour pour toi, je ne prononcerai pas une parole qui ne soit indispensable.

Aimée pencha la tête sur l'épaule de son mari, et cette caresse le paya du sacrifice qu'il venait de faire.

Certaine désormais qu'il tiendrait sa parole, Mme de Gailhac descendit.

Le magistrat entra dans la chambre.

Le front bien dégagé, les yeux clos, la bouche serrée, Robert était vraiment beau, mais d'une beauté presque effrayante. Pas un seul des traits de ce visage ne pouvait rassurer les yeux ou la pensée. Les signes de la ruse, de l'ambition, d'une volonté acharnée, révélaient assez ce caractère indomptable. Il n'y avait à attendre ni amour ni repentir de cet homme de trente ans dont le cœur couvait tant de vices. Une amère pensée traversa l'esprit de M. de Gailhac. C'était là son premier-né, celui qui l'avait appelé « père » de ses

lèvres balbutiantes, dont l'avenir et le bonheur avaient été longtemps sa préoccupation unique. Et maintenant il essayait de les
déshonorer tous ! Henri de Gailhac devait-il donc se reprocher
quelque chose ? L'enseignement ou l'exemple avait-il manqué à Robert ? Devant le lit du malheureux, le père désespéré examina sa
conscience, il n'y trouva rien ! Pas une faute, pas une négligence.
Et maintenant il le voyait bien perdu à jamais, perdu sans retour.

Il toucha le front de Robert d'un doigt glacé, et celui-ci s'éveilla
en sursaut.

Ses yeux se dilatèrent d'épouvante en reconnaissant le procureur
général.

Mentir ! l'oserait-il ? le pourrait-il ? L'expression austère du visage de M. de Gailhac ne permettait même plus de l'essayer. Le regard de Robert brûlant de fièvre plongea dans le regard froid du
magistrat, et il lui dit d'une voix étranglée par la crainte :

— Monsieur...

— A la bonne heure, vous n'osez plus m'appeler votre père...
Par respect pour la plus sainte des femmes et des mères, je tairai
la vérité, elle continuera à croire que vous vous êtes battu en duel.
Guillaume Andrezel vous donnera ses soins pendant quelques jours
encore, ensuite vous partirez pour Paris. Le crime commis par
vous est de ceux que de longues années de remords parviennent
seulement à effacer. Pour tous nos relations resteront les mêmes en
apparence ; de vous à moi, du père au fils, tout est fini, jusqu'à ce
que vous ayez réparé ce qui, je le redoute, est irréparable... Misérable fou ! croyiez-vous donc que l'absence de ce testament me dic-
terait ma conduite ? Depuis quinze jours ma fortune réalisée est
entre les mains de Ponsagrif. Le jour où sera réhabilitée la mémoire
de Claude Andrezel, Guillaume entrera en possession de l'héritage
de Villandrant.

— Ah ! fit Robert avec l'expression d'une sourde rage, si je pouvais partir aujourd'hui même !

— Cela est impossible ; et mieux vaut que je connaisse votre
présence ici !

— Qui vous l'a révélée ?

— J'en ai eu l'intuition en recevant une lettre du procureur de
la République de Vitré. Grâce à Dieu, il me sera possible d'arrêter
l'enquête commencée. J'ai à vous donner un dernier conseil ; votre

vie est manquée ; vous irez désormais d'une faute à une autre...
Allez en Amérique, faites-vous oublier. Je vous remettrai une somme
importante, et, si j'apprends plus tard que vous avez acquis des
droits à mon indulgence, peut-être vous pardonnerai-je.

— Merci, mon père ; à Paris seulement je me ferai un chemin.
Vous me condamnez trop vite. J'ai eu la curiosité de connaître le
testament de Bertrand de Villandrant, votre ami, afin de voir si
véritablement celui-ci avait jadis songé aux Andrezel. Si j'avais
témoigné ce désir à M⁰ Fourois, il se serait retranché derrière le
secret professionnel... Il me suffisait d'une complaisance du clerc,
et j'en ai profité. Des coïncidences fâcheuses me placent à votre
égard dans une situation équivoque, je comprends votre sévérité
dans une certaine mesure, et je suis prêt à vous témoigner mon
regret de cette folie. L'acceptez-vous?

— Je le voudrais, répondit Henri de Gailhac, mais depuis longtemps vous m'avez enlevé la confiance. Ne soyez pas surpris si elle
est longtemps avant de renaître.

— J'ai reçu vos ordres, je m'y soumettrai.

— Voilà tout?

— Tout, puisque vous refusez de me croire.

Pas un mot de plus ne fut dit ; le père quitta la chambre et, sous
l'empire de l'impression reçue, Robert tenta de se lever et de partir.

Une violente douleur le rejeta pantelant sur sa couche.

— Je ne puis pas ! fit-il, je ne puis pas !

Andrezel montait en cet instant l'escalier.

Il vit le procureur général quittant la chambre de son fils, et, certain qu'une explication venait de s'échanger entre eux, il s'attendait
aux questions du magistrat. Sans paraître les redouter, il s'efforça de
garder une physionomie paisible et s'arrêta devant Henri de Gailhac
avec déférence.

Celui-ci, plus pâle qu'un mort, dit au fils de Claude :

— M⁰ Ponsagrif a reçu depuis longtemps déjà le montant de la
succession de votre oncle, vous m'obligerez infiniment en vous laissant mettre immédiatement en possession de cette fortune. Je sais
qu'elle vous tient moins au cœur que la réhabilitation de la mémoire
paternelle, mais vous pouvez compter sur moi, comme sur un ami...
ami dévoué, ami reconnaissant...

Le magistrat tendit la main à Guillaume.

— Monsieur! dit celui-ci, en proie à une émotion dont il lui fut impossible de rester maître, monsieur, si vous pouviez lire au fond de mon cœur, deviner le secret que je vous cache avec peine, si vous daigniez...

— Guillaume Andrezel, ajouta Henri de Gailhac, vous n'avez plus de père; ce père, je vous l'ai ravi, eh bien! tout ce que peut l'affection d'un homme de cœur et d'honneur, je le ferai pour vous... pour vous qui avez héroïquement poursuivi une tâche effrayante, pour vous qui m'avez voué les sentiments que je devais attendre du malheureux que vous avez tenté de soustraire à ma colère... Écoutez-moi, obéissez-moi, Guillaume; cette heure est solennelle pour tous deux. Jamais peut-être nous ne nous retrouverons ayant au fond de l'âme des sentiments aussi forts, aussi dignes de nos caractères. Avant une semaine la procédure sera finie; vous quitterez cette ville, vous irez à Paris où vous verrez mes fils. Soyez un frère pour Didier, l'héroïque enfant; un camarade pour Francis, dont le nom ne tardera pas à se répandre; un conseiller pour celui que j'ai été tenté de maudire. Vous possédez une science indiscutable, la fortune qui ouvre toutes les voies, une mère adorable qui mettra l'amour et la grâce à votre foyer; avec tous ces éléments de succès vous devez parvenir, et vous parviendrez...

— Je le crois, je le sens, répondit le jeune homme, dont le regard s'anima d'une façon subite. Vous avez raison, monsieur, ce que je veux, je le puis. Après avoir pris pour but de ma vie de rendre l'honneur au nom paternel, je touche à ce résultat après vingt ans de labeur et de misère. Mais, au fond de mon âme, de cette âme qui a vécu dans le deuil, écrasée sous un fardeau dont seul peut-être vous comprenez le poids, il est maintenant une aspiration vers le bonheur que je ne saurais étouffer, des rêves qui me charment et m'oppressent, un espoir que je caresse et qui peut-être s'éloignera comme un mirage.

— Travaillez et espérez, Guillaume Andrezel; ne vous ai-je pas dit que je remplacerais votre père?

Guillaume chancela en s'appuyant sur la rampe de fer forgé.

— Allons! dit le procureur général en le quittant, vous n'êtes fort que pour souffrir.

— Veux-tu faire mo.air notre père de honte? (Voir page 154.)

CHAPITRE XIII

GRANDE DOULEUR

Guillaume gagna l'appartement de Robert. Quand il entra dans
.a chambre du blessé, il trouva celui-ci en proie à une exaltation
terrible.

— Robert, dit-il, Robert, calmez-vous, ie vous en supplie. La justice s'inquiète de toute chose ; mais votre père empêchera qu'on sache la vérité sur les funestes événements de cette nuit. Votre père est bon, Robert, soyez certain qu'il vous pardonnera. Il vous aime encore, puisqu'il m'a prié de rester votre ami ; nous partirons ensemble pour Paris. La hâte de parvenir vite vous engageait dans une voie dangereuse, vous l'abandonnerez. Si vous le voulez, avant trois ans, et grâce seulement à vos talents et à vos relations, vous aurez conquis une place honorable. Jusque-là, regardez ma bourse comme la vôtre, et puisez-y sans crainte ; je ne suis, hélas ! que trop riche, et toute ma joie serait de partager...

Un sourire presque cruel erra sur les lèvres du blessé. Il ne trouva pas une tendre parole à répondre à Guillaume et se contenta de lui dire, à la façon dont il lui eût lancé un trait envenimé :

— Comme vous aimez Blanche !

Guillaume pâlit.

En ce moment ce lui fut une grande souffrance de savoir son secret à la merci de Robert. Un mois auparavant, avec l'imprévoyance et l'enthousiasme d'un jeune cœur, il le laissait deviner ; maintenant il éprouvait une répugnance instinctive à entendre parler de cette chaste tendresse par celui qui ne devait rien comprendre à des sentiments si purs. D'ailleurs, par cette exclamation où la cruauté se mêlait à l'ingratitude, Robert s'efforçait d'atténuer, de supprimer même la reconnaissance dont les offres généreuses de Guillaume auraient dû le pénétrer. Et cependant, à cette heure, le fils de Claude était doublement sincère. Sans nul doute il chérissait Blanche avec autant d'ardeur que de respect, mais en même temps cet enthousiasme pour la jeune fille l'entraînait à affirmer son amour de la façon la plus noble qu'il pût trouver. Quelle plus grande preuve de dévouement lui donnerait-il que de tenter de sauver son frère de l'abîme où il roulait ? La faute qu'il avait commise n'était pour ainsi dire qu'une faute fictive, intentionnelle, mais dans la pensée de Robert elle avait pris la valeur d'un acte coupable, monstrueux. Moralement il avait volé. Abusant de quelques lambeaux de conversation surpris entre Guillaume et sa mère et de la conviction que, le testament manquant, Andrezel refusait l'héritage, il l'avait dérobé. Il jugeait d'après lui son père et son aïeul, et pourtant depuis le jour de la réunion de famille il devait savoir que le sacrifice était consommé ! Sa faute en hâtait l'accomplissement. Guillaume se trouvait placé par ce fait même dans l'obligation d'accepter. Il ne luttait plus. Il semblait maintenant résigné à devenir riche, sans doute avec la lointaine perspective de faire de cette fortune la dot qu'il offrirait à Blanche, quand celle-ci, le cœur remis de sa première épreuve, oublierait l'indignité de M. de Blosville et deviendrait la femme de Guillaume.

— Comme vous aimez Blanche ! répéta-t-il.

— Je ne permets à personne de chercher mes secrets au fond de mon cœur, répliqua Andrezel avec une grande dignité. C'est à vous seul que j'offre mon amitié et mes services ; vous serez libre de les refuser à Paris : jusqu'au moment de notre commun départ, vous m'appartenez.

Robert parut touché de la simplicité de cette réponse.

— Tout le monde est bon autour de moi, fit-il, seul je suis mauvais ! Peut-être le sentiment de mon infériorité me rend-il difficile à vivre... je souffre beaucoup... donnez-moi un peu d'opium.... Vous avez raison, après tout, et vous ne voulez que mon bien !

— Croyez-le, je vous aime pour vous-même dont je devine les révoltes, dont je comprends les aspirations vers la fortune. Vous posséderez tout ce que vous désirez, Robert ; ne dénaturez pas les éléments de votre force. Ne quittez point le sentier droit pour suivre des routes grâce auxquelles on doit d'arriver plus vite et qui mènent inévitablement à des précipices... Voici une potion calmante... dormez... restez en paix ; vos mouvements désordonnés dérangent les bandelettes et les compresses, vous retardez votre guérison et, par conséquent, votre voyage qu'il faut hâter.

Robert laissa Guillaume rétablir le pansement, abaisser les rideaux, placer chaque chose de telle sorte que rien ne lui manquât et que pas un objet ne lui fût une cause de gêne.

Andrezel rejoignit ensuite sa mère.

Blanche travaillait près d'Eugénie.

— Pour qui brodez-vous ce beau portefeuille, mademoiselle ?

Blanche le regarda doucement.

— Pour le médecin de mon frère, dit-elle ; je n'ai pas d'autres honoraires à lui offrir.

Mme Andrezel lui mit un baiser au front.

— Mademoiselle, dit Guillaume d'une voix tremblante, monsieur votre père m'a chargé d'emmener M. Robert à Paris ; il m'a prié d'être son conseiller et son ami, et à cette condition il m'a promis de me chérir comme un quatrième fils.

— Alors, fit Blanche, je compte un frère de plus.

Elle tendit les mains à Andrezel.

— Vous avez un brave cœur, dit-elle, cela console de savoir qu'il existe encore des êtres généreux et dévoués qui placent l'honneur au-dessus de l'argent et font passer le devoir et la foi avant les ambitions mesquines et les satisfactions de la vanité.

Elle reprit son aiguille et s'appliqua à broder une fleur d'un rose pâle.

Une semaine plus tard, le procureur général recevait de Paris les actes rendant à la mémoire de Claude Andrezel tout ce que peut la justice humaine, qui garde des restrictions dans la façon dont elle avoue s'être trompée. M⁰ Ponsagrif remit à Guillaume le montant de la succession de Bertrand de Villandrant, et le jeune médecin, sa mère, Didier, Francis et Robert, dont la blessure n'était pas entièrement fermée, se préparèrent à prendre la route de Paris.

La ruine du procureur général était consommée, mais l'honneur restait sauf.

Un jour, comme le domestique venait de remettre les journaux à M. de Gailhac-Toulza, celui-ci déchira la bande du premier et chercha du regard l'article le plus intéressant. Il le parcourut avec la sûreté du coup d'œil de ceux qui possèdent une grande habitude de la lecture, puis il le tordit et le jeta à terre avec un mouvement d'indignation. Il en prit un second, qui, sans doute, sous une autre forme, lui donna les mêmes nouvelles, car il murmura :

— C'est une infamie ! Heureusement il se trouvera assez d'honnêtes gens à la Chambre pour qu'une semblable loi ne soit jamais votée.

Cependant quelques-unes des feuilles qu'il dépliait témoignaient, au milieu de la révolte d'esprit des signataires des articles, une crainte si grande que le magistrat sentit l'angoisse lui poigner le cœur.

La revue qu'il ouvrit, et dont la table lui montra qu'on y traitait également la question qui l'occupait, parlait des mêmes appréhensions. Le langage de cet article était si haut, si ferme, si noble, que M. de Gailhac se laissa entraîner au courant de cette éloquence sincère, avant d'avoir eu la curiosité de connaître le nom de celui qui ne redoutait point d'exprimer ces opinions à une époque où la loyauté et la franchise sont si près de vous être comptées au moins pour des imprudences. Ce fut seulement quand il arriva à la dernière page qu'il lut le nom de Francis de Gailhac.

— Ah! le noble enfant, dit-il, le brave cœur, et combien je m'applaudis d'en avoir fait un soldat de l'idée, défendant les croyances et les grandeurs de son pays, comme Didier en soutiendra la gloire à la pointe de l'épée.

Il plaça la revue de côté et s'aperçut alors qu'un dernier journal était resté sur son bureau. Le titre en indiquait assez la couleur. C'était un organe de républicanisme radical demandant à la fois la laïcisation des écoles, la suppression des religieuses dans les hospices, celle des aumôniers militaires, la prétendue réforme de la magistrature, la séparation de l'Église et de l'État en dépit du Concordat.

Le magistrat prit le journal du bout des doigts avec un geste empreint de dédain. Mais il était du nombre de ceux qui croient que nous avons besoin de connaître les opinions de nos adversaires, et il déplia la feuille, organe public des ennemis de l'Église, écrit par les Judas de l'autel qui ne jettent pas même la bourse de la trahison dans le temple, mais la ramassent tachée de fange et de sang.

Sous des formes multiples, dans un langage faisant appel aux mauvais instincts, aux appétits les plus brutaux de la foule, on demandait le renvoi des religieux, à quelque ordre qu'ils appartinssent, et la vente des biens des communautés. A l'exil dont on prétendait les frapper au nom de la liberté, on entendait joindre la spoliation. Les jésuites se trouvaient naturellement dans cet article l'objet d'attaques violentes. On leur faisait un crime de l'excellence de l'éducation donnée à leurs élèves, de la composition de leurs collèges et de l'habileté de leurs professeurs ; on s'indignait des succès universitaires des jeunes gens qu'ils élevaient avec des soins paternels, des brillants examens qu'ils passaient à l'École polytechnique et à Saint-Cyr. On répétait sur des tons divers qu'ils faussaient l'esprit de la jeunesse et lui ôtaient le véritable sentiment de l'amour de la patrie.

Le magistrat lisait avec fièvre et indignation ce ramassis de sottises vieillies que prétendait rajeunir un style acerbe, allant de la calomnie à l'insulte, et ramassant des injures dans le ruisseau pour les jeter à la tête de ceux qui ont élevé tant de générations et donné à la France de si grands hommes.

— Le misérable ! le misérable ! murmura le magistrat, tandis qu'il tournait la page.

L'article se terminait presque en haut de la colonne.

Alors seulement il lut un mot qui le frappa au cœur. L'article, dans lequel se mêlaient le blasphème religieux et la déraison morale, était signé *Robert Toulza*. Ainsi l'apostasie de son fils aîné était complète. Il reniait son Dieu et les traditions de sa famille. Il ne respectait plus même assez le nom de ses aïeux pour se masquer d'un pseudonyme. Tandis que Francis défendait l'autel, la loi, la vérité, et signait ses pages *Francis de Gailhac*, son aîné écrivait sans rougir de honte *Robert Toulza* au bas des infamies jaillissant à la fois de son cœur gangrené et de son cerveau affolé d'ambition.

Oh ! son chemin avait été rapide.

Pour se créer un nom en quelques mois à cette époque de démoralisation grandissante, qui monte comme un mascaret, il suffit de posséder de l'audace, de fouler aux pieds les dernières pudeurs, d'employer pour rendre sa pensée une forme cyniquement débraillée et de dépasser ses émules en affichant une haine sans merci, en demandant des mesures radicales, en se jetant à corps perdu dans la folie politique et dans la fureur antireligieuse.

Lorsque Robert quitta R., ce fut le cœur ulcéré sans retour.

Ni les dernières paroles de son aïeul, ni les suprêmes conseils de son père, ni les larmes de Mme de Gailhac-Toulza et les caresses de Blanche ne furent capables de l'attendrir. Ce cœur était devenu de bronze pour tout ce qui désormais était générosité et vertu. Une seule pensée le préoccupait : son père lui allouerait-il une pension ? Mais le magistrat, qui venait de s'appauvrir volontairement, ne pouvait plus rien envoyer à son fils. Il suffirait avec peine aux dépenses que Didier occasionnait encore ; Francis, vaillant en face de toutes les difficultés, répondait de pouvoir suffire à ses besoins, et il aurait cru commettre une lâcheté en acceptant les économies que Blanche voulut lui remettre.

— Je t'en prie, lui disait-elle, prends-les ! Ces pièces d'or devaient servir à m'acheter quelques dentelles, mais je ne me marie plus et, partant, je n'en ai plus besoin. Il te faut tant de choses à Paris !

— Tu te trompes, répondit-il, on y vit de fort peu, quand on sait

cloîtrer sa vie et n'y placer que le travail. Quand mon père voulut
me faire entrer à l'Université, je refusai, emporté que j'étais par ce
que je continue de croire être ma vocation ; je dois me donner raison,
en prouvant que toute plume bien tenue fait vivre un homme.
Garde ton petit trésor, mignonne ! Qui sait si tu n'en auras pas besoin pour ta toilette, maintenant que nous voilà pauvres ?

— C'est vrai ! fit-elle en levant son front pur, nous sommes pauvres, Francis ; mais si j'avais été consultée, j'eusse répondu comme
toi, comme Didier, comme notre aïeul ; ne gardons rien d'une fortune qui, primitivement, ne nous fut pas destinée et que le malheur d'autrui plaça seul entre nos mains.

— Chère sœur ! dit Francis en l'attirant vers lui avec une tendresse
protectrice ; tu as souffert, toi aussi, de la catastrophe qui nous ruine.

— Oui, répondit-elle bravement en regardant Francis dans les
yeux, j'ai souffert comme on fait d'un coup violent qui vous ter-
rasse ; mais, crois-le, si la commotion fut rude, la blessure s'est vite
cicatrisée. Je suis une Gailhac-Toulza, moi aussi ! Tiens, aujour-
d'hui que je juge toutes choses de haut et de loin, je n'ai pas assez
d'actions de grâces à rendre à Dieu pour avoir brisé un mariage
qu'alors je désirais. Que serais-je devenue, si une fois que M. de
Blosville eût été mon mari, mon père, dans sa loyauté, eût voulu
rendre sa fortune à M. Andrezel ? Je connais maintenant le vrai
caractère de M. de Blosville ; il aurait refusé de restituer ma dot à
mon père et n'aurait pas entendu prendre une part de la réparation
due à la veuve et au fils du condamné... Oh ! j'en rougis de honte,
vois-tu, moi ! J'aurais gardé malgré ma volonté cet or taché de sang
et de larmes ! L'argent de Claude Andrezel aurait défrayé une partie
de mon luxe ! Je me serais jugée vraiment misérable et malheureuse,
et le Seigneur est bon de ne point m'avoir chargée d'un fardeau
au-dessus de mes forces.

— Tu as pleuré, cependant !

— Pleuré sur mon aveuglement et mon erreur. Je suis jeune,
bien jeune ! Accoutumée à ne voir autour de moi que de nobles
âmes, je ne devine jamais le mal et je crois au bien avec bonheur.
M. de Blosville paraissait m'aimer, comment et pourquoi me serais-
je défiée ? J'ai cru, j'ai aimé ! C'est un rêve envolé, voilà tout. Mais
si j'ai regretté mes illusions, je ne m'y attache point en désespérée.
J'ai jeté cet amour à la mer comme le lest d'un navire qui doit être

allégé pour aller plus vite. Vraiment, je me suis sentie bien plus vite que je ne l'aurais cru en pleine possession de moi-même. J'ai demandé à Dieu son appui, il ne me l'a point refusé. D'ailleurs, tu sais avec quelle bonté ma mère m'a consolée; il ne me reste maintenant de cette épreuve qu'une expérience acquise et une précoce gravité.

— Et, demanda Francis avec plus de lenteur, as-tu, rebutée par cette épreuve, promis de ne jamais te marier?

— Pourquoi l'aurais-je fait, Francis? En perdant ma dot, j'ai du moins gagné ceci : l'homme qui demandera ma main ne cherchera en moi que la compagne de sa vie, l'épouse destinée à garder, à agrandir le foyer domestique. Il me prendra avec mes défauts et mes qualités, telle que je suis, et j'aurai cette fois du moins la satisfaction de savoir que je ne suis pas marchandée. Va, de nous deux, Ernest de Blosville est certainement le plus à plaindre.

— Je crois bien, c'est un égoïste.

— Tu le vois, reprit Blanche avec une touchante obstination, tu peux accepter mes pièces d'or.

— Il faut me laisser mon orgueil à moi aussi, Blanche; j'ai affirmé que ma plume me suffirait : elle me suffira.

— Comptes-tu voir souvent la famille Andrezel?

— Je le désire vivement. Mme Andrezel est un ange, et Guillaume...

— Oh! celui-là est un noble cœur! fit Blanche.

— Oui, et Dieu veuille que Robert garde son amitié!

Les jeunes gens se quittèrent. Pendant deux jours régna dans la maison le mouvement qui précède les voyages. Ceux qui restent se multiplient afin d'entasser dans les malles de ceux qui s'en vont les prévenances et les souvenirs.

Les exilés se montrent avides de dernières tendresses, de paroles sérieuses, de promesses de lettres bien longues capables de rendre la séparation moins dure.

De temps à autre Blanche et Mme de Gailhac essuyaient une larme. Les jeunes gens mettaient un baiser sur le front de la mère et serraient les mains de leur sœur. Puis ils allaient dans la chambre de l'aïeul demander à Archambaud sa bénédiction.

L'attitude de Robert différait complètement de celle de ses frères. Froid, hautain, il fuyait à l'avance ceux que, sans doute, il ne reverrait pas de longtemps.

La veille de son départ, Mme Andrezel s'enferma pendant deux heures avec Aimée de Gailhac.

— Jamais, lui dit-elle, jamais je n'oublierai ce que vous avez été pour moi... Ce n'est pas d'aujourd'hui que je vous aime... Mon fils tout enfant savait quelle compassion je trouvai jadis dans votre cœur... Je vous regarde comme une sœur bien-aimée... Un pressentiment me dit que nous nous reverrons, et si je ne souffre pas davantage en partant pour Paris, c'est qu'au fond de mon cœur une voix me répète que vous viendrez m'y rejoindre.

— Moi! j'en doute... La situation de mon mari l'attache ici...

— Mon amie, répliqua Eugénie Andrezel, il n'y a plus rien de stable en ce monde, et notre pays roule sur une pente dangereuse. Qui sait ce que deviendront un jour les magistrats? Quand on s'attaque à Dieu, on s'en prend vite à toutes les institutions respectables. J'ai accepté votre hospitalité fraternelle, plus tard ma maison sera votre maison, et votre famille sera la mienne... J'adopte vos fils... Didier m'aime déjà... Francis sera le frère de Guillaume.

— Et Robert! Robert! celui qui a le plus besoin d'indulgence et de conseils?

— Je l'aimerai pour l'amour de vous.

— Oh! soyez bénie pour cette parole! Si vous saviez combien je souffre en voyant comment il se perd dans l'estime et dans la tendresse de Henri... C'est un ambitieux avide de jouissances immédiates, et, je le sais trop, peu scrupuleux sur le choix des moyens!

— Il est encore jeune, très jeune!

Les deux femmes s'embrassèrent, et au moment du dernier adieu, ce fut encore le nom du « renégat » de la famille qui mourut sur les lèvres de Mme de Gailhac au milieu de ses larmes.

La grande maison redevint morne et triste. Le joyeux tapage des jeunes gens ne l'animait plus. Il fallut plusieurs jours à Blanche et à Mme de Gailhac pour se refaire à une vie nouvelle. Tout semblait changé. En effet, en trois mois, combien d'événements survenus : la rupture du mariage de Blanche, la ruine de la famille, la faute de Robert. Cependant la force d'âme de Mme de Gailhac l'emporta; son mari se montra pour elle admirable de bonté et de sollicitude; Blanche fut plus assidue que jamais près de son aïeul, et le calme se rétablit.

Les lettres de Didier, de Francis, celles de Mme Andrezel et de

Guillaume devinrent les événements intimes de la famille. Robert ne donna plus de ses nouvelles ; Guillaume en parlait quelquefois dans les longues pages qu'il adressait à Mme de Gailhac, mais il le faisait en termes vagues. On devinait qu'il reculait devant la vérité. Il ne voulait point avouer qu'il le voyait peu, et que si le « renégat » gardait encore avec lui de lointaines relations, c'est qu'il éprouvait de temps à autre le besoin d'emprunter quelques billets de banque au jeune médecin. Il le faisait avec une aisance un peu hautaine. On eût dit que, connaissant le secret du cœur du jeune homme, il se croyait des droits sur sa fortune. Guillaume se montrait libéral et prêtait avec la bonne grâce qui double le bienfait.

Robert le remerciait et se croyait quitte quand il avait assuré Guillaume qu'il tenait un compte rigoureux de ses prêts et les lui rendrait dès que pour lui aurait tourné la fortune. Mme de Gailhac comprenait les réticences de Guillaume ; cependant, dans les lettres qu'elle écrivait à sa mère, elle n'osait lui demander des détails qui l'auraient navrée. Elle apprit pourtant que Robert, envieux de faire du bruit autour de son nom, écrivait dans divers journaux. Tandis que Francis défendait les intérêts de la société, de la religion et de la famille, le renégat s'attaquait aux choses les plus saintes, sans se demander de quelle blessure il frappait le cœur de sa mère.

La première fois que Francis lut un des articles subversifs de son frère, il courut chez lui, la douleur dans l'âme, l'indignation dans les yeux. Il le trouva au moment où il achevait de déjeuner.

— Veux-tu faire mourir notre père de honte ? lui demanda-t-il.

— Remarque la délicatesse dont je fais preuve, au lieu de m'adresser des reproches. Je n'ai pris que la moitié de notre nom. Nous sommes des Gailhac-Toulza, et je signe R. Toulza, tandis que l'on voit s'étaler au bas d'articles ultramontains : *Francis de Gailhac*. Je me démocratise.

« Je vois bien et juste. Le règne de l'aristocratie est passé. Le clergé est menacé ; la magistrature sombrera certainement dans un dernier effort de la République pour détruire ce qui fait obstacle à sa puissance.

« Je renie les Gailhac et je me fais Toulza. Quant à mes opinions, elles sont personnelles. Je n'en dois compte à qui que ce soit. Ma mère m'a fait prier devant l'autel des chrétiens, et cet autel me semble crouler sur sa base. Je brûle les dieux pourris que j'adorais.

Je me sens libre et fort. Je suis dans le mouvement. Je marche vers un but que je suis certain d'atteindre. »

— Lequel, malheureux ?

— Le pouvoir et l'argent : l'un procure l'autre. Puisque mon père juge à propos de nous ruiner pour des questions de délicatesse avec lesquelles on pouvait au moins transiger, je me crois le droit d'échafauder autrement mon avenir. Jamais, je l'espère, tu n'as cru que je comptais chercher des causes à Paris. Il s'agissait d'y venir. N'étais-je pas certain de m'y créer une position. Je ferai ma trouée. Ne me parle pas des remords de ma conscience, je ne crois pas avoir de conscience, pas plus que je n'ai d'âme. Ne tente pas de te comparer à moi. Tu vis dans une mansarde, un journal honnête te compte dix centimes pour chacune des lignes que tu écris; mais on sent déjà dans mes articles assez de salpêtre pour m'en offrir davantage ; et j'irai plus loin, car, je le sais, on doit sans cesse marcher en avant quand on s'aventure dans certaines routes.

« Je deviendrai un des plus populaires entre les écrivains qui veulent le règne de la République... »

— Mais pourquoi le veux-tu ?

— Je viens de te le dire. Que nous ayons un pouvoir autre, roi, empereur, ce que tu voudras, les audaces de la plume sont refrénées, les ambitions doivent s'éteindre faute d'aliment. On s'étiole dans la médiocrité. Il faut contenir les emportements de sa pensée ! Je ne le veux pas. Quand j'aurai pendant trois ans accumulé dans toutes les feuilles radicales des articles qui te font bondir d'indignation ; quand l'ouvrier des faubourgs connaîtra ma signature ; quand j'aurai répété au peuple qu'il est grand, qu'il est fort, vienne une nouvelle Chambre à élire, et je me présente aux suffrages de Belleville. Rien de plus aisé aujourd'hui qu'un succès de ce genre. Une fois député, je travaille, je me remue ; je me fais nommer de toutes les commissions ; dans un moment de crise ministérielle, et Dieu sait qu'elles sont fréquentes, je suis mis au nombre de ceux qui daigneraient participer au salut du pays en acceptant un portefeuille, et me voilà ministre.

— Ministre ! répéta Francis.

— Comme un autre ! Pourquoi pas ? Seulement je sais ce que durent les ministères. Je profite de mon passage aux affaires pour tripoter sur les nouvelles et gagner assez d'argent à la Bourse pour

acheter de beaux immeubles et quelques fonds d'État étrangers.
Ensuite, s'il arrive une catastrophe, je m'en lave les mains.

— Ainsi tu n'es pas même républicain?

— Je suis pour le gouvernement du moi et le règne de l'égoïsme.
Il me faut un hôtel somptueux, des chevaux, tout le luxe qu'étalent
avec cynisme quelques-uns de ceux qui nous gouvernent. Chacun
pour soi, Francis! Tu sers une cause vermoulue, par respect pour
ce qu'il te plaît d'appeler des traditions. Un jour viendra où tu te
repentiras de n'avoir pas suivi la même voie que ton aîné.

— Jamais! répondit Francis, quand je devrais mourir de faim
ou gagner mon pain comme un manœuvre!

— Allons donc! tu te ferais peuple!

— Mais le peuple, je l'aime, tandis qu'au fond tu le méprises et
tu le hais. Les conseils que tu lui donnes le poussent vers un abîme
sans issue, tu le sais; mais tu sais aussi qu'il reste assez niais pour
adorer qui le flatte, et tu brûles pour lui un encens grossier.

« Je lui enseigne ses devoirs, tu lui parles de prétendus droits. Et,
tiens, si nous voyions un misérable ouvrier se jeter dans la Seine,
faute de pain pour ses enfants, je me précipiterais pour le sauver,
tandis que tu poursuivrais tranquillement ta route. La République
a ses pharisiens et ses Romains de la décadence.

« Je sors navré, plus effrayé encore de l'avenir que du présent. »

Francis prit son chapeau.

Un regret traversa l'âme de Robert. Il avait été chéri si tendrement par Francis qu'il éprouva un serrement de cœur.

— Nous quittons-nous en frères ennemis? demanda-t-il.

— Je ne hais personne, répondit Francis.

— Tu ne reviendras pas?

— Je t'attendrai!

— Ainsi, c'est une rupture?

— Que nous reste-t-il à nous dire?

Ils se quittèrent ainsi.

Cependant ils se revirent chez Mme Andrezel qui, par bonté pour
Guillaume, n'abandonna point complètement Robert à sa folie.

Ils vivent dans la méditation des choses du ciel. (Voir page 1C6.)

CHAPITRE XIV

LES JUSTES DE SODOME

Chaque fois que Francis interrogea son frère, il le trouva plus que jamais entraîné, et la faible espérance qu'il gardait, en dépit des preuves accumulées de l'égoïsme, de l'ambition effrénée de Robert, ne tarda pas à s'éteindre. Ce que celui-ci lui avait prédit se réali-

sait. On s'accoutume assez vite à un nom qui s'étale souvent dans
un journal. Pour arriver plus vite à une notoriété malsaine, Robert
frappait fort. Apôtre du mal, il le prêchait avec l'entraînement farouche des sectaires. Un groupe d'amis, d'alliés, on dirait presque
de complices, grossissait autour de lui. Encore un pas, et il aurait
des thuriféraires. Il accueillait les éloges sur son talent et les prophéties sur son avenir comme un tribut auquel il avait droit ; avant
d'être parvenu, il promettait sa protection. Il possédait, du reste, à
un très haut degré l'art d'entr'ouvrir toutes les portes, en attendant
qu'elles s'ouvrissent à deux battants.

La volonté des gens de cette sorte s'impose.

Une des raisons qui aidèrent puissamment Robert dans cette as-
cension dangereuse fut que jamais il ne manqua d'argent. Il rendait
service au besoin, non par générosité native, mais afin d'enchaîner
à lui, par la reconnaissance, certains hommes dont il savait avoir
besoin. En dehors de ses articles tapageurs et du cénacle de ses intimes, il se taisait le plus souvent. Ce combattant ne démasquait
pas ses batteries avant l'heure. On le déclarait très fort, parce qu'il
ne se prodiguait point dans les réunions populaires. Avocat habile,
il plaidait gratuitement pour des gens dont le procès devait avoir un
retentissement certain. Oui, dans le mal, cet homme était un habile.
Quand il prédisait à Francis qu'il parviendrait vite, il n'exagérait
rien. Quiconque est, du reste, décidé à prendre pour arriver le chemin le plus court, qu'il passe à travers des marais, des fondrières et
des torrents fangeux, ou longe des prairies émaillées, celui-là attein-
dra le but de sa course, couvert de fange, c'est vrai, mais il arrivera.

Robert n'écrivait plus à son père ni à sa mère. Que leur dire ?
quelles pensées échanger ? à quelles espérances pouvait-il rattacher
le vieillard qui était son aïeul, le magistrat intègre, qui était son
père ? Francis, dans la crainte d'augmenter les angoisses de la
famille, se taisait désormais sur celui qui justifiait de plus en plus
le nom flétrissant de « renégat de la famille ». Il se trouvait en
dehors du foyer. Un ostracisme moral le frappait. Damné comme
Satan orgueilleux dans sa chute, il affectait de n'en pas souffrir ;
cependant quand il se trouvait chez Guillaume Andrezel avec Francis il s'informait de sa mère et de Blanche avec une nuance d'attendrissement. Il savait bien que, si bas qu'il descendît, ces deux cœurs
angéliques se contenteraient de le plaindre...

M. de Gailhac-Toulza comprenait les réticences de Guillaume Andrezel, et les silences plus significatifs encore de Francis. Il s'attendait à ce qu'un scandale retentissant apprît à tous dans quelle voie venait d'entrer l'aîné de ses fils, celui qui, dans la pensée paternelle, aurait dû porter la toge des descendants des vieux juges au Parlement de Bretagne.

Jusqu'à ce moment, il n'avait pas acquis la preuve du déshonneur moral de Robert. Il le savait entraîné dans un ordre d'idées politiques aussi dangereux que coupable, mais la voix de Robert ne s'élevait point encore pour prêcher la démoralisation des masses et faire de la fortune de quelques-uns un appât pour une foule égarée et famélique. Le premier article signé *R. Toulza* qui tomba sous ses yeux lui causa un véritable désespoir. Il eut d'abord la pensée de le cacher à sa femme ; mais il rougit de cette tentation. N'était-elle donc point assez forte pour porter ce fardeau terrible ? En lui cachant la vérité, peut-être empêchait-il l'âme de la mère de s'épancher en prières assez ardentes pour faire violence au ciel. Non, il devait tout avouer. Leur tendresse resterait à la hauteur du coup qui les frappait. Ils s'efforceraient, en se rapprochant davantage, de se consoler de cette épreuve. M. de Gailhac ne s'était point trompé. Aimée pleura, mais elle pleura dans ses bras. Tout ce que le courage chrétien communique d'énergie et de grandeur à de nobles âmes fit celles de ces époux plus admirables encore. Le soir leur baiser à Blanche fut plus tendre ; leurs lettres à Didier et à Francis s'emplirent de mots plus consolants, plus affectueux, et ils s'efforcèrent d'oublier Robert, comme un enfant perdu, embarqué malgré eux sur une mer orageuse cachant des gouffres dans lesquels il ne pouvait manquer de sombrer.

Des mois se passèrent, pendant lesquels le nom de Robert apparut au procureur général au bas d'articles de plus en plus acerbes, amers et dangereux. Une voie venait d'être ouverte à la violence. On parlait tout haut de la suppression des ordres religieux. Après l'avoir discutée tout bas, la Chambre allait être saisie d'un projet de loi dans ce sens. Sans doute il restait encore un grand nombre de députés fidèles aux croyances de la famille, et sincèrement résolus à défendre l'autel et le clergé ; mais la masse des députés affichait des idées anticléricales et comptait ne pas abdiquer avant d'avoir supprimé en France le droit de réunir pour prier, jeûner, se macérer, travailler et souffrir.

La bataille commençait par des escarmouches, luttes de paroles précédant les combats de tribune. Chaque journal avait des champions défendant ou menaçant le clergé. Car qui s'attaque aux ordres religieux s'attaque au clergé même, puisque la plupart des moines sont ordonnés prêtres, administrent les sacrements et enseignent du haut de la chaire. Ceux qui tentent d'affirmer qu'ils protègent le clergé tout en s'attaquant aux religieux font seulement acte d'hypocrisie. L'Église n'en est point dupe, et les vrais chrétiens non plus.

Qui touche aux moines ébranle l'autel. Cependant on pouvait encore se faire illusion, jusqu'au jour où Henri de Gailhac-Toulza reçut les journaux qui lui apprirent que dans quelques jours serait votée la loi sur la suppression des ordres religieux en France, et où il lut l'article où Robert prenait de la boue à pleines mains pour la jeter à la face des jésuites, des fils de saint François et des disciples de saint Dominique.

L'angoisse du magistrat fut trop grande cette fois pour qu'il crût la pouvoir supporter seul. Il ne lui parut même pas qu'Aimée dût recevoir immédiatement cette nouvelle. Il songea tout de suite à son frère, à ce Père François d'Assise qui avait fait litière des ambitions, des honneurs et des richesses de ce monde, pour porter la livrée de la pauvreté et de l'humiliation.

Rassemblant à la hâte les journaux, il quitta l'hôtel de Gailhac et se dirigea vers le couvent.

Les religieux se trouvaient à la chapelle; mais on connaissait assez le magistrat pour lui ouvrir les portes de la cellule de son frère. Jamais comme ce jour-là le procureur général ne s'était senti pénétré de la grandeur et de la pureté s'exhalant de cette pauvre chambre. Ce lit formé d'une planche, cette table de sapin sur laquelle s'élaborait un studieux travail; un escabeau, le grand Christ au flanc saignant, au front couronné d'épines, tout concourait à changer en sanctuaire cette logette dans laquelle se consumait une vie immolée à la pauvreté, à la charité, à la pénitence. Henri se compara à son frère et se trouva petit devant lui.

Il avait accepté les joies de l'existence : haute situation, femme adorée, enfants qui longtemps furent son bonheur et son orgueil; le Père François s'était contenté de la botte de paille de la crèche pour y étendre ses membres, du jeûne éternel des affamés, des tortures volontaires de la mortification.

Il se demanda ensuite si l'intelligence du moine ne dépassait point la sienne et si la simplicité magistrale du style du Père François ne laissait pas bien loin son éloquence de magistrat.

Tandis que M. de Gailhac s'adressait ces questions, la porte de la cellule s'ouvrit et le moine entra.

Une expression de joie affectueuse brilla dans son regard, mais elle s'éteignit vite quand il constata la pâleur et l'angoisse de son frère.

— Sais-tu ce qui se passe? demanda le magistrat au moine.

— J'ai prié Dieu hier; je le prie aujourd'hui...

— Et demain? fit Henri de Gailhac-Toulza.

— Demain appartient au Seigneur, mon frère.

— Demain! répéta le magistrat, en marchant à grands pas dans la cellule, demain, peut-être, on vous chassera de l'asile que vous avez choisi.

— La terre est grande, répondit le Père François.

— Quoi! tu ne t'indignes point? tu ne te révoltes pas?

— J'honore Dieu en me résignant à sa volonté!

— Mais si ta maison est investie, ta chapelle fermée, ta cellule violée, si l'on te chasse comme un malfaiteur, te refusant même le droit de respirer l'air de la patrie?

— Ma patrie est plus haut, tu le sais bien! et tant qu'on prie, l'air du ciel souffle toujours sur nos fronts.

— Je ne suis ni si calme ni si résigné. Il va se commettre une iniquité digne des plus mauvais jours de la Révolution. La Chambre, qui veut atteindre les jésuites, vous frappera tous sans pitié ni merci; les journaux sont remplis d'articles immondes dans lesquels on ramasse les vieilles calomnies d'autrefois, des outrages stupides pour vous les jeter à la face. On se préoccupe de la place que prennent sur le sol français quelques centaines d'hommes à qui le monde a paru trop petit, les richesses trop méprisables. Les députés voteront votre exil, vous serez bannis du premier jusqu'au dernier.

Le regard du Père François se dirigea vers le ciel.

— Serais-tu donc un homme de peu de foi? Que peuvent ceux dont tu parles? Nous renvoyer de notre bien commun, payé de nos deniers, acquis à l'aide d'une légitime fortune...

« On nous volera, soit. Nous révolterons-nous? Pourquoi? Nos persécuteurs suppriment-ils la religion parce qu'ils ferment les cou

vents? Henri, je crois si bien à l'éternité de l'Église dans son Christ
que rien, pas même le malheur dont tu parles, n'altérera la sérénité
de mon âme. Je te regretterai cependant, oui, je l'avoue, j'éprou-
verai un chagrin sincère de te quitter. Tu es plus qu'un frère pour
moi. Il me semble que je suis un peu le père de ton âme. J'ai gardé,
élevé tes enfants. Ils m'aiment avec une sincérité touchante et,
quand je les vois prier, je me sens les yeux humides. Mais Dieu est
mon maître, mon roi, mon pasteur. Qu'importe où j'aille, pourvu
que sa houlette me guide! Nous sommes bien forts. Henri, nous ne
possédons rien. Nous sommes vraiment pauvres et notre détache-
ment dépasse encore notre pauvreté. Nous ne maudirons pas même
ceux qui nous proscrivent. Étienne priait pour Saul, tandis que
celui-ci gardait les vêtements des bourreaux. Et cependant nous
savons, sans en pouvoir douter, que quiconque portera la main sur
l'arche sainte, c'est-à-dire sur la maison du moine, la chapelle du
couvent, le cloître du religieux, sera châtié d'une façon terrible.
Nous prions vainement Dieu pour les blasphémateurs et les proscripteurs, le châtiment retombera sur leurs têtes. »

— Ne dis pas cela, frère! ne le dis pas!

— Je ne le souhaite pas, je le sais...

— Alors demande au ciel qu'il excepte...

— Qui? fit le moine. Robert?...

— Robert est ligué contre nous, contre Dieu, contre tout ce que
nous lui avons appris à honorer.

— Le malheureux! le malheureux! dit le Père François.

Il n'ajouta rien, tant il jugeait inconsolable la douleur fraternelle.

— C'est l'épreuve, dit-il enfin en prenant entre ses doigts amai-
gris les mains de son frère. Dans une âme semblable à la tienne
Dieu fait l'épuration à la hauteur du sacrifice. C'était peu que de
sacrifier une fortune pour une question de délicatesse que beaucoup
jugeraient exagérée. Entre les mains loyales l'argent coule sans
regret. Mais trouver un adversaire dans l'enfant que l'on a chéri,
lire la trahison dans une âme qu'on avait pétrie, c'est une souffrance sans nom, sans consolation humaine. Je ne puis que te
montrer le Christ et ajouter : Souviens-toi de la Cène. Jésus se
savait vendu et se livra dans le mystère de son amour à celui qui
attendait son salaire pour prix d'un baiser... Robert est coupable,
Robert cède à une effervescence dont nous ne pouvons peut-être

apprécier toutes les causes. Pendant les révolutions on dirait que le sens moral s'annihile, que la raison s'évanouit. Mais crois-le, si loin qu'il aille dans le mal, une heure viendra où les prières de ta femme triompheront de ses entraînements. Dieu jadis a marqué cette âme : le sceau de Dieu ne s'efface pas!

— Parlons de toi, de toi! reprit Henri de Gailhac, comme si la force lui manquait pour s'entretenir davantage de son fils aîné.

— Moi, frère, lié par mon vœu d'obéissance, j'irai où me commandera mon supérieur. Tout ce que je possède, je le porte sur moi : une robe de bure, une paire de sandales, un chapelet de bois et un crucifix. Que veux-tu que fassent des hommes contre des moines? Notre force dépasse toujours celle des révolutionnaires. Ils ont à leur disposition l'iniquité; nous gardons la justice. Ils nous chassent de nos maisons... nous sommes fiers d'être les disciples du Fils de l'Homme, qui n'avait pas où reposer sa tête; ils lacéreront les traités liant l'Église à l'État, ils violeront des serments, s'empareront des couvents... eh bien?

« Après? Les prêtres ne seront-ils pas plus grands encore dans la persécution? Sois-en certain, proscrits, mendiants, nous verrons s'augmenter le nombre de nos prosélytes. Pendant les persécutions, le monachisme se réfugia dans des tombeaux, il grandit au fond des hypogées. S'il plaît à Dieu de nous faire recommencer la route suivie par le catholicisme naissant, nul de nous n'aura le droit ni la pensée de se plaindre. Et puis, vois-tu, les couvents sont le cœur même de l'Église. Il y en aura toujours. C'est à l'ombre des cloîtres que se garda jadis la poésie, qu'on réunit les annales de l'histoire. Les moines ont fait la France intelligente et la France ne l'oubliera jamais complètement. Elle a ses heures de délire comme les volcans ont leurs éruptions; mais la raison lui reviendra.

« La tempête souffle, agenouillons-nous, et laissons passer la colère de Dieu. »

— Ainsi, tu ne partiras pas?

— Si la loi passe, dit le moine, et elle passera... mon supérieur dirigera ma conduite. Tout en acceptant de la main de Dieu l'épreuve qu'il lui plaît de nous envoyer en tant que disciples de la croix, je juge que comme hommes, comme Français, nous devons protester au nom de cette liberté dont on fait retentir le nom avec un bruit de trompette guerrière. Nous opposerons notre droit à la victoire;

nous ferons acte de résistance morale. On passera outre, cela ne me regarde pas. Mais de loin comme de près, sois sûr que je prierai pour toi, pour tes fils, pour Blanche... Pauvre enfant!

— Ah! dit Henri de Gailhac, la leçon a été dure pour ce jeune cœur; mais Blanche est à la fois orgueilleuse et grande. Elle s'est redressée sous l'injure d'un refus. La conduite de M. de Blosville lui a paru trop misérable pour qu'elle garde de lui un regret, une pensée. Elle a retrouvé sa sérénité. Jamais elle ne fut plus tendre. On dirait qu'elle tente de nous faire oublier à tous les chagrins que nous cause Robert. Heureusement je ne reçois de Francis et Didier que de consolantes nouvelles. L'un se fait un nom dont nous serons fiers; quant à l'autre, voici la lettre que m'adresse l'abbé Lanusse, aumônier de Saint-Cyr. Je te la laisse, tu la liras avec joie. Ce prêtre doublé d'un héros chérit tout spécialement Didier, et tu sais que cet homme de Dieu s'y connaît en soldats et en chrétiens.

— La France ne saurait être perdue, dit le Père François avec une conviction ardente. N'oublie pas qu'elle a porté hautement le titre de « fille aînée de l'Église »; que ses rois ont été appelés « très chrétiens »; que de son sein a jailli le mouvement admirable des croisades qui, si aucune d'elles n'obtint de succès réel, exerça pourtant un immense résultat sur la civilisation du monde entier. La France ne périra pas : Dieu la garde! Enfant égarée et prodigue, elle multiplie les fautes, les crimes; elle se jette affolée à l'assouvissement des passions; elle a maintenant des convoitises ardentes d'argent et de jouissances; elle élève des veaux d'or à tous les angles de ses places, et, si elle osait, elle dresserait un autel aux pourceaux, image de la fange dans laquelle tant d'hommes se vautrent aujourd'hui. On dirait qu'un vent impur et dévastateur passe sur elle. La foudre gronde dans l'air et la foudre tombera, mais il reste des justes dans cette Sodome et les justes la sauveront.

— Frère, tu vois bien qu'on les chasse, ces justes qui prient la nuit, agenouillés sur les dalles, tandis que la foule court au théâtre et demande à grands cris de nouveaux plaisirs. Ils jeûnaient au pain et à l'eau pour ceux qui abusent des mets délicats, des vins exquis, et qui font, comme dit saint Paul, un dieu de leur ventre; ils macéraient leur chair pour ceux qui raffinent les voluptés de Sybaris. Mais aujourd'hui, en France, on a le droit d'être athée, juif,

protestant, musulman, libre penseur, et l'on ne garde pas la liberté
de vivre pur au milieu d'un groupe d'amis. Je ne partage pas ta
sereine confiance, frère, je commence à désespérer.

— Le chrétien ne désespère jamais.

— J'ai honte pour ma patrie, dit M. de Gailhac, cette patrie que
j'aimais d'une si grande force d'adoration. Je lui avais donné ma
vie; je lui offris mes fils : elle était ma mère, plus que ma mère!
Il me semblait que jamais je ne serais quitte envers elle, pour
m'avoir fait son enfant. Et voilà que dans une de ses saturnales
politiques elle votera une loi qui nous révoltera tous et se croira
le droit d'effacer par une signature l'œuvre de quinze siècles de
progrès! L'histoire militaire, l'histoire religieuse, l'histoire scien-
tifique protestent. Nous allons être menés par une bande d'hommes
ayant divorcé avec les idées de religion et de morale, voyant leur
fortune à faire, espérant qu'ils gagneront quelque chose à toutes
les spoliations; et tu ne veux pas que je rougisse et que je désespère! La France va donner, pour la seconde fois, ce spectacle de
chasser au nom de la liberté des hommes qui, de par leur volonté,
vivent librement sous le joug qu'ils ont choisi. Tandis qu'on laissera
au peuple la permission d'user de la liberté jusqu'à la licence, les
justes seront traqués comme des bêtes fauves. En plein xixᵉ siècle,
en face des nations civilisées, nous offrirons ce spectacle inouï, de
renvoyer de maisons achetées de leurs deniers des hommes dont
toute la vie s'est usée à élever la jeunesse, à soigner des malades,
à garder des insensés, à se faire les éducateurs de l'enfance, qui
devait nous donner des hommes, à verser leur sang pendant la
guerre, à prodiguer leur science et leur dévouement durant la paix,
à montrer à tous ce que peut la religion dont ils sont les disciples!
Et tu ne crois pas que ce coup sera mortel?

— Pour ceux qui le porteront, sans nul doute.

— Ils triomphent!

— Ceux qui préférèrent Barabbas au Christ triomphaient aussi!
Oh! je t'en supplie, Henri, ne cherche ni trop loin ni trop haut; il
te suffira, comme il me suffit, de te souvenir des prophéties divines
que jamais nous n'avons oubliées. Dans les heures de calme nous
les répétons afin de ne pas être tentés de nous endormir au sein
d'une tranquillité dont subitement nous pouvions être éveillés.
Quand vient l'orage, nous les redisons avec un sentiment de foi

ardente, trouvant une consolation sublime dans les paroles du divin
Maître :

« On vous livrera à la persécution, on vous chassera des syna-
gogues, et l'on vous traînera devant le gouverneur à cause de moi.

« On rejettera votre nom comme mauvais, vous serez livrés par
vos frères et vos amis, et vous serez haïs à cause de moi

« Mais si le monde vous hait, sachez que j'ai été haï avant vous.
Prenez courage, j'ai vaincu le monde ! »

« Et tu voudrais que nous connussions le trouble et l'angoisse
après cette grande parole : J'ai vaincu le monde ! Nous faisons partie de l'Église ; nous sommes le cœur vivant battant dans son sein.
Nous tenons à elle d'une façon si étroite qu'on ne saurait nous
supprimer sans lui porter atteinte. Les moines et les religieux ont
été sa gloire, sa science, sa lumière. Regarde la liste des saints,
compte les cénobites, les anachorètes, les fils de François Xavier,
d'Ignace, de Dominique, de Benoît, qui l'illustrèrent par leurs vertus
et qu'elle plaça sur ses autels. Nul plus que nous ne connaît la
valeur du clergé militant travaillant à la vigne du Père de famille
sous le poids du jour et de la chaleur ; mais Jean dormait sur la
poitrine du Maître. Quand je songe à l'existence des moines cachés
derrière les murailles de leurs cloîtres, vêtus de la robe qui sera
leur linceul, vivant dans la méditation des choses du ciel, il me
semble qu'au milieu des apôtres jetant leurs filets, s'occupant aussi
des choses du monde et permettant à leurs mères de demander à
Jésus pour eux des places au-dessus de celles des autres disciples,
nous gardons le rôle du « bien-aimé » : la « meilleure part » de
Marie. On nous accuse : Dieu le veut ! On nous persécute : Jésus
l'a prédit ! On nous chasse : nous reviendrons ! »

— Le Seigneur le veuille ! fit Henri de Gailhac.

— Peut-être ne verrons-nous point ce jour, ajouta le moine. Nul
ne sait le « secret du Roi ». Les années sont à peine des secondes
dans les calculs infinis de Celui qui laisse s'agiter les hommes. Nous
ne pouvons fixer l'heure à laquelle le divin Nautonier, assis à l'arrière de la barque, commandera aux flots de s'apaiser. Mais il se
fera plus tard « un grand calme », semblable à celui qui régna sur
la mer irritée quand Jésus étendit la main... Notre génération périra
peut-être avant de voir rentrer dans les villes catholiques les moines
mendiants, jésuites, religieux de tous les ordres ; mais ils revien-

dront, Henri, j'en crois la parole du divin Maître. De même qu'il y aura toujours des pauvres en ce monde, il y aura toujours des moines sur la terre pour prier, travailler et souffrir.

— Nous serons séparés, dit M. de Gailhac.

— Et ce me sera une peine profonde, crois-le, frère. J'ai gardé pour toi la plus vive, la plus sainte tendresse. Mes vœux, en me privant d'une famille et d'un foyer, m'ont rendu doublement chers tous ceux qui tiennent à toi. Je t'écrirai, je continuerai à les guider, à les armer. Je resterai tien dans l'exil, comme je l'étais ici. Arme-toi de courage, prie, tu vas doublement en avoir besoin.

— Je le sais, répondit le magistrat.

— Et quelque sacrifice que Dieu te demande...

— Je serai prêt à l'accomplir.

— Qu'il te bénisse en ce monde et dans l'autre, Henri ! Et comme jamais le juste n'est resté sans consolation et que ses enfants n'ont jamais manqué de pain, tu retrouveras au centuple ce que tu sacrifieras au nom de ta conscience.

Les tintements de la cloche s'éveillèrent.

Le moine se leva.

— Viens à la chapelle, dit-il, nous avons tous besoin de prier.

Le Père François descendit lentement, suivi par le procureur général.

Pendant que les Pères gagnaient leurs stalles, Henri de Gailhac s'agenouillait dans la partie de l'église accessible aux fidèles.

Bientôt la voix des moines s'éleva lente, majestueuse, chantant les psaumes de l'exil et de la douleur. Toutes les notes de l'âme, toutes les cordes de la harpe de Sion pleuraient dans ce chant magnifique. Les nouvelles de la politique extérieure dans cette maison de prière et de pénitence n'y avaient éveillé qu'une ferveur plus grande et le besoin de se cramponner davantage à cette croix de bois que la main des hommes tente de déraciner du sol et que Dieu tracerait dans le ciel avec des astres lumineux si l'on brisait la dernière. Une sainte exaltation animait ces cœurs détachés du monde. Israël voulait bien sortir d'Égypte, à la condition que la nuée lumineuse marchât devant lui. Il restait en ce monde des fleuves sur le bord desquels il irait s'asseoir ; et si la terre civilisée manquait sous ses pas, il irait, pionnier de la civilisation et de l'Évangile, à travers les déserts ou les forêts vierges, chercher des pauvres êtres à rapprocher de leur Dieu.

Tandis que M. de Gailhac-Toulza écoutait la psalmodie des Pères, il sentait pénétrer plus avant dans son âme la vérité des paroles que lui avait dites son frère; et lui aussi, envahi par la sérénité qui, dans nos églises, vient du sanctuaire mystérieux, s'exhale des statues de saints, des reliquaires à bandelettes d'or, et tombe des voûtes même des chapelles, il se jura d'être prêt et armé pour la bataille, à l'heure où il faudrait lutter pour ses convictions, son honneur et sa foi.

— Le fricot que je mange vaut peut-être le tien. (Voir page 175.)

CHAPITRE XV

DÉMISSIONS

L'émotion était grande dans la ville, où deux camps venaient de se former. On se demandait ce qu'il adviendrait quand sonnerait l'heure de l'exécution des décrets.

Un parti, anticlérical, avide et remuant, applaudissait aux mesures prises.

Les conservateurs, d'abord consternés, se groupaient afin de s'entendre sur les moyens de résistance, car il ne leur semblait point possible qu'on pût proscrire au nom de la liberté. Au moins ne fallait-il point, par le silence et l'abstention, paraître faire cause commune avec ceux qui s'armaient contre Dieu et chassaient les fils de la croix, en attendant qu'on fermât les églises.

Dans chaque famille s'échangeaient des entretiens austères. La persécution revenait non plus à l'aide des chevalets et des bûchers, mais à la façon de Julien l'Apostat, fermant les écoles aux enfants et les déclarant incapables d'occuper de hauts emplois dans l'empire.

Les pères rapprochaient d'eux leurs enfants, se faisant plus graves et plus tendres, haussant l'enseignement familial à la hauteur des événements prochains; faisant subitement hommes les jeunes gens qui, dans quelques mois, allaient se trouver jetés au sein d'une mêlée ardente précédant de peu une lutte sans merci.

Dans aucune maison la préoccupation ne fut plus grande que chez le procureur général.

Archambaud de Gailhac, remué jusqu'au fond de l'âme, semblait avoir retrouvé l'énergie de sa jeunesse. Chaque soir, dans son cabinet, se réunissaient les magistrats, descendants des grandes familles parlementaires, des membres du clergé, la noblesse de la ville qui, durant la guerre de 1870, avait été prodigue de son sang, sans espérance que jamais il lui en fût témoigné de reconnaissance; là s'échangeaient des protestations enflammées, des espoirs qui seraient déçus peut-être, mais dont l'ardeur consolait pourtant. On s'encourageait, on se pressait, on se questionnait sur l'attitude à tenir le jour où la force armée briserait la porte des cloîtres.

Ce fut à la suite d'une de ces soirées que le magistrat, au lieu de prendre congé de son père, comme il avait coutume à cette heure, resta dans son cabinet, ainsi que Blanche et Mme de Gailhac.

— Mon père, dit le procureur général, dans quatre jours arrive la date fatale de l'exécution des décrets. Je compte sur une résistance passive de la part des religieux; ils défendront leur maison, ils ont le droit de combattre pour elle. Jamais ils ne permettront qu'on viole leur chapelle, qu'on les chasse de leur cellule, sans protester hautement. Ils le doivent à la grandeur de leur ordre et à la dignité de l'Église. On peut l'insulter, la bafouer, la couvrir de crachats, elle gardera la dignité de son innocence et le sentiment d'une force qui se manifestera plus tard d'une façon providentielle.

« Nous allons recevoir des instructions du gouvernement, et ces instructions nous enjoindront d'employer tous les moyens dont la loi dispose afin d'arracher des vieillards de l'asile où ils ont cru mourir... »

— Je le sais ! je le sais ! murmura Archambaud.

— Il me reste deux alternatives : obéir...

— Tu ne feras pas cela ! fit Archambaud en se levant.

— ... ou résister.

— Résiste, père, résiste ! répéta Blanche.

— Et toi ? demanda Henri en s'adressant à sa femme.

— Il s'agit de l'honneur de tous, répliqua-t-elle, refuse, Henri. Le magistrat tira une large enveloppe de sa poitrine.

— Voici ma démission, fit-il, c'est l'unique réponse à faire aux ordres que je ne puis manquer de recevoir. Je l'ai préparée à l'avance après avoir mûrement réfléchi devant Dieu et devant ma conscience; cependant, avant de l'expédier, j'ai voulu prendre votre avis à tous et vous faire peser les conséquences de cet acte.

« Nous étions riches il y a une année ; la restitution de l'héritage de Bertrand de Villandrant nous a réduits à une situation presque difficile. Ma démission amènera la pauvreté ! Nous vivions de mes appointements, il ne nous restera rien, rien ! »

— C'est la pauvreté, soit ! dit Archambaud, nous la porterons fièrement, mon fils.

— Blanche n'aura pas même de dot.

— Serai-je donc si malheureuse de ne point vous quitter ? demanda la jeune fille. Croyez-vous d'ailleurs que tous les hommes ressemblent à M. de Blosville, et ne pourrai-je trouver un mari digne de moi, faute d'argent à lui apporter ?

Elle rougit en prononçant ces derniers mots, comme si au fond de son âme une voix secrète balbutiait une espérance

— Bien, ma Blanche, dit Mme de Gailhac. Nous pouvons tout accepter, hors la honte.

— Ainsi, reprit Henri de Gailhac dont la voix devint plus

vibrante et dont le regard brilla de plus d'amour en se fixant tour
à tour sur ceux qu'il aimait, cette démission doit partir?

— Demain! fit Archambaud.

Le vieillard se léva et s'avança vers son fils.

— Je te remercie, dit-il, oui, du fond du cœur je te remercie de
porter si haut et si fièrement notre nom. Ta démission acceptée,
nous mettrons cet hôtel en vente. Hélas! nous en retirerons sans
doute peu d'argent : cette chère demeure semble bien austère pour
les mœurs d'aujourd'hui et trop triste d'aspect pour bon nombre
de gens; mais enfin ce qu'elle rapportera sera l'épave de notre naufrage. Ponsagrif s'occupera d'en tirer la plus forte somme possible. Nous garderons un mobilier suffisant, et nous nous déferons
de tout ce qui ne sera pas indispensable ou trop précieux par les
souvenirs que quelques-uns de ces objets nous rappellent. Et puis,
mon fils, nous aussi nous émigrerons. Que ferions-nous dans cette
ville? Il me semble que la vie y serait plus amère qu'ailleurs. Tu
possèdes un talent réel; j'ai gardé des amis à Paris ; nos fils y
demeurent. Nous irons les rejoindre. Tu te feras inscrire au tableau
des avocats, et, Dieu aidant, la famille continuera de vivre.

Blanche s'agenouilla devant son grand-père.

— Oui, fit-elle, nous vivrons, nous chérissant d'autant plus que
l'épreuve est rude. Comme Francis sera content! Quelle joie pour
Didier quand il nous saura si près! Tu as raison, grand-père, nous
gardons des relations à Paris. Ma mère et moi nous reverrons avec
grande joie Mme Andrezel...

— Oui, chérie, répondit Mme de Gailhac d'une voix caressante
en passant lentement la main sur les cheveux de sa fille; oui,
Eugénie et Guillaume sont des amis précieux et chers...

Pendant deux heures le procureur général et sa famille s'entre-
tinrent du nouvel avenir qu'il s'agissait de constituer. Pas une
minute un des membres de cette famille n'eut la pensée de regretter ce qu'il était un devoir de quitter. Le sacrifice s'accomplissait
simplement, noblement, avec une sorte de joie grave. M. de Gailhac
sentait que, le lendemain, ce serait avec un légitime orgueil qu'il
annoncerait aux autres magistrats une décision irrévocable. Du
reste, d'après les entretiens de la soirée, il comptait bien que sa
démission serait accompagnée d'un grand nombre d'autres.

— La magistrature va se composer un livre d'or, dit-il au vieil

Archambaud; et dans quelques années les fils diront avec le sentiment d'un légitime orgueil : « Mon père donna sa démission plutôt
que de prêter les mains à l'exécution des décrets qui chassaient les
religieux de France! » Je sais bien, ajouta-t-il, que notre résolution
va faire le bonheur d'une foule de jeunes ambitieux qui, sans elle,
ne seraient jamais parvenus. Mais Dieu sait le jugement que portera l'histoire sur ce qu'aujourd'hui on appelle l'épuration de la
magistrature !

Archambaud serra toute sa famille dans ses bras, et Mme de
Gailhac emmena sa fille.

Elles prièrent ensemble avec une ferveur angélique ; puis Aimée,
tout en dénouant les lourdes nattes de la chevelure de sa fille, lui
dit, de cette voix pleine de caresses qui arrive droit au cœur et lui
arrache ses secrets :

— Tu seras donc très heureuse de revoir Mme Andrezel?

— Ne sais-tu pas combien elle t'aime? quelle reconnaissance
elle a gardée de ton intervention la veille du jour où son mari devait
être jugé?

— Et, reprit un peu plus bas Aimée de Gailhac, je sais aussi que
Guillaume Andrezel, ce noble cœur, t'a voué l'affection d'un frère.

— Le crois-tu? demanda Blanche d'une voix faible.

— Je sais plus de choses encore, mon enfant... Afin de nous laisser riche, il a voulu détruire le testament resté dans l'étude de
Mᵉ Fourois. Celui-là ne trompera jamais la femme à qui il dira : Je
t'aime.

— N'est-ce pas, maman? s'écria Blanche en posant son front sur
l'épaule de sa mère...

Toutes deux reposèrent paisiblement.

Le lendemain le procureur général, après être allé faire part à
son frère de sa décision, en informa son substitut.

— Monsieur, lui dit celui-ci, je vous suivrai. Ma décision me fait
perdre l'espoir d'épouser une jeune fille que j'aimais. La famille de
Rose Daubreuil a des opinions opposées aux miennes; elle paraissait les oublier; l'éclat de ma démission ne le lui permettra plus.
M. Daubreuil sera candidat aux prochaines élections.

— Que ferez-vous? demanda Henri de Gailhac.

— Je plaiderai ici, monsieur.

Dans l'après-midi, le bruit que le préfet allait envoyer sa démission circulait déjà. On parlait vaguement de celle du commissaire de police.

Le gouvernement, pour se faire obéir, devrait envoyer des hommes nouveaux, des hommes à lui.

Pas un des hommes qui avaient exercé leurs fonctions sous un régime plus tolérant ne consentirait à devenir le ministre des spoliations ordonnées.

Cependant la plupart de ceux qui comptaient se retirer ne se pressaient pas d'écrire à Paris. On n'était point fâché de laisser au gouvernement l'embarras de remplacer du jour au lendemain ceux qui refusaient de se salir les mains à cette besogne.

Dans les classes populaires le mouvement n'était pas moins grand.

D'un côté, quelques maçons et quelques charpentiers s'attendaient à être requis par les supérieurs des couvents, afin d'en murer certaines entrées et de protéger les portes à l'aide de madriers solides. Ceux-là ne cachaient point qu'ils se tiendraient pour très honorés de venir en aide aux religieux. A ceux qui leur en demandaient la raison, ils répondaient par des arguments sans réplique.

Dans un des cabarets de R., deux jours après l'envoi à Paris des démissions du préfet, des magistrats et du commissaire de police, une douzaine d'hommes discutaient, le verre en main.

— Dis donc, Fabien, demanda l'un d'eux, que répondras-tu au nouveau préfet, car il se trouvera un lâche pour accepter la préfecture, même avec la charge qui lui tombera sur la conscience, que lui répondras-tu quand il te sommera de briser les serrures des Pères?

— Jamais! répondit Fabien. Tout préfet qu'il sera, faudrait pas qu'il y vienne. Nous sommes tous braves gens dans la famille. Pas une tache sur les femmes, pas un reproche à adresser aux hommes. Je ne me gênerai pas pour lui dire que personne n'a le droit de m'imposer une corvée par ce temps de liberté. Je suis serrurier, mais je n'ai jamais crocheté de portes. J'exerce mon métier comme il me plaît, et je choisis mes pratiques. Aider à chasser les moines! Je ne mange pas de ce pain-là.

— Oh, là, là! fit un homme, serrurier de son métier, est-ce que le pain serait plus cher parce qu'il n'y aurait plus de frocards. Je ne les aime pas, d'abord, et d'une. Je préfère les gens qui travaillent, qui piochent ferme et qui gagnent leur pain à la sueur de leur front.

— Mazette ! fit le serrurier, ta part ne doit pas être lourde!

— De quoi? de quoi? Faut pas essayer de la faire à Bibi, mon fiston! Le fricot que je mange vaut peut-être le tien!

— Allons, silence, toi, dit Fabien. Tu n'es pas de notre société. Ne te mêle point de nos affaires, nous sommes libres de discuter.

— L'auberge est à tout le monde, répliqua Côtes-en-long.

— Naturellement, mais on n'est pas obligé de causer ensemble, surtout quand on ne s'entend pas; libre à toi de cuver ton vin.

— Je ne dis pas, mais alors vous me refusez le droit de me mêler à la conversation?

— Absolument, si tu veux insulter ce que nous croyons.

— Je n'insulte personne; je n'aime pas les frocards, voilà tout. A quoi ça sert-il qu'il y ait des hommes marchant nu-pieds, ayant le crâne tondu et couchant dans une chemise de laine? Mon père dit que c'est des fainéants, et je le crois.

— Vraiment? reprit Fabien. Et ta mère?

— Oh! ma mère... ajouta Côtes-en-long avec hésitation.

— Eh bien! ta mère?

— Ma mère est une femme.

— Et une brave femme, nul ne me contredira, et à qui tu dois faire diablement du chagrin avec tes idées! Tu es plus bête encore que méchant, et je ne sais pas s'il y a autant de cervelle dans ta caboche que sous le crâne d'un oiseau. Où as-tu appris à lire? Chez les Frères. Qui a soutenu la mère et les petits pendant le voyage que fit ton père en Amérique? La Société de Saint-Vincent de Paul. Tu ne peux faire un pas sans trouver dans ta vie ou celle des tiens un prêtre et un homme de Dieu. Ton père, si païen qu'il soit devenu, a été marié devant l'autel, sans cela ta mère ne fût pas devenue sa compagne. Tout petit, on t'a porté à l'église, et tu as fait ta première communion.

— Est-ce que je savais, dans ce temps-là?

— Tu en savais assez pour prier, pour aimer ta famille, pour prendre le chemin de devenir un honnête homme.

— Voudrais-tu dire que je suis un chenapan?

— Je pense au moins que tu penches de ce côté-là. Qui crache sur le crucifix fait fi de la morale; du dédain de la morale aux mauvaises actions il n'y a qu'un pas. Tiens, à cette heure, tandis que nous tous, braves compagnons, nous nous engageons d'honneur à ne pas porter la main sur les biens des religieux, quels que soient leurs noms et quelle que soit la couleur de leur robe, parce que nous gardons pour eux une profonde reconnaissance, tu te demandes si tu ne pourrais pas bien garder la pratique de la préfecture. Vois-tu, les moines qu'on persécute aujourd'hui ont été les bienfaiteurs du peuple...

Côtes-en-long poussa un long éclat de rire.

— Tu ne sais pas cela, fit un charpentier en s'accoudant sur la table, par cette raison que tu te bornes à lire le *Lampion de Berluron* et *Boquillon*. Avec ça, mon petit, on égare les gars de ton espèce. On les pousse à parler des droits de l'homme, comme s'ils savaient ce que c'est; de la liberté, comme si quelqu'un les empêchait de se vautrer dans la boue, et de la fraternité, sous prétexte qu'après s'être offert des tournées sur le comptoir ils s'envoient rouler à coups de poing sur le pavé. Bonne graine de niais que les gens qu'on pousse en avant pour faire des émeutes dans les rues et hurler la *Marseillaise*. Nous sommes du peuple, pas vrai? Et c'est pour cette raison que nous chérissons, que nous respectons les moines. Quand la France n'existait pas, les hommes de Dieu bâtissaient des couvents sur les bords des fleuves. La civilisation venait avec eux. Qui fit travailler les tailleurs de pierre et les tailleurs d'images au moyen âge? Les moines. Qui protégea les serfs contre des maîtres trop durs? Les moines. En hiver, de quoi vivent la plupart des pauvres? Des soupes et des portions de viande qu'on leur distribue à la porte des couvents. T'imagines-tu être plus du peuple que nous, parce que tu t'enivres trois jours de la semaine? Tiens, Paulin a cinq enfants et un livret à la caisse d'épargne. Murgaud vient d'achever de payer son fonds. Je passe déjà pour riche; tous les camarades qui sont ici ont besogné dur depuis des années, travaillant chaque jour, sauf le dimanche. On promenait les vieux parents, on allait visiter la jeune fille dont on comptait faire sa femme. On lisait le soir de bons et beaux livres prêtés par des hommes ayant le vrai souci de l'amélioration de la classe ouvrière. Toi, tu beugles le nom du député qui parle bien haut de l'extinction du paupérisme et qui, pendant qu'on imprime ses discours dans les journaux ou qu'on les publie en brochures, boit des vins rares et mange des primeurs en riant des imbéciles qui l'envoient à la Chambre. Oh! tu peux prendre la pratique de la préfecture et préparer tes meilleurs outils pour forcer les serrures des religieux ! Sache seulement qu'à partir du jour où tu auras commis cette infamie, nul d'entre nous ne daignera te serrer la main.

— Merci, fit Côtes-en-long en se levant, autant aller à l'église, alors ! Vous prêchez comme M. le curé ! Eh bien ! oui, je l'aurai, la pratique du préfet, et celle du commissaire de police, et je ferai fortune !

— Nous verrons, fit Fabien ; mais, à mon avis, celui qui touche à la maison de Dieu, et tout couvent est une maison du bon Dieu, en sera puni en ce monde et dans l'autre.

— Dans tous les cas, fit un maçon, je te conseille d'attendre, car il n'y a plus de préfet.

— Plus de préfet ?

— Il a donné sa démission, c'est un brave homme.

— En ce cas, le procureur général se chargera de faire forcer les portes.

— Il n'y a plus de procureur général !

— Bah !

— Celui-là est le digne fils d'Archambaud de Gailhac-Toulza, que, dans le temps, on appelait le grand Archambaud.

— Le commissaire de police me reste !

— Démissionnaire aussi, celui-là. Ah ! la République ne couche pas toujours sur un lit de roses. Il est des hommes qui lui jettent bravement à la face leur mépris et se démettent de leur emploi plutôt que de souiller leur nom et de déshonorer leur famille. Il existe des hommes qui ne mettent pas la main à de sales besognes. Tu diras à cela, Côtes-en-long, que, un préfet de perdu, deux de retrouvés, et qu'au lieu d'avoir à surveiller l'expulsion des moines, s'il s'agissait de fermer les églises ou d'en faire, comme dans le temps dont mon père m'a parlé, des greniers à fourrages, on trouverait encore des préfets. On descendra chaque fois d'un degré, jusqu'à ce que la conscience publique se révolte et que l'on redemande d'honnêtes gens pour les hauts emplois. J'aime l'autorité par goût. Je lui obéis avec joie ; rien ne me répugne de ce qui est devoir, mais j'ai horreur de tout ce qui est lâche, bas et vil, et c'est pour cela que nous ne travaillerons pas plus à violer le domicile des moines que nous ne travaillerions à dresser un échafaud.

« Et puis, fit le charpentier en lui posant sa large main sur l'épaule, rappelle-toi que, si celui qui frappe par l'épée périra par l'épée, l'enclume portera malheur à quiconque fera œuvre de son métier contre les disciples du Sauveur. »

— Enfin, ajouta un autre, si ton père aimait les aventures, ce n'en était pas moins un brave compagnon pour lequel nous avions de l'amitié ; ta mère est une sainte que tu abreuves de chagrin, songe à cela aussi. En rentrant chez toi, va lui demander conseil.

— Lui demander conseil ! répéta Côtes-en-long, plus souvent que je rentrerai cette nuit ! Nous sommes un tas de bons ouvriers qui allons, comme vous le dites, réchauffer le sentiment populaire.

Il frappa sur le comptoir et cria :

— Six sous d'eau-de-vie ! et plus vite que ça !

Il avala l'affreux mélange debout, en regardant ses camarades avec un cynisme éhonté ; puis il quitta la salle du cabaret en hurlant :

Aux armes, citoyens ! formez vos bataillons !

Et sans doute il avait raison, car peu après des voix répondaient à la sienne ; de tous les bouges noirs, de toutes les maisons basses sortirent des hommes avinés, titubant, à face blême, à voix éraillée. L'un d'eux mit une loque rouge au bout d'un bâton et prit la tête du groupe. Des enfants suivaient, armés de débris de plats de faïence dont ils se servaient en guise de castagnettes ; quelques femmes débraillées, les cheveux en désordre, la figure allumée par l'ivresse, une ceinture rouge aux reins, marchaient au centre en se tenant le bras. Et, à mesure que cette foule descendait vers la ville, elle grossissait, devenant plus hideuse et plus menaçante. Où allait-elle ? D'abord elle l'ignorait. Elle criait pour crier, se grisant de bruit, de mots vides, de chansons, de couplets. Elle éprouvait le besoin de troubler dans leur repos les citoyens paisibles ; elle espérait en effrayer quelques-uns. Mais elle n'avait pas d'autre but que de multiplier les stations chez les marchands de vin et de prouver que l'ouvrier se moque pas mal du bourgeois.

Cependant une voix de femme s'éleva et cria :

— Réveillons les moines, allons casser leurs vitres !

Un long applaudissement suivit cette motion, et celle qui l'avait faite fut portée en triomphe sur les épaules de deux robustes garçons. Elle dénoua alors sa ceinture rouge et l'agita comme un drapeau.

Une autre femme ajouta :

— Des lumières! des torches! ce sera plus beau!

La bande passait devant la boutique d'un épicier.

Côtes-en-long entra avec quatre de ses camarades.

— Donne-nous toutes les lanternes vénitiennes qui sont dans ta cambuse, dit-il.

L'épicier voulut refuser de les vendre. Il affirma qu'il n'en avait plus.

Mais alors le gros de la bande afflua dans le magasin, menaçant de renverser les bonbonnes de pétrole, de piller la boutique et de faire ensuite *son affaire* au patron. Il prit peur et livra une douzaine de lanternes. On l'obligea à les garnir de bougies, puis à les allumer.

Ce succès remporté, la troupe se dirigea vers le couvent qu'habitait le Père François.

Il était un peu plus de minuit.

Les misérables avaient dit :

— Allons réveiller les moines!

Réveiller les moines! Est-ce qu'ils dorment? A peine ont-ils le temps de fermer les yeux, tout vêtus, étendus sur la planche qui leur sert de lit, que la voix de la cloche résonne, et cette voix leur commande de se rendre à la chapelle.

Le sommeil des moines! Ceux qui en parlent savent-ils ce que c'est que cet assoupissement au milieu duquel le cœur veille, même quand le corps lassé succombe à la fatigue du jour? Une clochette a tinté, un frère a passé devant les portes en murmurant une parole latine, et le moine se lève sur son lit, répondant à ce saint appel. Il ne cherche point ce qu'il doit dire. Jamais le souvenir de Dieu ne le quitte. Il est debout, prêt pour la prière, et lentement de chaque cellule sortent ces fantômes qui se saluent d'une parole fraternelle et bénie.

Dans la chapelle, à peine une clarté faible devant le tabernacle : c'est l'intimité de la prière.

Et bientôt les voix s'élèvent solennelles, lentes et douces, parlant à Dieu dans cette nuit, lui demandant grâce pour le pécheur qui veille, pour le vice qui triomphe, pour ceux qui l'oublient.

C'est l'heure où la voix des justes de Sodome empêche la foudre de tomber sur les villes coupables.

La bande forcenée arriva devant le cloître.

Semblable à une étoile perdue dans les profondeurs du ciel, une lumière traversait un vitrail.

La psalmodie des moines leur arrivait faible et douce.

— Allons ! fit Côtes-en-long, il paraît qu'ils ne dorment pas, faut leur répondre.

Et d'une voix formidable la foule cria sous les fenêtres de la chapelle :

Qu'un sang impur abreuve nos sillons !

Les moines poursuivirent :

— *Miserere mei, Deus...*

Et d'un accent aviné les fauves poursuivirent :

Ils viennent jusque dans nos bras
Égorger nos fils et nos compagnes !

Verset par verset, couplet par couplet, se répondirent l'hymne sainte de la douleur purifiée et l'appel à la guerre et à la violence.

Dialogue étrange, effrayant, résumant d'une façon complète ce qui se passait alors dans les esprits.

Tout à coup un enfant qui venait de trébucher sur une pierre la ramassa et la lança dans la rose du portail.

Ce fut un signal.

On chercha des armes, des débris de toutes sortes. Il régna bientôt dans cette bande une émulation infernale. L'espoir de lapider les moines dans leur chapelle causa une joie diabolique à ces misérables. Les vitres se brisèrent sous les coups des assaillants, un ou deux cris de douleur se mêlèrent à ce fracas : quelques religieux venaient d'être atteints par les pierres que lançaient les misérables.

Alors la joie des assaillants ne connut plus de bornes. Ils entonnèrent la *Carmagnole* après avoir achevé la *Marseillaise;* puis, voyant que toutes les vitres étaient cassées, mais que les moines chantaient toujours, ils se dirent qu'il restait encore des couvents dans la ville et, quittant celui-là, ils se dirigèrent vers un autre.

Toute la nuit dura la saturnale, et nul n'essaya d'arrêter cette ignoble manifestation. Ne fallait-il pas un prélude aux scènes qui devaient se passer dans la ville ? Mais cette fois il ne s'agissait point du rebut du peuple, de la lie des vagabonds, des vauriens et des filles perdues ; on verrait des fonctionnaires en grand costume présider à ces drames où, si le sang ne coulait pas encore, tout l'honneur du pays fuyait du moins par une large blessure faite au cœur même de la nation.

Une foule sans cesse grossissante s'avançait. (Voir page 186.)

CHAPITRE XVI

UN NOUVEAU PRÉFET

A l'intérieur, le couvent restait plongé dans un calme absolu.
Ceux qui y pénétraient sonnaient discrètement, d'une façon régulière
et convenue. La porte s'ouvrait, puis se refermait avec lenteur, jusqu'à ce qu'un nouvel arrivant sollicitât l'entrée de la sainte maison.

La chapelle restait ouverte à tout le monde, et les femmes y affluaient en habits de deuil et des fleurs dans les mains.

Les offices, commencés depuis le matin, se succédaient sans interruption. A peine un moine quittait-il l'autel qu'un autre le remplaçait.

Blanche de Gailhac-Toulza, sa mère, l'ancien procureur général, Archambaud de Gailhac, plus imposant que jamais avec sa haute taille et sa chevelure blanche, arrivèrent à l'heure de la messe du Père François d'Assise.

C'était sans doute la dernière fois qu'il célébrait le saint sacrifice dans le couvent où il avait espéré mourir : une douleur solennelle se mêlait à sa ferveur. Le déchirement de son âme se trahissait dans son accent. Quand il demandait à Dieu d'être avec les fidèles, quand il priait son Esprit de descendre sur eux; quand il leur souhaitait la paix, au milieu d'une guerre morale, fomentée par tant de haines, les larmes, montant de son cœur, gonflaient ses paupières.

Sans doute il se résignait; mais la résignation n'empêche pas de souffrir.

Le Père François reconnut, au premier rang en face de l'autel, son vieux père, son frère, les deux femmes agenouillées, et, quand il les nomma à Dieu, sa prière devint plus tendre encore.

La messe terminée, le Père François, après son action de grâces, regagna sa cellule. Archambaud et Henri de Gailhac-Toulza l'y attendaient.

A mesure que s'avançait la matinée, la maison s'emplissait davantage. Tout ce que la ville de R. comptait d'hommes éminents tenait à donner aux religieux cette marque de vénération. On sentait dans ce vaste couvent s'agiter une vie pleine de sève et de force, ressemblant à ce qui se passait jadis dans les assemblées de premiers fidèles, quand les soldats de César les attendaient à la porte des catacombes pour les traîner devant les proconsuls.

Pas un coin du cloître où l'on ne vît se promener quelques vaillants amis ou parents de ceux qu'attendait l'exil. Les visages étaient graves, les entretiens austères.

On se demandait à quel cataclysme définitif aboutirait une situation trop tendue pour être durable. Les religieux liés à Dieu s'en fiaient à la Providence et s'efforçaient de calmer la légitime indignation de leurs amis.

Cependant, si abandonnés qu'ils fussent aux volontés de Dieu, les moines avaient décidé au grand chapitre qu'ils céderaient seulement à la force et obligeraient les fonctionnaires, chargés de l'exécution d'une loi inique, à violer leur domicile, à forcer leurs portes, à crocheter leurs serrures.

Il leur était bien permis d'opposer la résistance à la violence armée; aussi, depuis l'aube, des ouvriers, choisis parmi les meilleurs de ceux que nous avons vus la veille dans le cabaret du faubourg de Fougères, s'occupaient-ils à fortifier le couvent contre la première attaque.

En arrière de la grande porte cochère, des maçons élevaient une muraille à l'aide de briques, tandis que les charpentiers ajustaient les pièces de bois destinées à barricader les portes de la chapelle.

Une fois les offices terminés, il ne devait plus rester dans l'église que les fidèles assez dévoués pour attacher leur nom à cette heure de lutte et, devant l'autel, que les femmes dont la prière s'élèverait vers le ciel jusqu'à la suprême minute. Les ouvriers travaillaient activement, mais sans parler. Ils ne faisaient point seulement œuvre de métier, mais de courage. Certains de perdre la pratique de tous les fonctionnaires de la ville, ils acceptaient une ruine probable par fidélité au devoir. Le bruit des truelles de cuivre gâchant le plâtre dans les auges, des boulons de fer s'enfonçant dans le bois, dominait les entretiens des hommes et la récitation du rosaire que les femmes commençaient dans la chapelle.

Les deux Archambaud et plusieurs de leurs amis s'étaient rendus avec le Père François dans la chambre de la communauté, où se trouvait le supérieur.

Celui-ci semblait convaincu que l'exécution serait pour le matin même, et cependant il n'y avait point de préfet à R. Les nouveaux fonctionnaires ne remplaçaient pas encore les démissionnaires. Ceux-ci, le front haut, se serraient les mains avec une fierté mâle.

— Nous aurons notre tour, disait Archambaud de Gailhac. J'ai assisté à d'autres révolutions. Si enfant que je fusse alors, je me souviens d'avoir vu passer la charrette conduisant Marie-Antoinette à la guillotine et d'avoir croisé dans les rues de Paris le char de la déesse Raison!

« Un homme vint qui rouvrit les portes des églises et rendit à Dieu ses temples profanés; tout rentra durant quelque temps dans l'ordre. Mais Napoléon osa porter la main sur la tiare et attenter à la liberté du souverain pontife; dès lors son étonnante fortune s'écroula, et sur le roc calciné de Sainte-Hélène il dut plus d'une fois se souvenir du vieillard qu'il avait osé persécuter. En 1848, j'ai assisté à des plantations d'arbres de la liberté, j'ai entendu chanter la *Marseillaise*. On a fondé des ateliers nationaux dans lesquels s'assemblaient les paresseux de Paris; la République de 1848 sombra, et pendant une ère qui rendit la liberté aux religieux et des honneurs à l'Église on respira. Peut-être avions-nous mérité un châtiment de Dieu ou nous endormions-nous dans une dangereuse mollesse? Le réveil fut terrible. Le sang versé sur le champ de bataille ne nous rachètera pas. Les excès révolutionnaires rendirent plus amères nos défaites. La Commune devint la honte de la France. J'allai à Paris quand Paris fut rouvert, et j'assistai à d'odieuses et stupides comédies. J'ai vu les églises de la capitale transformées en corps de garde, des femmes de mauvaise vie buvant sur l'autel ou chantant dans la chaire de vérité, des filles à ceinture rouge quêtant à côté d'ossuaires improvisés. J'ai dispersé la paille et le bois amoncelés en bûchers dans le chœur de Notre-Dame, afin de livrer aux flammes cette merveille léguée par le moyen âge. Aujourd'hui la persécution ne se manifeste plus par l'assassinat. On ne vous arrache pas de vos maisons pour vous traîner à travers les rues et vous abattre d'une décharge de mousqueterie. On vous renvoie comme des inutiles! On vous traite comme des ennemis! La France est ingrate! Elle renie tout son passé en vous chassant. »

— Oui, ajouta Henri, sans les moines la France existerait-elle? A la fin de l'Empire romain, qu'était la Gaule? Qui fit sortir la France de ce pays dévasté? Les moines. Qui l'a défrichée, ensemencée? Le travail des moines. Refaites par le souvenir la carte de la France au moyen âge, vous ne découvrirez que des dévastations et des ruines où se trouvaient des cités; des Pyrénées au Rhin s'était promené le carnage des batailles. Sur les collines de la Bourgogne enrichie aujourd'hui par nos vignes, fleurissaient d'incultes bruyères; de grandes forêts occupaient les plaines de la Beauce. Les vaincus étaient descendus à la sauvagerie du vainqueur; il fallait relever une nation où l'on ne comptait plus que les hordes misérables. Les barbares avaient réduit les hommes à l'état de troupeau humain, qu'ils chassaient devant eux à coups de plat d'épée.

« Plus de villes, de villages, de champs fertiles; le sentiment de la famille et celui de la propriété avaient disparu à la fois. Chacun, obéissant à l'instinct, s'emparait de ce qui se trouvait sous sa main pour défendre, protéger et nourrir sa famille errante.

« Ce fut alors qu'apparut le moine.

« Il n'avait pas seulement à la main un crucifix; il portait la bêche du laboureur et la cognée du bûcheron. Il prit les terres incultes, les déserts pierreux, les forêts sombres, et il se promit de les douer de vie. La cognée abattit les arbres; la terre aride vit pour la première fois le soleil; des sillons furent tracés, le blé germa. Pendant que les uns labourent, les autres, employant les troncs centenaires, bâtissent des cabanes, puis une autre plus grande. Celle-ci sera pour Dieu; il ne leur faut pour eux que la place de leur couche sur laquelle ils jettent une peau de cerf ou d'auroch. Bientôt les misérables dispersés par la guerre comprennent qu'ils trouveraient près des hommes de Dieu la protection et le repos. Ils s'en rapprochent, élevant à peu de distance des cabanes de branchages. Voilà le hameau construit. Peu à peu la terre produit du blé, on plante la vigne; le bien-être grandit; les ouvriers arrivent; le progrès marche; le parc remplace le bois; la cabane fait place à l'abbaye. Les grands seigneurs, comprenant quelle aide leur apportent les moines, multiplient les couvents dans leurs comtés et leurs domaines. Pas un ne meurt sans faire un don au monastère, sans doter une chapelle. Les moines ont défriché; ils construisent. Avec la patience de ceux qui travaillent pour l'avenir, d'autant plus sûrement qu'ils entreprennent une œuvre collective, ils recueillent les chroniques de la France, écrivent les *gestes* de nos premiers rois. Puis, après avoir manié la plume, ils s'apprêtent à défendre les droits de l'Église.

« De nouveaux ordres se fondent; ceux-là restent à la fois religieux et militaires. La croix rouge timbrera leurs manteaux; ils manieront l'épée pour la défense des saints lieux; ils lutteront à outrance contre le croissant et laisseront dans le moyen âge un éblouissant sillon dans lequel se confondent les gloires de la chevalerie et les prodiges de la foi. Il faudra pour supprimer ces ordres employer ensemble la calomnie et la violence. Le commerce, l'art doivent-ils moins aux moines que la science et l'agriculture? Ils jettent des

ponts sur nos fleuves, tracent des routes d'une cité à l'autre. Ils
fabriquent des étoffes, perfectionnent l'art du verrier, cherchent et
popularisent les plantes utiles et rares. Le moine est par excellence
un civilisateur. Il faut renier l'histoire pour oser dire qu'il joua un
rôle inutile. Combien de fois ne s'est-il pas interposé d'une façon
victorieuse dans les luttes de la féodalité? Qui eut l'idée sublime de
la Trêve de Dieu? Les moines. Qui prêcha la première croisade?
Un moine. Les religieux de tous les ordres ont été les pionniers de
la civilisation. Sans elle la Gaule retournerait à la barbarie.

« Et les hommes d'aujourd'hui s'imaginent qu'il suffira d'un vote
ou d'un trait de plume pour supprimer les couvents! Oh! les
impuissants et les faibles! Comme si l'on allait contre Dieu! comme
si l'on allait contre l'humanité! Et l'humanité a besoin du cloître. »

En ce moment on entendit un grand tumulte. Une foule sans
cesse grossissante s'avançait du côté du couvent. Sans doute il s'y
trouvait des meneurs poussant des cris, hurlant, chantant un couplet de la *Marseillaise*, mais le plus grand nombre marchait en
avant poussé par une curiosité mêlée de stupeur. On se demandait
s'il était bien possible que cet acte s'accomplît; si l'on oserait
chasser de leur maison ces hommes dont le seul crime était de
porter une robe de bure, de marcher pieds nus et de vouloir la
liberté de la prière.

Des femmes, des enfants, des vieillards pleuraient. Ceux-là des-
cendaient des faubourgs. Ils se souvenaient des hivers pendant
lesquels les Pères les avaient nourris; avant leur départ ils voulaient
leur demander une dernière bénédiction.

Mais les meneurs qui trompent le peuple, les écrivains de quatrième ordre qui se créent une popularité de carrefour en ramassant
de la boue pour essayer d'en salir le clergé, s'inquiètent bien que
des veuves et des enfants meurent de faim dans les greniers! Se
demandent-ils si des vieillards tomberont glacés dans leurs bouges?
Ce qu'ils veulent d'abord, c'est du bruit autour de leur nom. Il s'en
trouvait dans cette foule, parlant fort, s'adressant à quelques
ouvriers déjà gris, à qui largement on avait payé à boire dans des
débits de vin.

Quelques jeunes femmes en pleurs suivaient leurs maris, en
traînant leurs enfants après elles; elles voulaient encore, s'il était
possible, les empêcher de prendre part à cette œuvre d'iniquité.

Côtes-en-long vociférait au milieu d'un groupe de camarades, une pince à la main, sa botte de serrurier au flanc.

L'église apparaissait toute blanche sous les chauds rayons du soleil matinal. D'habitude, à cette heure, ses portes, largement ouvertes, permettaient à chacun d'y venir prier; maintenant tout était clos, et de l'extérieur on entendait un murmure de voix de femmes récitant le rosaire.

En avant, serrés les uns contre les autres, éprouvant le besoin de se rapprocher et de porter en commun leur honte, se trouvaient les nouveaux fonctionnaires expédiés de Paris en toute hâte, afin de faire mettre à exécution les décrets du 26 juin.

Des sergents de ville les escortaient, peu nombreux, la tête basse.

Bon nombre de leurs camarades avaient donné leur démission plutôt que de tremper les mains dans cette besogne maudite.

Les uns étaient restés par crainte de la misère qui pouvait les saisir le lendemain; les autres, entraînés par des articles de journaux et les tirades de parleurs expédiés pour soulever l'esprit public. Au fond ils rougissaient de leur faiblesse. Ces vieux soldats, accoutumés à la guerre, bronzés sous le ciel africain, revenus d'Italie, de Crimée ou du Mexique, ne comprenaient pas qu'on les rassemblât pour faire violence à des hommes paisibles réclamant pour eux une somme de liberté égale à celle dont jouissent tous les citoyens français.

La veille, très tard dans la soirée, était arrivé le nouveau préfet.

Il vint en voiture jusqu'au couvent et paraissait si troublé que le commissaire de police qui l'accompagnait se demandait s'il aurait la force de remplir son mandat.

Celui-ci frappa trois coups à la porte de la chapelle.

Il somma Dieu de livrer sa maison.

Dieu resta silencieux dans son tabernacle; mais à ce premier signe agressif, les femmes qui récitaient le chapelet s'agenouillèrent sur les dalles, et comme un seul cri partit de leur âme le *Parce, Domine.*

Pendant ce temps un des plus riches propriétaires de la ville prévenait le supérieur de l'arrivée de la force armée.

— Mes frères, dit celui-ci, rentrez paisiblement dans vos cellules. Encore un moment et un soldat mettra la main sur votre épaule pour vous en arracher. Vous céderez à la force...

Quelques sanglots éclatèrent.

Les novices pleuraient.

— L'épreuve est dure, fit le supérieur, mais elle ne sera point au-dessus de nos forces. L'Esprit de Dieu nous accompagne. Les apôtres se dispersèrent après la descente du Saint-Esprit, et ces pauvres pêcheurs conquirent le monde. On nous disperse, nous irons sur une terre étrangère prêcher par nos paroles et nos actes le Sauveur crucifié.

— Bénissez-nous, mon père, bénissez-nous! dirent les novices.

— Oui, je vous bénis, mes enfants, pour la terre et pour le ciel!

Puis le supérieur fit un geste large et ajouta :

— Nous reviendrons! Nous sommes la vie, l'essence du christianisme; à une révolution d'autres révolutions succèdent. Ceux qui nous regrettent et nous pleurent salueront sans doute notre retour dans une patrie aujourd'hui profanée.

Les moines regagnèrent leurs cellules.

Dans la salle de la communauté restèrent les dignitaires de l'ordre, puis les hommes qui tenaient à honneur de ne les point quitter durant cette crise. Non point qu'ils crussent que les religieux eussent besoin d'un appui moral et redoutassent les insultes des soldats ou de la foule. Ils les savaient prêts à subir tous les martyres. Mais, dans les heures solennelles où ceux auxquels nous tenons par des liens de respect ou de tendresse courent un danger, il est de notre devoir de rester debout près d'eux, résolus à subir les mêmes outrages et à recevoir les premiers coups.

Les membres de la noblesse dont les aïeux avaient jadis lutté pour les privilèges et les droits de la Bretagne, sous François Ier, Louis XIV et le duc du Maine, les descendants de ces familles dont le blason gardait la pureté de l'hermine courant sur les armes de leur province, restaient à côté des religieux que la loi se disposait à frapper. Les fonctionnaires démissionnaires, plus pauvres mais plus fiers que jamais, gardaient leur rang. On parlait peu. L'émotion serrait la poitrine et arrêtait la voix dans la gorge. De temps à autre le supérieur adressait une parole d'encouragement aux amis de la dernière heure, puis il s'interrompait, prêtant l'oreille aux bruits du dehors.

Ils devenaient plus forts et plus inquiétants.

La lutte était commencée.

Dans la cour, debout derrière les murs élevés en arrière de la voûte et les portes rendues presque imprenables par les solides charpentes qui les soutenaient, les ouvriers attendaient les bras croisés, mornes, l'œil brillant, la lèvre crispée. Ils auraient tout donné à ce moment pour qu'il leur fût permis de prendre un rôle actif et de se mêler à la lutte qui allait suivre.

Mais, au nom même des sentiments qui les groupaient dans cette cour, le supérieur leur avait recommandé une neutralité absolue. Ceux qui attaquaient sans raison et sans droit ne devaient trouver que la résistance morale du côté des hommes; puis la force inerte du bois et de la pierre, quand ils violeraient l'entrée de la sainte maison.

Ce fut par la chapelle que l'assaut commença.

Les voix des femmes s'élevaient toujours comme si les sommations légales n'avaient point été faites. Jusqu'à ce moment, le préfet et le commissaire avaient vaguement espéré qu'ils ne seraient point réduits à remplir leur mandat d'une façon complète. Ils attendaient du hasard, de la terreur des moines, d'un mouvement de la foule, ce qui, pour eux, eût été une sorte de salut. En dépit du sentiment qui les faisait obéir aux ordres reçus de Paris, ils avaient conscience de commettre une action mauvaise qui, plus tard, leur serait jetée à la face comme une sanglante injure. Le nouveau préfet surtout paraissait sous le coup d'une agitation fébrile. Cependant, aucune réponse ne lui parvenant et le chant des femmes continuant dans la chapelle, il se tourna vers un groupe d'ouvriers et fit un geste. Au même instant un mouvement s'opéra. Une douzaine d'hommes, dont les manches de chemises relevées laissaient voir les bras nerveux, brandirent des haches énormes qui firent crier la porte de chêne blindée de fer.

On eût dit que l'église entière poussait un gémissement.

Comme pour répondre à ce commencement d'agression, le chant du *Parce, Domine* s'éleva plus lamentable.

Oui, vraiment, Dieu devait prendre son peuple en pitié, son peuple opprimé, ses brebis marquées par lui du sceau de la croix et qu'on allait disperser dans les pâturages étrangers.

— Deux cents francs à partager entre vous, quand la porte sera enfoncée! dit le commissaire de police.

Cette promesse, qui renfermait l'idée d'une longue ivresse, redoubla l'énergie des hommes. Mais en vain levaient-ils les haches et les laissaient-ils retomber avec un cri d'hahan prouvant l'effort de leurs muscles, la porte blindée de fer résistait. Elle rendait un son sourd comme un être souffrant, mutilé, mais elle résistait. Les haches s'ébréchaient sur le fer, et la foule, le cœur battant, le regard fiévreux, suivait l'attaque sacrilège, heureuse chaque fois que les assaillants reculaient sans avoir avancé leur besogne, se berçant presque de l'espérance que ces portes résisteraient toujours et que le flot de la colère des impies se retirerait devant elles, comme la mer devant le sable du rivage. Mais si bien défendues, boulonnées et blindées qu'elles fussent, les portes devaient céder. De larges crevasses s'y voyaient déjà ; les boulons sautaient ; des plaques de tôle tombaient en dedans avec bruit. Bientôt les portes elles-mêmes craquèrent avec un fracas qui éveilla des échos dans tous les coins de la chapelle sonore.

En même temps une grêle de pierres acheva de briser le reste des vitraux.

Les femmes étaient en ce moment prosternées les bras en croix, et leur voix plus faible demandait encore grâce pour les proscripteurs.

Tout à coup une des portes oscilla... Attaquée près du gond, elle alla d'avant en arrière ; soutenue par une poutre, elle parut un moment équilibrée de nouveau ; mais quatre haches s'abattirent sur la poutre, et le battant tomba dans l'intérieur de l'église.

Les femmes debout firent face à ceux qui allaient attenter à la majesté du lieu saint.

Une escouade de sergents de ville se précipita dans la chapelle, ordonnant à ces chrétiennes de les suivre.

— Nous ne sortirons pas ! fit l'une d'elles. Dans la maison de Dieu nous sommes chez nous !

— Ah ! les lâches, ajouta une autre, ils insultent des femmes sans songer qu'ils ont une mère.

— Vous n'êtes plus des chrétiens, mais des impies et des monstres.

D'autres demeuraient droites, immobiles, comme figées dans leur douleur.

Les sergents de ville les poussaient, serraient leurs bras frêles, et ces nobles femmes, accoutumées au respect de tous, furent entraînées, en dépit de leur résistance, hors de la chapelle violée.

La moitié de l'exécution était remplie.

Les fonctionnaires et le peuple se ruèrent alors sur le portail de la maison.

Celle-là n'avait ni blindage ni madriers.

Après d'inutiles sommations, il suffit d'une pince pour en forcer l'entrée.

Un soupir dans lequel il y avait à la fois du soulagement et de la lassitude souleva la poitrine du préfet.

Mais à peine s'applaudissait-il de la facilité avec laquelle il pénétrait dans le couvent qu'il aperçut le mur fermant la cour.

Un cri de rage lui échappa.

— Le pic! la pioche! dit-il. Finissons-en!

L'expression de son visage avait pris quelque chose de farouche. On eût dit que, résolu à affronter le danger, il lui tardait de le voir en face. Cependant, si le péril moral se trouvait au fond de cette maison close, défendant la clôture jusqu'à la dernière extrémité, le nouveau préfet, pas plus que le commissaire, ne se sentait rassuré sur les dispositions de la foule. Elle grossissait de minute en minute. L'heure matinale à laquelle on faisait cette exécution n'avait point permis d'abord à un grand nombre d'habitants de la ville d'en être informés; les expulseurs, suivis de leurs bataillons de maçons et de crocheteurs de portes, n'avaient eu d'abord autour d'eux que des curieux, des indifférents ou de pauvres vieillards et des femmes pleurant tout bas ceux qui, depuis tant d'années, étaient leurs nourriciers et leurs consolateurs. Mais à mesure que s'avançait la matinée, des faubourgs, des rues noires, des bords de la Vilaine arrivaient des hommes et des femmes, la douleur dans l'âme, la rage dans les yeux, sentant qu'on attentait à la liberté de leur âme, qu'on violait leur conscience et qu'on les blessait en s'attaquant à ce qu'ils aimaient et respectaient. Les poings des hommes se crispaient, des menaces montaient à leurs lèvres; de l'épaule et des coudes ils se frayaient un chemin à travers la populace, voulant se trouver au premier rang pour défendre les Pères, si les sergents les maltraitaient trop.

Ces pauvres gens ne comprenaient pas en quoi des hommes ayant fait vœu de ne rien posséder en ce monde pouvaient nuire à la République. Le froc ne gêne pas le bonnet phrygien. Les hommes qui gouvernent parlent assez haut aujourd'hui de la suppression du paupérisme pour protéger ceux qui vraiment portent secours à qui souffre. Les moins prudents parmi ceux que révoltait le siège du couvent insultaient les ouvriers prêtant leur aide au préfet et au commissaire de police.

Ils n'osaient encore s'attaquer aux fonctionnaires, mais un moment viendrait où l'insulte jaillirait aussi contre eux. La fureur populaire grondait en arrière, montant comme un flot. Sans échanger un seul mot, il se pouvait que la foule pressât si fort contre les murailles ceux qui venaient pour les abattre qu'ils s'écraseraient contre ces murs imprenables.

Enfin les pioches donnèrent à la fois sur le mur, et ce fut au milieu d'un silence mêlé de stupeur que les premières briques tombèrent. Les maçons de la République s'acharnèrent à leur besogne. Eux aussi avaient hâte d'en finir et de se griser avec l'argent du préfet, afin d'oublier leur honte dans l'ivresse.

On ne criait plus. A quoi bon? Les cœurs se serraient. On restait atterré. Encore un moment et la brèche serait faite, et les soldats entreraient pour saisir les moines et les jeter sur le pavé, mendiants sublimes, emportant un bâton et une Bible, prêts à se rendre dans le coin du monde que le supérieur choisirait pour leur asile.

Enfin un pan de muraille s'abattit, un nuage de poussière monta, puis par ce trou lugubre le préfet et ses acolytes entrèrent.

— A bas le préfet! crièrent cent voix.

— C'est Judas trahissant son maître! dit une femme.

— Caïn assassinant Abel! ajouta un charpentier, de ceux qui la veille s'entretenaient de l'expulsion des moines.

— Oh! le maudit, le maudit! fit une jeune mère en serrant son nourrisson dans ses bras. Si tu devais jamais commettre une action si lâche, ajouta-t-elle en collant sa bouche sur le front du petit être innocent, j'aimerais mieux te voir mourir!

Une voix de gamin s'éleva aigre et vibrante :

— C'est ça, le préfet, eh bien! tout à l'heure, ça sera *rien* drôle!

Il bénissait avec une autorité solennelle. (Voir page 200.)

CHAPITRE XVII

LE DROIT DE MAUDIRE

Les sergents de ville franchirent la brèche, ainsi que le préfet, le commissaire de police et quelques fonctionnaires qui avaient cru devoir l'accompagner, afin de mériter par cette preuve de zèle anticlérical les bonnes grâces de la République.

Le populaire restait au delà, sauf les ouvriers, quelques voyous et une bande d'hommes avinés criant : « A bas les moines ! » et mêlant les refrains de la *Marseillaise* à leurs vociférations.

Dans le couvent un calme sublime.

Ce n'était rien d'avoir brisé les portes de la chapelle, celles du couvent, d'avoir abattu une muraille. Le bois et la pierre offraient aux bras et aux outils une résistance physique capable de doubler l'énergie factice de ceux qui avaient accepté cette répugnante besogne; il fallait désormais s'en prendre à des hommes, à des femmes faibles et désarmées.

Les sergents de ville, ces anciens soldats accoutumés à la lutte, et dont beaucoup s'étaient distingués sur le champ de bataille, se sentaient amoindris, humiliés, révoltés par la mission qui leur était confiée. Ils la subissaient plus qu'ils ne l'acceptaient. Ils gravirent l'escalier monumental.

En face s'allongeait un couloir sur lequel s'ouvraient des portes de cellules, alvéoles d'une ruche divine. Sur ces portes le nom d'un saint et une image naïve. Ces portes étaient closes; le silence semblait les garder; silence imposant, plus solennel encore que celui des tombes : ceux qui habitaient ces cellules pensaient et souffraient.

Les sergents de ville se regardèrent, puis ils baissèrent la tête.

Ils comprenaient que leurs chefs les *lâchaient* et leur laissaient achever seuls l'horrible besogne. Quelques-uns reculèrent d'un pas : l'écœurement les prenait.

— Mille diables ! mâchonna le plus vieux entre ses dents, j'aimerais mieux prendre une redoute !

— Tu n'es pas dégoûté ! répliqua un jeune. On affirme que c'est pour le bien de la République, et je suis républicain, parce que mon père m'a élevé dans les grands principes de 89; mais je me sens amoindri, humilié, et si je n'avais pas mes vieux parents à ma charge...

— Moi, répliqua un autre, on m'a promis de l'avancement, et j'ai huit enfants !

— Allons ! allons ! ajouta un troisième, plus vite que ça ! Le nouveau préfet me semble un préfet à poigne et nous reprochera de manquer de zèle. A l'assaut de la cellule de droite, et vivement !

D'une poussée les hommes se ruèrent sur la porte.

Elle n'était fermée qu'au loquet.

Ils s'arrêtèrent interdits sur le seuil en voyant une cellule blanchie à la chaux comme une étable ; un lit sans rideaux composé d'une planche, d'un traversin de paille et d'une couverture brune ; une chaise, une tête de mort, un crucifix, des vases de grès.

C'était tout.

Au bruit qu'ils firent, un homme, un vieillard dont le vaste front se couronnait d'une auréole blanche, se leva, le pas incertain, les bras tendus, la prunelle fixe et sans regard.

— Qui est là? Que voulez-vous, mes amis? demanda-t-il. Je suis aveugle, et j'ai quatre-vingt-quinze ans!

Le plus âgé des sergents de ville recula, refoulant des deux bras ses camarades vers la porte.

— Je vous demande pardon, mon Père, dit-il, nous n'avons pas voté la loi... C'est la faute des députés, voyez-vous... Nous sommes des subalternes... Le préfet, le commissaire nous ont intimé des ordres...

— Exécutez-les, fit le moine.

Il demeurait debout, immobile. Sa haute taille s'était dressée. Il semblait plus « grand que nature ». Et la majesté de son visage, sur lequel brillait un rayonnement surnaturel, troublait jusqu'à l'angoisse ceux qui le devaient arracher à sa cellule...

— Je comptais mourir ici, dit le moine... J'y suis entré à dix-huit ans, au sortir du collège. C'était ma vocation, à moi, de prier et de méditer. Quand il plut à Dieu d'éteindre mes yeux, je le bénis de ce qu'il me permettait de mieux contempler les choses du ciel... J'espère expirer sur le seuil de cette maison! Je vous remercie de n'avoir point permis que je pusse voir ceux qui me chassent, je ne les reconnaîtrai pas au jour du jugement.

— Nous suivrez-vous de bonne volonté, mon Père?

— Non! non! dit le moine, vous m'arracherez de cette maison, comme l'arbre qu'on déracine.

— Tonnerre! dit un des sergents de ville, s'il se défendait au moins! Ah! le pain de mes enfants me coûte cher!

— Nous reviendrons, fit l plus jeune ; laissons la porte de la cellule ouverte.

Ils entrèrent dans la cellule suivante.

Un jeune homme s'y trouvait. Assis sur sa couche de bois, les mains jointes sur les genoux, égrenant son rosaire, il prêtait l'oreille aux bruits venant du couloir, avide de deviner, de comprendre ce qui se passait derrière cette porte.

À la pensée de quitter le couvent, un étrange effroi le saisissait. Jean de Mortagne y était entré dans la fleur de son adolescence. A peine avait-il terminé ses études que, pris d'effarement en face du monde qui lui semblait une Babel éhontée, il se rejeta dans le sein de l'Église, avec le mouvement caressant et peureux de l'enfant qui s'attache à la poitrine maternelle. Gardant les ignorances d'un cœur vierge, dans lequel l'amour du Christ avait seul mis ses flammes, il ne voulait rien voir de triste, de coupable ou de lâche. Ame exquise, il se tournait vers Dieu comme une fleur céleste. Entre eux les Pères l'appelaient le *Séraphin du couvent*. Jean de Mortagne eût cent fois préféré mourir que d'abandonner l'arche qui lui servait de refuge. La pensée de la lutte lui vint. Il eût béni le martyre.

Quand sa porte s'ouvrit devant les soldats, il se leva et, quittant sa couche, il se dirigea vers un grand christ d'une réalité de douleur effrayante et s'y cramponna des deux bras.

— Je me suis donné à lui, fit-il; vous nous briserez ensemble et vous serez deux fois sacrilèges!

Il tomba sur les genoux, serrant avec toute sa force les pieds du grand crucifix de bois taché de gouttelettes de sang.

Trois hommes se jetèrent sur lui. Ils l'avaient dit, il fallait en finir. Et puis ils se sentaient amollir par cette besogne; ils rougissaient de la honte qui les prenait à la gorge.

Les rudes mains qui s'abattirent sur les épaules du religieux le forcèrent à se rejeter en arrière; mais ses doigts ne lâchèrent point le crucifix. Un troisième sergent de ville essaya de les dénouer et ne parvint qu'à les meurtrir. Alors le plus vieux prit son marteau et, frappant sur la croix, il s'efforça de l'arracher de la muraille. Elle oscilla à droite, puis à gauche; chaque coup, dont l'écho retentissait au cœur du jeune moine, semblait l'atteindre lui-même. Le grand crucifix s'inclina en avant, comme si brusquement il se déclouait; les mains nerveuses des sergents de ville tirèrent le jeune moine en arrière; mais celui-ci ne lâcha pas prise; au même moment un dernier coup de marteau arracha la croix de la muraille et l'abattit de tout son poids sur le moine renversé à terre par le choc.

Il y eut comme un sanglant embrassement entre le crucifix et le disciple. L'image du Sauveur demeura immobile sur le corps évanoui.

— Je mourrai ici, murmura le jeune moine.

On ne pouvait permettre au blessé de rendre le dernier soupir dans cette cellule, car un des soldats le saisit par les épaules, l'autre par les pieds, et on le descendit dans le grand escalier.

A la vue de ce religieux expirant, un cri d'horreur et de pitié jaillit du sein de la foule.

— Les sbires vont-ils donc assassiner les religieux? demanda une voix.

Le moine aveugle s'avança les mains tremblantes, les pas chancelants.

Guidé par un jeune moine, il s'agenouilla près de Frère Gabriel. Avec des précautions d'aïeul, il soutint sa tête blessée, lui parlant bas, bien bas, pour lui montrer les visions bénies hantant la nuit éternelle de sa cécité ! D'abord Frère Gabriel ne donna aucun signe de vie, puis lentement il souleva les paupières, reconnut le grand vieillard, ancêtre de la communauté, et murmura :

— Nous aurions dû mourir ici tous deux.

Trois moines poussés violemment, le poing aux reins, rejoignirent leurs compagnons. Ils n'avaient point résisté. Du moment où leur cellule fut forcée et où la main d'un agent de police se posa sur eux, ils sortirent en murmurant les psaumes de l'exil.

En haut, dans les couloirs, les exécutions se succédaient rapidement. Une sorte de fièvre animait les exécuteurs des décrets. Le sang leur montait aux yeux.

L'une après l'autre, on brisa les portes, et l'on entraîna les moines.

Ce n'étaient point leurs bagages qui les retenaient : un livre d'heures, un chapelet, un crucifix. Quelques-uns demandèrent à ranger quelques papiers. Ceux-là étaient les savants, les prédicateurs de l'ordre.

Bientôt il ne resta plus personne dans les cellules ; mais dans la salle de la communauté se trouvaient les titulaires du couvent, au milieu d'un groupe d'hommes ayant mis à leur boutonnière les divers ordres attestant leurs talents et les hauts emplois qu'ils avaient occupés. Ils voulaient rendre un suprême hommage à ceux qu'ils vénéraient et au milieu desquels ils comptaient un grand nombre de parents et d'amis.

Le commissaire de police, honteux de ce qui venait de se passer, désireux de hâter l'accomplissement de l'exécution des décrets, se demandait s'il la mènerait jusqu'au bout? La foule pouvait en venir à des manifestations plus hostiles. Il monta afin de terminer cette scène atroce à laquelle le peuple prenait une part passionnée.

Le supérieur attendait, appuyé au bras du vieil Archambaud de Gailhac-Toulza.

Henri de Gailhac, l'ancien procureur général, se tenait à côté de son père. Les plus notables parmi les assistants restaient près des moines, la tête haute, si résolus, si dignes, que le commissaire de police, qui comptait leur intimer un ordre péremptoire, balbutia des paroles incohérentes.

Le supérieur lui répondit :

— Ne cherchez pas à vous retrancher derrière les ordres reçus, monsieur. Vous étiez libre de ne point accepter les fonctions que vous exercez pour la première fois... Resté librement dans cette maison que je gouverne au nom de Dieu, par le droit d'élection de mes religieux, je n'en sortirai que par la force !

— Eh ! fit le commissaire de police, il y a déjà assez de sang versé pour cette cause ! Un pauvre moine agonise ; le peuple ramasse des pierres contre nous ! Il s'agit de mettre fin à ce scandale, qui peut s'achever par une collision générale.

— Et vous venez demander au Révérend Père de vous protéger contre le peuple, dont vous redoutez la justice? demanda Archambaud de Gailhac. Ce serait bien le cas vraiment, monsieur, de vous répondre : Laissez passer la justice du peuple. Il sait qui l'aime, le nourrit et l'éclaire ; s'il se laisse parfois entraîner, la vérité reprend vite ses droits.

— Nous sommes ici pour défendre les Pères, ajouta le procureur général, et nous ne faillirons point à notre mandat.

— Un ordre précis, monsieur, les décrets...

— Les reconnaissons-nous, ces décrets? Croyez-vous que nous acceptions ce que vous appelez vos ordres? Ici, comme dans chaque cellule, vous emploierez la violence. Les Pères seront expulsés ; ce matin ils auront abandonné leur maison, demain ils auront quitté la ville; vous y resterez, vous ! titulaire d'une place achetée par une lâcheté, et nous voulons vous voir à l'œuvre, afin de vous jeter votre crime à la face comme une injure et l'éclaboussure d'un crachat !

Le commissaire de police recula de quelques pas et fit un signe aux hommes dissimulés dans le couloir.

Chacun posa sa main sur l'épaule d'un religieux.

— Arrière ! dirent les amis des moines, c'en est assez. La violence est faite. Vous avez pris à l'épaule ceux dont vous deviez recevoir à genoux la bénédiction, nous allons partir.

Lentement, en effet, par groupes, religieux et hommes du monde traversèrent le couloir et descendirent lentement les escaliers.

Les sergents de ville et le commissaire de police les précédaient.

— Les voici ! dit ce dernier au préfet.

La foule entendit cet avertissement et un murmure grossissant s'éveilla parmi le peuple. Les agitateurs étaient loin d'avoir le dessus.

Aux heures matinales, les rouleurs de caboulots, les gens payés pour faire du tapage, crier haro sur les moines et hurler la *Marseillaise*, avaient rempli leur engagement. Grisés aux frais de l'administration, ils étaient descendus ivres des quartiers excentriques, croyant n'avoir d'autre rôle à remplir que celui d'excitateurs de tumulte.

Mais à son tour le véritable peuple accourut.

On se regarda d'abord, puis on échangea des propos dont l'aigreur ne tarda pas à s'accroître. Enfin, dans certaines parties de la place et des rues, sur les portes des cabarets et des maisons, des coups s'échangèrent. Chacun défendit son opinion du poing et de la langue. Une bataille, dont nul ne pouvait prévoir les résultats, commença sur des points divers, tandis que les agents de la force publique envahissaient le couvent.

Les sergents, occupés à protéger les nouveaux fonctionnaires contre l'animosité de la foule qui les couvrait de son mépris, en attendant qu'elle les attaquât, ne pouvaient se trouver sur tant de points à la fois. Pour eux, l'essentiel était d'achever l'œuvre sacrilège et de quitter au plus vite le théâtre de scènes qui pouvaient finir d'une façon sanglante. Des bruits sinistres couraient. On se prenait à chaque minute d'une pitié plus grande pour les victimes. On affirmait déjà que l'un des moines venait d'être assassiné.

Aussi, quand un sourd murmure annonça que toute la communauté descendait, un mouvement spontané jeta en avant les hommes et les femmes. A cette heure suprême, ils éprouvaient le besoin de recevoir la bénédiction de ceux qui, tant de fois déjà, les avaient bénis.

— Vivent les Pères! vivent les moines! vive la religion! crièrent des voix.

— A bas les capucins et les prêtres! hurlèrent les souteneurs de la force brutale.

— Le préfet est un Judas! A bas le préfet!

En ce même moment les spectateurs qui se trouvaient près de la brèche par laquelle étaient entrés les fonctionnaires et les sergents de ville purent voir s'avancer le grand moine aveugle. Il avait la main levée et bénissait avec une autorité solennelle le peuple et les frères qui se pressaient sur son passage.

On ne vit plus ensuite qu'un groupe d'hommes vêtus de noir, ayant à leur boutonnière les insignes de l'honneur. Ils tenaient à frayer le passage aux proscrits.

Mais cette fois il ne s'agissait point d'hommes marchant pieds nus, vêtus de bure et ceints d'une corde. Ceux qui s'avançaient fièrement avaient l'habitude du commandement, le sentiment de leur valeur. Depuis des années on connaissait leurs familles. Ils occupaient les premiers rangs dans cette cité aristocratique qu'on essayait de rendre démocrate ou anticléricale. Ceux-là regardaient bien en face la foule groupée devant des portes éventrées, et l'éclair de leurs yeux affirmait qu'ils se souviendraient.

Au même instant, par la porte de la sacristie donnant sur la cour, sortirent les femmes qui jusqu'à ce moment avaient prié dans la chapelle. Chacune d'elles tenait à la main des bouquets de fleurs sur lesquels avait flotté la sainte vapeur de l'encens, et lentement elles les effeuillèrent sur la route que devaient franchir les Pères.

Deux d'entre elles s'avancèrent davantage. Serrées l'une contre l'autre, les yeux gros de larmes, le cœur gonflé, elles voulaient s'agenouiller une dernière fois devant le Père François.

C'étaient Aimée et Blanche de Gailhac.

Un groupe de moines parut.

Ils regardèrent avec une expression de pitié reconnaissante ces femmes qui jetaient à leurs pieds la dépouille de leur parterre.

L'un d'eux dit à Blanche dont il vit les larmes :

— Ne pleurez point sur nous, mais sur ce peuple aveuglé et sur ceux qui le poussent à l'abîme.

Jésus recommandait la même chose aux filles de Sion.

Les amis des Pères se rangèrent en arrière des femmes, avec une courtoisie grave, les derniers religieux descendirent.

Tous gardaient une sérénité admirable.

Dieu les voulait ailleurs, ils obéissaient.

Une exclamation de pitié s'éleva.

— Bénissez-nous ! bénissez-nous ! dit la foule.

Les mères soulevèrent leurs enfants dans leurs bras.

— Regardez bien, répétèrent-elles, regardez bien les Pères qui s'en vont.

Et les innocents envoyaient des baisers du bout de leurs doigts roses.

Il y eut un moment d'arrêt dans la marche.

— Monsieur le commissaire de police, fit le supérieur, nous avons quitté nos cellules ; avant d'abandonner notre chapelle, je veux entendre le nouveau préfet me l'ordonner au nom des décrets du 26 juin.

— Il suffit ! dit le commissaire.

Il marcha dans la cour et chercha du regard le haut fonctionnaire.

Celui-ci s'efforçait de se dissimuler.

Jusqu'alors il avait pu supporter sa tâche, mais quelque chose d'intérieur, pressentiment qui rarement trompe, l'avertissait que pour lui le moment terrible approchait.

Aux paroles que vint lui dire le commissaire, il répondit d'abord par un signe de refus. Mais l'insistance du commissaire lui fit craindre qu'on le soupçonnât de manquer de courage. Et brusquement, se dégageant de l'ombre dans laquelle il se tenait, il s'approcha.

Le supérieur adressait en ce moment des encouragements aux femmes prosternées qui baisaient son chapelet, son crucifix et sa robe de bure.

Ce ne fut donc point en face de lui que se trouva brusquement le préfet.

Apparaissant tout à coup en pleine lumière, la main posée sur l'épaule du Père François, venait Archambaud de Gailhac-Toulza, plus solennel, plus imposant que jamais il ne l'avait paru quand il exerçait la plus haute charge de la magistrature.

D'abord il ne reconnut personne. En sortant de l'ombre du couloir, le grand soleil inondant la cour l'éblouit. Mais tout à coup son regard tomba sur le préfet, et sa main se crispa sur l'épaule du Père François.

Il lui sembla que tout tournait autour de lui. La terre vacillait sous ses pieds; ses yeux voyaient des étincelles rouges; des bruits d'orage emplissaient ses oreilles. Il plongeait un œil hagard dans les yeux du nouveau préfet pantelant, chancelant et s'appuyant à la muraille.

Puis, brusquement, il marcha vers le fonctionnaire, la main droite levée avec une majesté souveraine.

— A genoux, lui dit-il, à genoux! Demande pardon à Dieu et aux hommes de ton apostasie et de ton déshonneur! J'ai trop vécu, puisque j'ai vu l'un de mes fils remplir un rôle infâme! Un Gailhac-Toulza vient arracher de son cloître mon fils aîné, le fils d'Archambaud de Gailhac! Tu mets une première tache sur notre blason! Tu souilles les hermines de nos toges. Robert de Gailhac, au nom de ton père et au mien, si à l'heure même et devant tous tu ne te démets point du pouvoir dont tu te sers contre la religion de tes pères et les membres de ta famille, je jure de te maudire! Je tiens ce droit de Dieu, et j'en userai contre toi!

Derrière Archambaud se groupaient l'ancien procureur général et sa femme défaillante, qui s'appuyait sur Blanche en pleurs.

Si convaincus qu'ils fussent de l'indignité de Robert, jamais ils n'auraient cru que, dans l'espoir de parvenir vite, le malheureux eût accepté une mission déshonorante. Ainsi, ce nouveau préfet, envoyé d'une façon mystérieuse à R., c'était le frère de Francis de Gailhac, le vaillant écrivain; le frère de Didier, le futur soldat, un des meilleurs élèves de Saint-Cyr. Dieu réservait cette épreuve au procureur général démissionnaire, de le placer en face du « renégat de la famille » à l'heure où le Père François était chassé de son cloître.

En reconnaissant son fils, en entendant les paroles de l'aïeul, Mme de Gailhac fit un mouvement pour se rapprocher du vieillard et se placer entre lui et Robert; mais elle ne put s'avancer, et Blanche la reçut pâmée dans ses bras, tandis que quelques femmes s'empressaient autour d'elle.

—Mon père, dit Robert de Gailhac en courbant la tête, je vous en supplie, pas un mot de plus ! Je remplis un mandat... Nos opinions sont différentes, cependant mon cœur...

— Vous n'avez plus ici de père ni d'aïeul ! reprit le vieillard. Obéissez, monsieur. Élevez la voix devant tous pour abjurer l'erreur qui vous fit accepter une commission de préfet le jour où il s'agissait de renier tout à la fois votre croyance et votre famille, ou jamais, jamais ! n'osez vous présenter devant moi !

— Je ne puis, vous le voyez bien, je ne peux pas.

— Je le veux ! fit le vieil Archambaud, je le veux !

— Vous demandez l'impossible.

Le vieillard laissa tomber les mains sur la tête de Robert.

— Sois donc maudit ! fit-il, maudit dans ta vie et dans ta mort, maudit dans ta paternité, maudit dans ta femme et dans tes enfants !

Puis subitement, comme un chêne frappé à la racine, Archambaud de Gailhac tomba. Le crâne portant sur les dalles s'ouvrit en laissant couler un flot de sang.

Un cri de stupeur et d'angoisse suivit cette chute. Et Robert de Gailhac recula épouvanté en cachant son front dans ses mains.

D'un geste le procureur général venait de le chasser, comme d'un seul mot son aïeul venait de le maudire.

Le magistrat souleva doucement le vieillard, tandis que le Père François aidait à l'appuyer contre la muraille éventrée.

Un médecin se détacha du groupe des hommes venus pour rendre aux Pères un dernier témoignage d'amour et de respect. Il posa sa main sur le cœur, puis il se tourna vers la foule.

— Archambaud de Gailhac-Toulza est mort ! dit-il à haute voix.

Cette parole sonna comme un glas.

Cet assassinat, car il s'agissait vraiment d'un assassinat, jeta dans l'âme de tous une horreur sans nom.

L'apparition de Robert, venu pour chasser de son couvent le frère de son père, avait tué cet auguste vieillard qui tenait à l'honneur des siens plus qu'à la vie.

En présence de cet événement, le commissaire de police laissa une minute de répit aux expulsés. Robert s'était à grand'peine frayé un chemin à travers la foule. Menacé, conspué, injurié par les femmes, il avait vu lever sur lui les poings menaçants des hommes, et il ne regagna qu'à grand'peine la voiture qui l'attendait. Il s'y jeta, haletant, les habits déchirés, la cravate arrachée, répétant comme au milieu d'un accès de folie :

— Il m'a maudit! il m'a maudit!

Pendant ce temps on transportait dans la chapelle ouverte à tous vents le corps du vieil Archambaud. Un catafalque fut improvisé, autour de lui on jeta une jonchée de fleurs; puis trois moines, le centenaire aveugle, le Père Maurice et le Père François, s'agenouillèrent, psalmodiant les hymnes des morts.

Le supérieur, après une prière rapide, s'avança vers le commissaire de police.

— Monsieur, lui dit-il, le Père François d'Assise, dans le monde Louis de Gailhac-Toulza, est, de par acte passé dans l'étude de Me Ponsagrif, propriétaire de notre maison. Il a le droit de veiller sur sa propriété. Je l'y laisse en compagnie du frère qu'ont blessé vos soldats et d'un vieillard de quatre-vingt-dix ans...

« Quant à moi, je me retire avec mes compagnons. Si vous ne croyez pas devoir obtempérer au désir que nous exprimons de voir célébrer dans cette chapelle les obsèques d'Archambaud de Gailhac-Toulza, consultez à ce sujet son petit-fils, le nouveau préfet. »

Le commissaire de police salua sans répondre.

De nouveau la chapelle s'était remplie d'hommes et de femmes, recommandant à Dieu l'âme de ce juste qui venait de mourir du regret de voir profaner sa maison. Puis, par ordre du commissaire, les policiers tentèrent de disperser la foule; mais elle résista, irritée, indignée, se trouvant dans son droit de s'associer au deuil d'une famille qu'on regardait comme la première de la ville.

Vers la nuit seulement elle se dispersa.

Le lendemain eurent lieu les funérailles. Un des avocats de la ville prit la parole sur la fosse béante, et ses derniers mots, qui frappèrent la foule comme une prophétie, furent ceux-ci :

— Dors en paix, Archambaud de Gailhac, du sein de la joie éternelle tu connais maintenant quels sont les desseins de Dieu... Tu sais que les révolutions passent et que la religion demeure... Tu sais que ceux qu'on a chassés hier reviendront un jour...

— Ils reviendront! répéta la foule.

Durant une veillée funèbre, il écrivit à Francis. (Voir page 206.)

CHAPITRE XVIII

LE SAINT-CYRIEN

Didier attendait avec anxiété des nouvelles de sa famille. Les graves événements qui devaient s'accomplir le laissaient dans l'angoisse, et l'aumônier de Saint-Cyr, qui lui portait une paternelle affection, trouvait chaque jour sur son visage la trace d'inquiétudes

grandissantes. Le jeune homme ne se demandait point quelle serait
l'attitude de son père, ni quelle réponse il ferait à l'ordre d'arracher
de leurs couvents de pauvres religieux. Mais de tels malheurs frap-
paient successivement cette famille que l'inquiétude mordait le
cœur de Didier.

Dans ses doutes, dans ses tristesses, il allait à l'aumônier, ouvrant
son âme comme un livre, confiant, affectueux, retrouvant à ses
côtés ce qu'il avait goûté tant de fois dans la cellule du Père François,
son oncle.

Le souvenir du moine occupait grandement le jeune homme. En
attendant l'exécution des décrets, il se demandait ce que deviendrait
la famille. La ruine s'était abattue sur les Gailhac-Toulza, d'autres
malheurs allaient suivre. Ce n'était pas l'impatience de connaître
la résolution prise par son père qui troublait le jeune homme ; il
savait à l'avance qu'elle serait digne du magistrat ; mais il ne se
passait guère de jour sans qu'un article signé Robert Toulza lui
vînt rappeler que la famille comptait un apostat. A mesure qu'approchait l'heure des exécutions et des exils, le langage de Robert
devenait plus acerbe, et Didier se demandait avec terreur quel
serait le dernier acte de cette tragédie intime.

Une dépêche arriva à son adresse dans la journée.

Concise comme un arrêt, désolante comme la mort, elle le plongea dans un tel désespoir que, durant une heure, il perdit conscience
de ce qui se passait autour de lui. Cependant il ignorait encore la
nature des coups divers et terribles qui accablaient les siens. En
l'encourageant à conserver une force virile, M. de Gailhac-Toulza
ne révélait point à Didier quelle main les frappait. Il voulait qu'une
grande tendresse adoucît cette épreuve. D'ailleurs Didier était le
plus jeune de ses fils, et ce fut en écrivant à Francis qu'il laissa
déborder la douleur dont son âme était pleine.

Dans cette lettre, écrite durant une veillée funèbre auprès de sa
femme au désespoir, l'ancien procureur général épancha dans le
cœur de Francis ce qu'il n'osait encore révéler à Didier.

Le publiciste avait suivi avec une anxiété aisée à comprendre
l'émotion causée à Paris par l'exécution des décrets de juin. Il savait que ces mêmes rigueurs s'accepteraient moins aisément en
province. Certes, à Paris, dans un grand nombre de familles, au
sein de quartiers populeux, les couvents étaient l'objet d'une sym-

pathie sincère ! Mais la ville est tellement immense, des intérêts si multiples, si âpres, s'y confondent ou s'y heurtent, que forcément chacun pense à soi-même et se désintéresse d'autrui. Le tourbillon, la force des faits entraînent bon nombre de gens à qui manque le temps de se recueillir et la possibilité de se dévouer. L'énormité des distances met en outre plus d'une entrave à la réalisation des projets les meilleurs. Puis le peuple y devient sceptique par ignorance et gouailleur par imitation. On a tant écrit d'articles et de livres contre les moines, on a tant exposé contre eux de gravures honteuses, de dessins orduriers, qu'il en perd le respect et jusqu'au souvenir.

Tout cela est différent en province.

Les villes y sont peu grandes pour la plupart. On y compte deux ou trois couvents au plus ; dans chacune de ces maisons les plus grandes familles comptent des fils, des frères, des parents. La magistrature, la noblesse, l'armée et les cloîtres sont solidaires. Ceux qui à ce moment avaient âge d'homme se rappelaient que les Pères leur donnèrent jadis une instruction forte. Les décrets qui les chassaient bouleversaient les intérêts et dérangeaient l'harmonie des familles. Chacune d'elles comptait des enfants dans les collèges des jésuites, des dominicains de tous les ordres qui rangent au nombre des travaux de l'apostolat l'instruction de la jeunesse. Où placer les enfants ? Dans les collèges ? On n'y songeait point. A l'avance on savait trop qu'ils n'y apprendraient que le mépris des choses sacrées. Il faudrait donc les exiler afin qu'ils ne quittassent point leurs maîtres. On les enverrait à l'étranger, dans des capitales où, en dépit de la différence des cultes, on garde le respect de la liberté. Alors se présentait une difficulté souvent insurmontable. Un grand nombre de familles de province, des plus anciennes, des plus nobles, possèdent des fortunes médiocres. Comment subvenir à des frais exorbitants ? Que de privations héroïques, de misères cachées seraient la suite de l'exécution de ces décrets qui, sous le prétexte de frapper les moines, atteignaient les pères de famille. C'est ce qui explique que la province se soulevait plus que Paris. Plus croyante et davantage frappée au cœur, elle osait plus ouvertement se révolter. Francis, élevé dans cette ville de R..., une des plus catholiques de France, savait bien qu'on n'y accepterait pas aisément les lois édictées à Paris par un groupe d'incroyants, de politiqueurs et d'ambitieux.

Lui aussi devinait que M. de Gailhac-Toulza se dépouillerait de l'hermine plutôt que de prêter la main à des infamies.

Au milieu d'une crise qui les atteignait en plein cœur, que deviendraient le Père François et le vieil Archambaud qui chérissait si tendrement son fils?

Francis écrivit deux fois sans recevoir de réponse.

Ce silence l'alarma davantage. Il comprenait que M. de Gailhac-Toulza, au milieu du mouvement passionné qui se produisait, manquait de temps pour lui répondre; successivement il s'adressa à sa mère, à Blanche, et aucune d'elles ne lui envoya une lettre, une page, un mot.

Quand un matin il reconnut sur l'enveloppe la grande écriture de M. de Gailhac-Toulza, il étouffa un cri et brisa le cachet d'une main fiévreuse.

A mesure qu'il lisait, son front se mouillait d'une sueur froide, son cœur cessait de battre. Il s'arrêtait fermant les yeux, incapable de poursuivre, le cœur défaillant, la tête perdue. Enfin il étouffa une exclamation d'horreur et, serrant la lettre dans ses mains crispées, il demeura les bras allongés sur son bureau, sanglotant, lui, un homme! cédant à la prostration d'une immense douleur.

Il revint à lui en entendant une voix connue :

— Francis! mon ami! Francis!

C'était Guillaume Andrezel qui, lui aussi, dévoré d'inquiétude, accourait auprès de celui à qui il avait voué une si profonde, une si complète affection.

Francis se jeta dans ses bras.

— Comme tu souffres! s'écria Guillaume. Que s'est-il donc passé, mon Dieu?...

— Ne sais-tu rien?

— Une seule chose, et celle-là me fait redouter les plus douloureuses complications... Ton frère Robert a accepté la préfecture de R... et s'est trouvé naturellement chargé de l'expulsion des moines, même de celle du Père François, ton oncle.

— Un second père! pour moi, pour nous tous! Mais ce n'était point assez que cette honte nous fût infligée, ce n'était point assez de voir un Gailhac-Toulza chasser les religieux de leur demeure, insulter Dieu dans sa maison, en briser sacrilègement les portes! Il manquait du sang à ce drame de famille, dont toute l'horreur ne sera bien comprise que de nous, et ce sang a été versé!...

— Que veux-tu dire?

— Je te montrerai la lettre de mon père... Oh! l'admirable père que nous avons, Guillaume! Combien il a dû souffrir, et que nous souffrons tous!... Comment révéler cela à Didier! Mon aïeul... tu l'as connu là-bas... Tu sais s'il fût jamais un vieillard plus digne de respect et d'amour; mon aïeul est mort.

— Mon Dieu! mon Dieu! fit Guillaume.

— Encore, s'il eût succombé à la vieillesse! Nous le pleurerions, sans doute, mais c'est la loi de nature, la volonté du ciel qui limite l'existence de toute créature humaine. Hélas! ce ne sont ni l'âge ni les infirmités qui l'ont tué. Il approchait de quatre-vingt-dix ans... mais il pouvait vivre longtemps encore... Il est tombé suffoqué par la honte et le désespoir en reconnaissant Robert, son petit-fils, Robert en habit de préfet, violant les portes du cloître et chassant Dieu de son tabernacle... Sa tête a porté sur les pierres de la muraille élevée à l'intérieur du couvent, le crâne s'est ouvert et... Ah! mes chers, mes nobles, mes adorés parents, combien ils doivent souffrir!... Je pars ce soir pour R... il faut que je leur aide à soulever ce fardeau de douleurs; si je le puis, j'emmènerai Didier...

Les deux jeunes gens se serrèrent les mains avec une mâle émotion.

— Sans doute, poursuivit Francis, je ne consolerai ni mon père ni ma sainte mère, ni Blanche, mais je pleurerai avec eux.

— Où vas-tu? demanda Guillaume Andrezel, en voyant Francis se lever.

— A Saint-Cyr. Didier ne doit apprendre ces détails que de ma bouche.

— A quelle heure pars-tu pour R.?

— Par le train du soir.

— Ne puis-je t'être utile en quelque chose? Je t'en supplie, aime-moi assez pour garder confiance.

— Ma confiance t'appartient. Sois sans inquiétude, j'ai de l'argent... Au revoir... Écris-moi là-bas...

— A bientôt, répondit Guillaume.

Tandis qu'Andrezel rentrait chez sa mère, Francis partait pour Saint-Cyr.

Il se fit annoncer chez l'abbé Lanusse.

En voyant le visage bouleversé du jeune homme, le prêtre comprit qu'on avait besoin de lui, et ce fut en compagnie de l'aumônier que le journaliste entra chez son frère. Didier écrivait une nouvelle lettre à sa mère...

Il se passa entre ces deux jeunes gens une scène dont rien ne saurait rendre l'émotion déchirante. Francis trouvait à peine la force de poursuivre ses confidences. Les sanglots étouffaient sa voix; Didier serrait à les broyer les mains de Francis, et des larmes roulaient dans les yeux de l'aumônier.

Le saint-cyrien demanda une audience au général et le supplia de lui permettre de partir avec Francis; cette autorisation lui fut refusée.

— Les événements dramatiques qui venaient de se jouer à R. pouvaient, répondit le gouverneur, entraîner une manifestation qu'il fallait éviter à tout prix.

Jamais l'obéissance disciplinaire ne coûta davantage au malheureux jeune homme.

Il s'y plia pourtant.

Il savait que l'obéissance est le premier devoir, le plus important, du soldat.

Mais, avant de laisser quitter Saint-Cyr à son frère, il lui adressa de si touchantes recommandations, il le pria avec tant d'âme d'exprimer aux éprouvés la douleur qui lui dévorait le cœur, que l'abbé Lanusse porta la main à ses yeux afin de lui dérober ses larmes. L'heure pressait Francis; une dernière fois il étreignit son frère sur sa poitrine, et l'aumônier daigna l'accompagner jusqu'à sa demeure.

En rentrant chez lui, Francis de Gailhac boucla un porte-manteau, sauta dans une voiture et se fit conduire à la gare.

Une minute de plus, et il ne partait pas. Au moment où il passait devant un wagon, une voix affectueuse l'appela.

— Francis! dit cette voix.

Francis se retourna.

— Venez ici, ajouta un accent plus doux.

Eugénie Andrezol lui tendit la main.

— Nous allons aussi à R., lui dit-elle. Votre famille s'est trop admirablement, trop généreusement conduite à notre égard, pour que nous n'allions pas prendre notre part de ses douleurs.

Ce fut entre ces deux affections également dévouées et saintes que Francis fit le trajet qui le séparait de R.

Mme Andrezel et son fils descendirent provisoirement à l'hôtel, et Francis gagna seul l'antique hôtel de la famille.

Sans qu'aucun serviteur se trouvât sur son passage, il monta aux appartements du premier étage, traversa la bibliothèque et sans bruit pénétra dans une vaste pièce où la famille se trouvait réunie. Après une muette étreinte, Francis dit à son père :

— Didier n'a pu venir.

— Il est de cœur avec nous, répondit le magistrat.

Le lendemain les Gaïlhac-Toulza se rendirent à l'endroit où reposait le grand Archambaud et prièrent sur la tombe de l'aïeul.

Francis résolut de rester jusqu'au jour où toute la famille prendrait la route de Paris.

Un dernier malheur allait les atteindre.

A quelque temps de là, aux abords de l'église Saint-Germain-des-Prés, on remarquait, par une belle matinée d'été, des groupes nombreux d'hommes d'âge et d'aspects divers.

Un salut, une pression de mains, un mot amical s'échangeaient entre eux.

Quelques saint-cyriens en uniforme traversèrent les groupes, la tête haute, l'allure martiale, avec l'orgueil qui sied bien à la jeunesse et qu'on aime à trouver sur les fronts de vingt ans. Au moment où ils allaient pénétrer dans l'église, un nom circula parmi les groupes; immédiatement la foule se rangea respectueusement, formant la haie : un Bourbon passait.

Ce jour-là était la Saint-Henri.

Ceux qui se souvenaient des fleurs de lis gardaient leur foi à la royauté en exil; ceux qu'éprouvait le présent et qu'épouvantait l'avenir se pressaient en cohorte serrée, affirmant leur foi, révélant leurs espérances Ils allaient demander à Dieu s'il ne se souvenait point que la France portait jadis le titre de « fille aînée de l'Église ».

Le temple s'emplit rapidement, et, à l'heure où commença la messe, les fidèles débordaient sur les trottoirs.

L'office terminé, les assistants se rangèrent sur deux files et s'inclinèrent avec un profond respect devant un membre de la famille de Bourbon. Au premier rang se trouvaient les élèves de Saint-Cyr

qui, par tradition de famille, avaient tenu à assister à la messe de
la Saint-Henri ; au milieu d'eux rayonnait le jeune et martial visage
de Didier. Le prince passa ; une visible émotion se lisait sur sa
physionomie mobile. Les témoignages du respect et du souvenir
ne sont-ils point mille fois plus précieux pendant les dures années
de l'exil qu'aux jours où l'exercice du pouvoir souverain peut
faire suspecter dans chaque serment de fidélité un but ambitieux,
une pensée personnelle ?

Après le départ du prince, les groupes se séparèrent, et les élèves
de Saint-Cyr reprirent le chemin de fer de Versailles.

En rentrant à l'École, Didier courut chez l'abbé Lanusse.

— Vous me voyez heureux, lui dit-il, je viens de remplir un
devoir.

— Lequel, mon enfant ?

— Plusieurs de mes camarades et moi nous avons assisté à la
messe de la Saint-Henri ; jamais les Gailhac-Toulzac n'y ont manqué.

— Vous n'y êtes pas allé en uniforme, j'espère ?

— Au contraire, monsieur l'abbé ; nous tenions à prouver à tous
notre opinion. Mon père est magistrat démissionnaire et moi...

— Vous, mon enfant, vous êtes un soldat... obligé au respect de
la discipline et n'ayant pas toujours le droit de manifester votre
pensée. Si vous aviez assisté à cette messe en costume civil, nul
n'aurait eu d'objection à soulever... Vous êtes libre d'aller à la
messe à Paris... Mais en vous y montrant en uniforme, vous engagez en quelque sorte l'École et l'armée... Vous auriez dû prendre
conseil, mon enfant... Dieu veuille que cette matinée n'entraîne
pour vous aucune suite fâcheuse.

— Le redoutez-vous ?

— Il faut tout craindre, mon enfant.

Le jeune homme demeura un instant rêveur.

— Avez-vous des nouvelles de votre famille ? reprit l'aumônier.

— J'en ai reçu ce matin. Mon père est admirable de courage et
de résignation ; ma sœur les console et les aime ; mon oncle François est en Hollande avec les religieux de sa communauté ! Mon
père ne peut rester dans une ville où mon frère Robert est préfet...

— Vous les reverrez tous à Paris, mon enfant, et ce sera une
grande consolation.

Le prêtre et le jeune homme causèrent longuement, et Didier feuilleta les admirables volumes consacrés par l'abbé Lanusse à l'horrible guerre de 1870-1871.

Dans les textes sublimes couvrant ces pages, dans ces emblèmes superbes marqués d'un génie spécial, le génie du cœur et des inspirations ardentes, Didier sentait grandir sa force morale, et, chaque fois qu'il touchait à ces livres, il lui semblait que ses doigts effleuraient des pages sacrées.

Le lendemain une certaine inquiétude régnait dans l'École.

Les journaux distribués à la première heure renfermaient de longs articles, dans lesquels on prêtait une grande importance politique à la présence des saint-cyriens à Saint-Germain-des-Prés. Tandis que les feuilles conservatrices les louaient de ce jeune courage, les feuilles radicales représentaient la conduite de ces jeunes gens comme une atteinte à la discipline militaire. On les traitait en révoltés politiques, s'insurgeant contre un gouvernement reconnu, et donnant aux soldats l'exemple de l'insubordination à l'armée.

Des groupes se formèrent, de graves discussions s'élevèrent, et les chefs de l'École militaire se demandèrent ce qui résulterait pour les élèves de l'acte accompli la veille, non point en signe de dédain pour le gouvernement, mais en respectueux souvenir des convictions de famille.

L'abbé Lanusse ne fut pas des moins inquiets.

Il songeait à « ses enfants », ces enfants qu'il aimait d'une façon si profonde.

D'heure en heure le mouvement grandissait, et les nouvelles devenaient plus inquiétantes.

Enfin un ordre foudroyant arriva : les élèves ayant assisté à la messe de la Saint-Henri seraient renvoyés.

La consternation devint générale.

Quoi! tant de carrières brisées pour un acte auquel pas un n'avait donné la portée qu'on lui attribuait en ce moment! Ces jeunes gens, dont quelques-uns devaient quitter Saint-Cyr peu de mois plus tard, voyaient s'écrouler leur avenir. Des familles avaient accompli des sacrifices de chaque jour afin de procurer à leurs enfants une carrière honorable, et cette carrière était perdue! Que de deuils, de regrets, de ruines!

A partir du moment où cette nouvelle se répandit, Paris et la

province se sentirent touchés à la fois. Des articles violents repro-
chèrent à ceux qui venaient de le prononcer la cruauté de cet acte.
N'eût-il pas été suffisant d'adresser une remontrance à ces jeunes
gens, de leur interdire de mêler l'uniforme à des manifestations
auxquelles il devenait possible de donner un sens politique? Des
voix éloquentes s'élevèrent, des plumes habiles défendirent les
saints-cyriens. L'autorité ne revint pas sur la décision prise.

En apprenant qu'il ne pourrait plus continuer ses études, Didier,
qui jusqu'à ce moment avait supporté vaillamment des épreuves
successives, sentit défaillir son courage. Comment apprendrait-il à
son père ce malheur inattendu? Des larmes jaillirent de ses yeux,
le désespoir lui envahit l'âme. Il lui sembla que tout avenir se fermait devant lui et que sa vie entière se trouvait brisée.

Mais ses préoccupations personnelles s'effacèrent bientôt devant
l'inquiétude qu'il ressentit en songeant aux siens. Au moment où
la ruine des Gailhac-Toulza s'achevait par la démission du procureur général, Didier y ajoutait encore. A l'heure où Henri de Gailhac
croyait pouvoir se dire que l'avenir des enfants se trouvait assuré,
et que Francis et Henri n'avaient plus qu'à suivre leur voie, tout
était à refaire pour l'un d'eux. Et pour celui-là, pour ce Didier à
l'esprit chevaleresque, il ne semblait point qu'il pût y avoir au
monde une carrière plus belle que l'armée. Il était né soldat. Il
sentait en lui qu'il aimerait de la vie militaire, jusqu'à ses épreuves,
jusqu'à ses attentes, jusqu'à ses duretés de marâtre, car elle en a.
Il aspirait à la bataille, à la lutte. D'avance il croyait sentir l'odeur
de la poudre. Et puis, de ce cœur d'enfant, l'amour pour la France
débordait. Il voulait jeter son épée dans la balance de sa fortune.
Jusqu'à ce moment il avait cru que lui aussi sentirait un jour son
cœur battre sous l'étoile de la croix d'honneur. Cette âme enthousiaste avait rêvé son roman militaire. On parlait vaguement d'une
guerre probable sur les côtes où fut Carthage, et il se disait que
peut-être il aurait la chance d'aller en Tunisie chercher non pas
seulement la gloire du soldat, mais y puiser pour son âme de grands
enseignements et de nobles exemples. Il s'y retremperait dans
d'héroïques et saints souvenirs. Il y suivrait les pas de l'évêque
d'Hippone, il y chercherait les traces laissées par Louis IX; il
reviendrait grandi, bruni, mûri, un vrai soldat, un homme, enfin!

Et brusquement s'écroulaient ces rêves.

Avait-il eu tort? En cédant à l'entraînement de son imagination et de son cœur, commettait-il véritablement une faute? Non, à son point de vue. Jamais il n'avait eu l'intention d'entrer en lutte avec la discipline et de compromettre l'armée en obéissant à une tradition de famille. Mais à quoi lui servirait de l'affirmer! Ses camarades n'étaient pas plus que lui coupables d'un manquement prémédité au code militaire, et cependant eux aussi se trouvaient frappés. Ainsi il porterait le poids de cet entraînement durant toute sa vie. Sa carrière se trouvait brisée à jamais. Quoi qu'il connût la générosité des sentiments de sa famille, il se demanda avec angoisse quelle serait la réponse de M. de Gailhac-Toulza à cette nouvelle imprévue.

Didier courut chez l'aumônier.

— Mon pauvre enfant, lui dit le prêtre en ouvrant ses bras, je pensais à vous!

Ce fut sur la table même que l'abbé Lanusse couvrait de ses admirables feuilles de vélin, que Didier traça, sous l'impulsion d'un sentiment ardent de regret, mêlé d'orgueil, le récit de ce qui s'était passé.

La lettre portée, il entassa ses livres et ses habits dans une malle, et le lendemain il quitta l'École.

Quand il arriva dans la ville de R., où pour lui et les siens se succédaient tant de désastres, il sentit son cœur battre à briser sa poitrine.

Sur les murs de l'hôtel de Gailhac venaient d'être collées les affiches de vente.

Didier traversa le vestibule et entra dans le cabinet de travail de son père. Au bruit de la porte qui s'ouvrait, l'ancien procureur général se retourna.

— Ah! mon Didier! fit-il en tendant les bras.

Ce fut tout. Deux mâles poitrines battaient à l'unisson.

L'adolescent était devenu un homme.

L'ancien magistrat entraîna son fils dans la chambre où Aimée, en longs habits de deuil, travaillait avec Blanche et Eugénie, tandis que Guillaume dessinait et que Francis rangeait des papiers précieux.

— Aimée, dit le magistrat d'une voix grave, nous acceptons notre dernière épreuve avec le même courage que les autres, n'est-ce pas? Dieu soit béni! Dans des temps plus ou moins proches, « le livre d'or de la magistrature » s'honorera de nos actes. Dans quinze jours nous irons à Paris, je me ferai inscrire au tableau des avocats et je plaiderai.

« Nous serons pauvres, très pauvres... Francis poursuivra la carrière des lettres; Didier s'engagera comme simple soldat. Nous avons tout sacrifié pour des causes justes et saintes, notre conscience est tranquille... Puisse Dieu envoyer le repentir au renégat de la famille! Quant à nous, mettons en pratique la fière devise des Gailhac-Toulza : TOUJOURS DEBOUT.

« Debout pour le droit, debout pour la justice, debout pour la religion! »

Ils s'étreignirent les mains, et, d'une voix sonore dans laquelle vibrait leur âme, les hommes répétèrent :

— TOUJOURS DEBOUT.

Trois semaines plus tard la famille de Gailhac-Toulza s'installait à Paris.

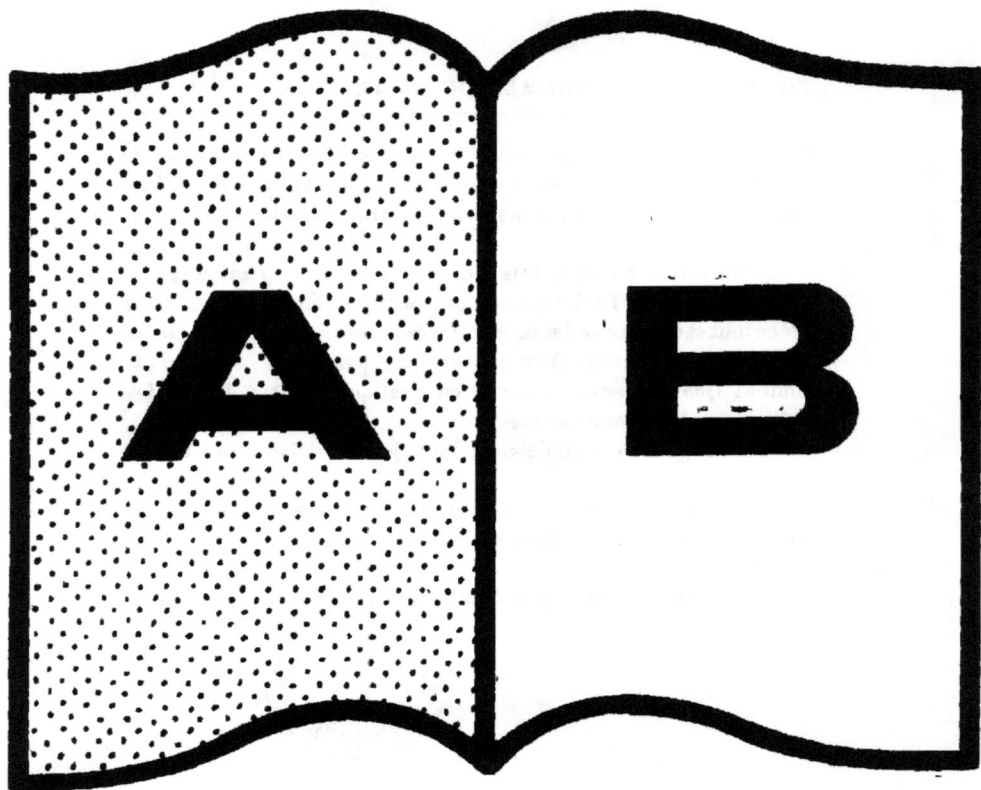

Contraste insuffisant

NF Z 43-120-14

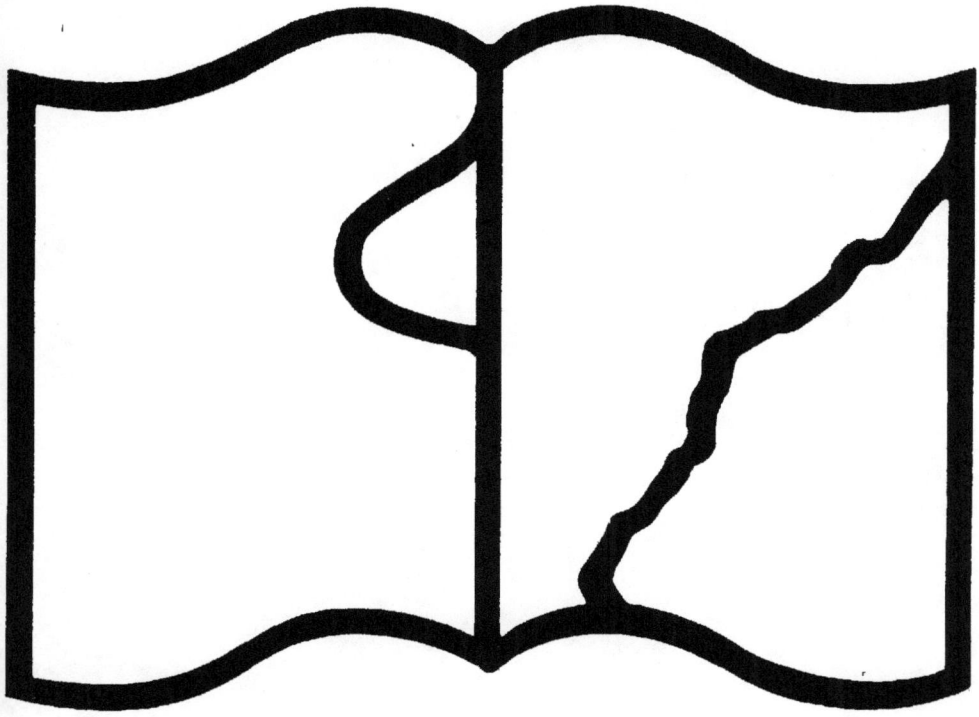

Texte détérioré — reliure défectueuse